高职高专经济管理类"十四五"规划
理论与实践结合型系列教材·物流专业

U0783734

智慧仓配运营

ZHIHUI CANG-PEI YUNYING

主　编　李朝晖　赵明凤　戴　航

副主编　周　芳　潘昭文　罗　进　徐　蔚

华中科技大学出版社
http://press.hust.edu.cn
中国·武汉

内容提要

本书是一本聚焦于物流行业智慧化转型的、校企双元合作开发的教材,紧密结合现代物流业的发展趋势,包含3个教学模块、9个项目和24个任务,全面覆盖了仓配管理的核心知识和技能。本书在贯彻落实党的二十大和二十届二中、三中全会精神的基础上,对教学内容进行了全面优化与创新,体现了高职教材新形态。此外,本书融合了企业岗位要求、教学标准和职业技能等级证书考试内容,旨在培养学生的核心能力和职业素养,力求为现代物流业培养更多适应社会发展需求的高素质技能人才。

图书在版编目(CIP)数据

智慧仓配运营 / 李朝晖,赵明凤,戴航主编. -- 武汉:华中科技大学出版社,2025.4. -- ISBN 978-7-5772-1722-2

Ⅰ. F25-39

中国国家版本馆 CIP 数据核字第 2025UC4754 号

智慧仓配运营   李朝晖   赵明凤   戴   航   主编
Zhihui Cang-Pei Yunying

策划编辑:袁   冲
责任编辑:白   慧
封面设计:王   琛
责任监印:朱   玢
出版发行:华中科技大学出版社(中国·武汉)   电话:(027)81321913
         武汉市东湖新技术开发区华工科技园   邮编:430223
录   排:华中科技大学惠友文印中心
印   刷:武汉市洪林印务有限公司
开   本:787mm×1092mm   1/16
印   张:17.5
字   数:445 千字
版   次:2025 年 4 月第 1 版第 1 次印刷
定   价:68.00 元

前言

PREFACE

随着我国经济转型升级的快速推进,物流行业作为经济活动的重要支撑,其重要性日益凸显。仓储与配送环节作为物流的核心,其功能与地位已发生深刻变革。在大数据、物联网、AI等现代技术的广泛赋能下,物流行业的智慧化水平显著提升,仓配运营呈现出作业无人化、运营数字化、决策智能化等新特征,对仓配作业提出了低成本、高效率的新要求。

在数字经济时代背景下,构建智能化的仓配作业体系,实现高效精准的出入库管理,已成为现代物流业适应社会发展需求、实现高质量发展的关键所在。为响应这一时代需求,本书在贯彻落实党的二十大和二十届二中、三中全会精神的基础上,结合高职教育的特点,对教学内容进行了全面优化与创新。

本书共设 3 个教学模块,分为 9 个项目,涵盖 24 个任务,旨在通过任务引导式教材体例,深化产教融合,推动校企合作。本书具体特点如下。

任务引导,体例创新。本书采用"情景导入—任务目标—任务分工—任务实施—任务检测—任务评价"六环节教学模式,每个项目均设置基于工作过程的任务实施,力求做到理论与实践相结合,体现高职教材新形态特征。同时,利用信息化资源,走进物流企业仓配管理现场进行实景录制,让学生在学习过程中能够更好地提升实践能力和职业素养,为经济社会发展培养更多优秀人才,助力实现中华民族伟大复兴的中国梦。

产教融合,知行合一。党的二十大报告中强调,要统筹职业教育、高等教育、继续教育协同创新,推进职普融通、产教融合、科教融汇,优化职业教育类型定位。本书在编写过程中,严格遵循这一要求,深入调研合作企业仓配运营岗位,分析典型工作任务,确定教学体系与教学内容,明确教学要求。通过现场实景制作,将"静态"教材转变为"动态"教材,凸显职业教育特点。同时,与中山顺丰速运有限公司等知名企业深度合作,共同开发教材,为企业提供人才支持,实现产教深度融合、知行合一。

岗课赛证,融合创新。为贯彻落实二十届二中全会关于深化党和国家机构改革的决策部署,进一步优化职业教育体系,提升职业教育质量,本书在编写时突出以下内容:合作企业仓配运营岗位的典型工作任务要求、专业课程教学标准、全国职业院校技能大赛智慧物流赛项评分标准和物流管理"1+X"职业技能等级证书考试要求。本书提供了类型丰富的数字化教学资源,满足线上线下混合式教学需要,为学生提供多元化的学习途径和评价方式,促进学生全面发展,提高学生的就业竞争力和职业发展能力,推动职业教育与经济社会发展的良性互动。

课程思政,立德树人。党的二十大报告中指出,要办好人民满意的教育,全面贯彻党的教育方针,落实立德树人根本任务,培养德智体美劳全面发展的社会主义建设者和接班人。本书深入挖掘思政教育资源,融入物流标杆企业的典型案例;结合中国学生发展核心素养和物流行业特点,提炼出九大素养目标,并将其融入相应的学习项目中。通过价值塑造、知识传授和能力培养三者的有机融合,引导学生树立正确的世界观、人生观、价值观,增强学生对党和国家的认同感和归属感,培养学生的社会责任感、创新精神和实践能力,为培养担当民族复兴大任的时代新人贡献力量,实现立德树人的教育目标。

本书由江门职业技术学院李朝晖、赵明凤和东莞职业技术学院戴航担任主编,江门职业技术学院周芳、潘昭文、罗进和岳阳职业技术学院徐蔚担任副主编,中山顺丰速运有限公司柴阳、吴维,深圳市中诺思科技股份有限公司李文黎,西安北慧信息科技有限公司程鑫,突破未来(广东)供应链管理有限公司李超毅,深圳市富海通国际货运代理有限公司刘妙枝参与编写。具体编写分工如下:李朝晖编写项目四;赵明凤编写项目五;戴航编写项目一和项目二;周芳编写项目三和项目八的任务一;徐蔚编写项目六;潘昭文编写项目七;罗进编写项目八的任务二和项目九;柴阳、吴维、李文黎、程鑫、李超毅和刘妙枝将企业内部培训资料改编成"情景导入"。李朝晖负责全书审稿。

作为校企双元合作开发的教材,本书在编写过程中得到了中山顺丰速运有限公司的大力支持,该公司为本书编写提供了调研环境、案例及内训资源,从企业的角度对编写提纲提出修改意见,为本书的出版奠定了基础。本书的出版得到了编者单位领导的大力支持,也得到了华中科技大学出版社领导和相关编辑的指导,同时参考和借鉴了国内外许多专家学者的研究成果,在此一并表示深深的感谢。

在新时代的征程中,我们将继续秉持初心,以党的二十大和二十届二中、三中全会精神为指引,不断深化产教融合、校企合作,创新教材编写模式,提升教材质量,为培养更多高素质技术技能人才、推动职业教育高质量发展、服务经济社会发展、实现中华民族伟大复兴的中国梦而不懈努力。

由于编者水平有限,书中难免存在不妥之处,敬请广大读者批评指正。

目录

CONTENTS

模块一
智慧仓配运营
认知

ZHIHUI CANG-PEI

YUNYING RENZHI

项目一　智慧仓配运营概述

任务一　智慧仓配运营简介

情景导入

2023年,张智强从某高职院校现代物流管理专业毕业后,进入广东惠达物流有限公司(简称惠达公司)的仓储部工作。以下是张智强第一周的工作日志。

周一:公司总经理张总问我有没有助理物流师或助理采购师证书,没有的话需要考取一个。张总指定业务经理李经理负责指导我的业务。第一天上班,李经理没有安排具体事情,只是让我了解了公司的业务和组织结构。

周二:李经理让我学习做业务,但是在实际工作中,我不清楚收货时应该处理哪些单据,货物验收应该如何处理,发货时如何与司机进行交接。

周三:听说要在S市投资建设新的仓库,李经理让我准备仓库规划建设的资料,那么这个资料该怎么弄呢?

周四:业务员小赵在接收客户的货物时,没有仔细验收货物质量和数量,导致公司遭受了不必要的损失。看来要做好仓库管理不是一件简单的事情,一定要好好学习,争取不出差错。

周五:业务员小李在给客户送货时,没有仔细核对客户的订单和出库单,导致客户收到货后大发雷霆,要求重新送货并赔偿损失,结果小李被主管教育了一顿,并扣除了当季度的奖金。如果是我从事这项工作,该如何做好呢?

这是张智强这一周的日记,看起来收获颇丰,那么他具体学到了哪些知识和技能呢?

任务目标

知识目标:

1. 了解仓储和配送的含义;

2. 理解仓储的地位和作用;

3. 掌握配送的特点。

技能目标:

1. 能清楚仓储在物流行业中的地位;

2. 能够识别不同的配送类型。

素质目标:

1. 培养工匠精神和责任感;

2. 培养自我教育的能力。

 **任务分工**

智慧仓配运营简介任务分配表

班级		授课老师		
小组名称		组长		
组员	姓名	学号		分工

任务实施

认识仓储

第一步：认识仓储

引导问题1

在情景导入中,张智强已经从事了一段时间的仓管员工作,作为仓管员,如何理解仓储的内涵?

仓储是指通过仓库对物品进行储存和保管。其中,"仓"就是仓库,是存放物品的建筑物和场所的总称,可以是房屋、货棚、大型容器、洞穴等;"储"表示收存以备使用,包含收存、保管、交付使用的意思。

【育心笃行】司马迁的《货殖列传序》记载:"仓廪实而知礼节,衣食足而知荣辱。"当仓库充实时,人民会明白什么是礼节;当衣食丰裕时,人民会认识到光荣和耻辱。可见仓储的重要性。

仓储的概念有广义和狭义之分。狭义的仓储是指通过仓库对物料进行储存和保管;广义的仓储是指在从生产地向消费地转移的过程中,商品在一定地点、一定场所、一定时间的停滞。储存是物流的一种运动状态,是物料流转中的一种作业方式,在这一阶段对物料进行检验、保管、加工、集散、转换运输方式等多种作业。储存是物流的主要职能,又是商品流通不可缺少的环节。随着经济、社会和技术的发展,商品、货物的数量和种类越来越多,但是存储的时间却越来越短,而且由于现代生产方式变为多品种、小批量的柔性生产,物流的特征也随之改变,由少品种、大批量变为多品种、小批量或多批次、小批量,仓库的功能也从单纯的物料保管逐渐向货物流通转变。从物流系统的观点来看,现代物流理念认为物料的停滞是一种浪费,强调以时间换空间,以加速物料的不间断流动,取代以往人们通过储存物料来应对可能发生的物料供应的中断。现在较为典型的仓库管理形式就是人们经常说到的"零库存"。因此,"仓库"这个概念的内涵和外延已经发生了巨大的变化。仓库已经不仅仅是一个储存场所,逐渐发展为配送中心、物流中心,不但建筑场所的外貌焕然一新,而且内部的空间、设施都发生了根本的变化,更有功能和管理方式的进化。现代仓储和物流中心已经形成了围绕货物的以储存空间、储存设施设备、人员和作业及管理系统组成的仓储系统,其功能也延伸到运输、仓储、包装、配送、流通加工和信息等一整套的物流环节。总之,为了满足现代社会市场的需要,仓库完成了从"静态"储藏场所到"动态"流通枢纽的质的飞跃。观念和功能的改变,引起了仓库形态和内容的显著变化。但现代物流的"零库存"理念的发展,并不意味着仓储活动可以取消或不重要。因为在目前的物资技术条件下,要想真正做到整个物流流程的无缝链接是不可能的。因此物料的仓储管理在未来仍然很有意义。

第二步:认识仓储的地位和作用

引导问题 2

张智强已经从事了一段时间的仓管员工作,作为仓管员,他无法确定仓储的作用是什么。那么,仓储在整个物流过程中扮演什么角色?

商品在从生产领域转移到消费领域的过程中,一般都要经过仓储阶段,这主要是由商品生产和商品消费在时间、空间及品种和数量等方面的不同步引起的,也正是在这些不同步中体现了仓储活动的重要意义。随着社会的发展,仓储已从传统的物资储存场所、流通中心发展为物流的节点,并作为物流管理的核心环节而存在,在物流整体的协调中发挥着重要作用。

【育心笃行】"积谷防饥"是中国古代的一句警世名言,其意思是将丰年剩余的粮食储存起来以防歉年之虞。"仓廪充实"曾是古代各级官吏的工作目标。那时,"仓"是指专门用来储藏谷物的场所,"廪"则是指专门储藏米的场所。因此,"仓廪"指储藏粮食的场所。

一、现代仓储的宏观意义与作用

1. 现代仓储是保证社会再生产顺利进行的必要条件

从空间上看,商品生产与消费的矛盾主要表现在生产与消费地理上的分离。在社会化大生产条件下,生产的产品不仅是为了本人的消费,也为了满足其他人的需要。随着交换范围的扩大,生产与消费空间上的矛盾也逐渐扩大,这是由社会生产的客观规律所决定的。另外,生产的社会化使不同产品在地区间形成分工,同时生产的规模也在不断扩大,集中化的生产能以更低的成本生产出更多的产品,却使生产同种产品的工厂的数量不断减少。以前由各地甚至各个家庭生产的产品,现在由少数几家大工厂生产。这些工厂生产的产品不再是仅仅满足本地区的需要,大多数产品会销往其他地区。这样,就必须依靠运输把产品运送到其他市场。随着商品生产的发展,不但运输的商品品种、数量在增加,运输的平均距离也在不断增加。商品仓储活动的重要意义之一就是平衡运输的负荷。

从时间上看,商品的生产与消费之间往往有一定的时间间隔。在绝大多数情况下,今天生产的产品不可能马上就全部卖掉,这就会产生商品的仓储活动。有的商品季节生产、常年消费,如小麦、水果等;有的商品常年生产、季节消费,如羽绒服等。无论何种情况,从商品生产过程到商品消费过程之间,都存在一定的时间间隔,这造成了商品的暂时停滞,从而形成了商品的仓储。在市场经济条件下,为了使商品更加符合消费者的需要,许多商品在最终销售以前要进行挑选、整理、分装、组配等工作,这样便有一定量的商品停留在这段时间内,也形成了商品储存。此外,在商品运输(尤其是多式联运)过程中,各种运输工具在时间上不可能完全无缝衔接,这就产生了在途商品对车站、码头周转性仓库的需要。

从品种和数量上看,专业化生产将产品品种限制在比较窄的范围内。专业化程度越高,一个工厂生产的产品品种就越少,数量就越多。而消费者需要广泛的品种和较少的数量,因此在商品流通过程中,对商品在品种上不断加以组合,在数量上不断加以分散。只有经过一系列的调整,才能使遍及各地的零售商店能够向消费者提供品种、规格、花色齐全的商品。

总之,商品生产与消费在空间、时间、品种及数量方面都存在着矛盾。这些矛盾既不能在生产领域加以解决,也不能在消费领域加以解决,所以只能在流通领域通过连接生产与消费的商品仓储活动加以解决。另外,一个国家要实现经济的高速增长,必然要开展一些大型或特大型规模的建设项目,某些物资需要集中消耗,如果靠临时生产显然是不行的,只有平时储存一定数量的物资才能保证大规模建设的需求。因而,商品仓储在推动生产发展、满足市场供应需求方面具有重要意义。

2. 现代仓储是保护商品使用价值的必要环节

任何一种商品,从它生产出来至消费之前,其本身的性质、所处的条件,以及自然、社会、经济、技术等因素,都可能使商品的使用价值有所降低,如果不创造一定的条件保护它,就不可避免地使商品受到损害。因此,必须采用科学的方法加强对商品的养护,做好仓储工作,以保护好处于暂时停滞阶段的商品。

3. 现代仓储是促进资源合理配置利用的重要手段

一个国家的资源不论多么富有,相对于无限的欲望和需求而言,总是有限的,因而合理配置和利用有限的资源,做到物尽其用,是一个国家谋求经济发展的重要手段。然而,在实际生活中,我们更多看到的是,某类产品在一些行业和企业长期闲置,而在另一些行业和企业却表现出短缺,影响生产。积压和短缺并存是我国经济的一大痼疾。这除了产品结构方面的原因外,物资流通体制的不合理和库存管理水平落后,也是重要的两个原因。因此在物资仓储过程中,努力做到物资流向合理,加快流转速度,从而实现物资合理分配、合理供应是有其重要意义的。

4. 现代仓储是满足国家急需特需的保障

发生自然灾害、战争等人力不可抗拒的突发事件时,人们对物资的需求是急切的和特殊的。没有一定的国家储备,难以保证国家的安全和社会的稳定。国家储备是一种有目的的社会储存,也是任何时候都必需的。现代仓储是保证社会再生产顺利进行的必要条件,也是满足国家急需特需的保障。

5. 现代仓储是平衡市场供求关系、稳定物价的重要条件

市场供求平衡是短暂的,我们的市场常处于供大于求或求大于供的状态,这种市场供求矛盾会引起价格波动。仓储环节可在供过于求时吸纳商品,增加储存,在供不应求时吐放商品,以有效地调节供求关系,缓解矛盾。这样既可保证生产的稳定性,又可防止物价的大起大落。

 小知识

仓储管理对于企业经营意味着什么?

(1)有利于准确及时地为生产和销售环节提供物料,确保生产和销售的正常进行;

(2)有利于保证物料质量,减少损耗,降低产品成本;

(3)有利于合理储备,加速资金周转,提高企业经济效益;

(4)有利于确保物料储存安全,确保企业生产经营成果;

(5)清晰、准确的报表为企业物流的综合管理提供便利可靠的信息。

二、现代仓储的微观意义与作用

1. 现代仓储是实现运输整合与配载的必要手段

由于运输的费率随着运量的增大而减少，大批量运输是节省运费的有效手段。将连续不断产出的产品集中成大批量进行运输，或将众多供货商所提供的产品整合成单一的一票运输等运输整合活动，需要通过仓储来实现。这样不仅可以实现大批量运输，而且可以通过比重整合、轻重搭配、多个厂商商品合并来实现运输工具空间的充分利用，从而减少仓储和运输成本。

2. 现代仓储为分拣和组合产品提供了场地

对于通过整合才能进行运输的产品，需要在仓库中根据流出方向和流出时间的不同进行分拣分类，分别配载到不同的运输工具，从而送到不同的目的地或消费者手中。

不同产地生产的系列产品要在仓库中进行整合，形成体系后，再向销售商供货。此外，生产厂家需要的众多零配件来自不同的供应商，这就需要分散的供应商把货物送到指定的仓库，由仓库进行装配组合，再送到生产线上装配成产品。

3. 现代仓储具有存货控制的作用

除了在现场装配的建筑物及大型设备外，绝大多数产品的现代生产很难做到完全无存货，但存货就意味着资金运转停滞及保管费用、资金成本的增加，并会产生损耗、浪费等风险。因而通过存货控制来降低成本是物流管理的重要内容之一。存货控制实质上是对仓储中的商品存量进行控制，目的是实现整个供应链的总成本最低。仓储存货控制主要包括存量控制、仓储点的安排、出货安排等工作。

4. 现代仓储是物流增值服务功能的实现环节

产品的增值主要来源于产品质量的提高、功能的改变、供应及时、提供个性化服务等，而众多的增值服务可在仓储环节的流通加工中实现。

▍▍▶ 〔 小知识 〕

在我国较长一段时间内，仓库中大量的装卸搬运、堆码、计量等作业都是由人工来完成的。因此，仓库不仅占用了大量的劳动力，而且仓库作业人员劳动强度大，劳动条件差，劳动效率低。例如，在传统工业库房、食品库房、大型货品中转站和铁路、公路转运货场等地方，一直沿用着旧式的仓储设施和管理方法。目前，在我国大中型城市和经济开发区，较先进的现代仓储业开始发展起来，并逐步带动整体物流水平的发展；先进的仓储管理系统和硬件设施也随之建立起来。现代商业体系的建立引导着仓储业向合理、高效、环保的方向发展。

第三步：认识配送

引导问题 3

认识配送

惠达公司为附近一家电动车生产企业提供配送服务，该企业要求货物必须在规定的时间送到，以免耽误生产。因此，惠达公司采用日配的方式为该企业提供服务，即上午订货，下午送达；下午订货，第二天早上送达。这样就可以使用户获得前置时间的服务保障，从而保证了客户生产的平稳性，使客户满意度处于比较高的水平。领导希望进一步降低成本，要求张智强提出控制和降低成本的方案。

那么，张智强应该如何做呢？

一、配送的定义

美国出版的《物流管理:供应链过程的一体化》中指出:实物配送这一领域涉及将制成品交给顾客的运输。实物配送过程可以使顾客对服务时间和空间的需求成为营销的一个整体组成部分。

我国出版的《现代物流学概论》(彭扬、骆丽红、陈金叶主编,北京理工大学出版社 2022 年出版)中指出:配送是以现代送货形式实现资源的最终配置的经济活动;配送是按用户订货要求,在配送中心或其他物流节点进行货物配备,并以最合理方式送交用户。

【育心笃行】淮海战役的"独轮车配送"。1948 年,543 万名支前民工推着独轮车走过山东、河南、江苏、安徽 4 省 88 个村镇,跋山涉水、昼夜兼程几千公里,把一车车粮食、弹药送上前线,再将一批批伤员转送后方。正如陈毅元帅所说:"淮海战役的胜利,是人民群众用小车推出来的。"

二、配送概念的内涵

1. 配送提供的是物流服务

配送提供的是物流服务,满足顾客对物流服务的需求是配送的前提。

(1)由于在买方市场条件下,顾客的需求是灵活多变的,消费特点是多品种、小批量,因此从这个意义上说,配送活动绝不是简单的送货活动,而应该是建立在市场营销策划基础上的企业经营活动。

(2)由于单一的送货功能无法较好地满足广大顾客对物流服务的需求,因此配送活动应该是多项物流活动的统一体。还有些学者认为,配送就是"小物流",只是比大物流系统在范围上有些缩小罢了。从这个意义上说,配送活动所包含的物流功能,应比我国《物流术语》中提出的物流功能还要全面。

2. 配送是"配"与"送"的有机结合

所谓"合理地配",是指在送货活动之前必须依据顾客需求进行合理的组织与计划。只有有组织、有计划地"配",才能实现现代物流管理中所谓的低成本、快速度地"送",进而有效满足顾客的需求。

3. 配送是在合理区域范围内的送货

配送不宜在大范围内实施,通常仅限于在一个城市或地区范围内进行。

4. 配送以用户要求为出发点

配送是从用户利益出发、按用户要求进行的一种活动,因此在观念上必须明确"用户第一""质量第一"。配送企业的地位是服务地位而不是主导地位,因此不能从本企业利益出发,而应从用户利益出发,在满足用户利益的基础上取得本企业的利益。更重要的是,不能利用配送损害或控制用户,不能将配送作为分割部门、分割行业、割据市场的手段。

三、配送的特点

(1)配送是从物流据点至用户的一种特殊送货形式,在整个输送过程中处于"二次输送""支线输送""终端输送"的位置。配送是"中转"型送货,其起、止点分别是物流据点和用户,通常是少量货物短距离的移动。

(2)从事送货的是专职流通企业,用户需要什么配送什么,而不是生产企业生产什么送什么。

（3）配送不是单纯的运输或输送，而是运输与其他活动共同构成的组合体。配送要组织订货、签约、进货、分拣、包装、配装等，及时对物资进行分配、供应处理。

（4）配送是供应者送货到户式的服务性供应。从服务方式来讲，配送是一种"门到门"的服务，可以将货物从物流据点一直送到用户的仓库、营业所、车间乃至生产线的起点或个体消费者手中。

（5）配送是在全面配货的基础上，完全按用户要求（包括种类、品种搭配、数量、时间等方面的要求）所进行的运送。因此，除了各种"运"与"送"的活动外，还要从事大量分货、配货、配装等工作，是"配"和"送"的有机结合形式。

第四步：认识配送的类型

引导问题4

张智强在处理客户订单时发现，如果给客户即时分拣、即时发货，经理会抱怨成本高；如果每半天发一次货，总有客户抱怨货品不能及时到达。那么张智强该如何做？

一、按配送商品的种类和数量分

1. 少品种大批量配送

这种配送适用于需求数量较大的商品，单独一种或少数品种就可以达到较大运输量，可实行整车运输，如煤炭等。

2. 多品种少批量配送

按用户要求，将其所需的各种商品（每种商品需要量不大）配备齐全，凑成整车后由配送中心送达用户手中。日用商品的配送多采用这种方式。

二、按配送时间及数量分

1. 定时配送

按规定的时间间隔进行配送，配送的品种和数量可根据用户的要求确定。

2. 定量配送

按规定的批量进行配送，但不严格规定时间，只是指定一个时间范围。这种配送计划性强，备货工作简单，配送成本较低。

▶ 思考

红星配送公司是一家综合性配送公司，为周边的制造业、商业客户提供配送服务。因为有部分客户对送货时间的要求不是很严格，因此公司决定针对这部分客户采取定量配送的方式。这样操作使得送货数量固定，备货工作较为简单，可以根据托盘、集装箱及车辆的装载能力确定配送的数量，能够有效利用托盘、集装箱等集装方式，也可做到整车配送，配送效率较高。对于客户来讲，每次接货都处理同等数量的货物，有利于人力、物力的准备。

问题：红星配送公司是如何进行定量配送的？

3. 定时定量配送

按规定的时间和固定的数量进行配送。

思考

朝霞配送公司是一家为汽车、家电及机电产品制造商提供材料配送服务的物流公司。随着业务的开展,越来越多的客户提出定时定量配送的要求,但是因为定时定量配送兼有定时配送和定量配送两种方式的特点,管理和作业的难度较大,公司对该配送方式的使用一直比较谨慎。经过调研和对自身能力的评估,公司认为,本公司的客户特点适合开展这种配送方式,因此积极地与客户协商并签订了协议,依据协议来确定配送的时间和数量,取得了良好的效果。

问题:朝霞配送公司是如何进行定时定量配送的?

4. 即时配送

不预先确定配送数量,也不预先确定配送时间及配送路线,而是按用户要求的时间、数量进行配送。

【育心笃行】特殊的"配送":2020年1月武汉"封城"后,来自全国各地的救援物资源源不断地进入武汉,既有国家层面调度的各类医疗物资,也有社会各界热心捐赠的各类生活物资,如寿光的蔬菜、河南的瓜果、新疆的牛肉。正是这种特殊的配送,满足了疫情期间武汉人民的各类需求,体现了社会主义制度集中力量办大事的优越性。

三、按配送的组织形式分

1. 集中配送

集中配送是由专门从事配送业务的配送中心对多个用户开展配送业务。集中配送的品种多、数量大,一次可同时对同一线路中的几家用户进行配送,其经济效益明显,是配送的主要形式。

2. 共同配送

几个配送中心联合起来,共同制订计划,共同对某一地区用户进行配送,具体执行时共同使用配送车辆,称共同配送。

3. 分散配送

分散配送是由商业零售网点针对小量、零星商品或临时需要的商品进行的配送业务。这种配送方式适用于近距离、多品种、少批量商品的配送。

思考

日华配送公司坐落于一个服装零售网点附近,市场中的很多商户经常会临时要求送几件货物到附近的一些地方,因为距离比较近,商品数量也比较少,公司安排起来并不十分困难。因此,公司专门为满足这类要求配备了两个员工,同时配备了两辆电瓶车,及时地为客户提供服务。因为服务周到,这些客户的其他大宗业务也交给日华配送公司来做,促进了公司的发展。

问题:日华配送公司是如何进行分散配送的?

4. 加工配送

加工配送是指在配送中心进行必要的加工后再配送。这种方式将流通加工和配送一体化,使加工更有计划性,配送服务更趋完善,如图1-1所示。

图 1-1　加工配送服务示意图

四、按配送的职能形式分

1. 销售配送

批发企业建立的配送中心多开展销售配送业务。批发企业在通过配送中心把商品批发给各零售商店的同时,也可与生产企业联合。生产企业可委托配送中心储存商品,按厂家指定的时间、地点进行配送。若生产厂家是外地的,则可以采取代理的方式,促进厂家的商品销售。

2. 供应配送

供应配送是企业为了满足自身的供应需要所采取的配送形式。在这种配送形式下,一般由企业或企业集团组建配送据点,集中组织大批量进货(以便取得批量折扣),然后向本企业配送或向本企业集团若干企业配送。如大型企业集团或连锁总店通过自己的配送中心或与消费品配送中心联合进行配送,零售店与供方隶属于同一公司,配送成为公司内部的业务,从而减少了许多手续,缓和了许多业务矛盾,各零售店在订货、退货、增加经营品种方面也得到了更多的便利。

3. 销售与供应相结合的配送

配送中心与生产厂家及企业集团签订合同,既负责一些生产厂家的销售配送,又负责一些企业集团的供应配送,实现了配送中心与生产企业及用户的联合。

4. 代存代供配送

用户将属于自己的商品委托给配送中心代存、代供或代订,然后由配送中心组织配送。这种配送在实施前不发生商品所有权的转移,配送中心只是用户的代理人,商品在配送前后都属于用户所有。配送中心仅从代存、代理中获取收益。

▌▌➡ 思考]

荣升配送中心是一家综合性配送中心,随着业务规模的不断扩大,资金不足的问题时有出现,致使部分生产能力闲置。经过与客户沟通,公司开始开展代存代供业务。这项业务的开展不仅解决了公司资金不足的问题,还降低了货物贬值等风险,促进了公司的发展。

问题:荣升配送中心开展代存代供业务的好处是什么?

🔷 **任务检测**

一、选择题

1. 仓储是指通过仓库对物品进行储存和（　　）。
A. 保管　　　　　B. 保存　　　　　C. 保护　　　　　D. 储藏

2. 现代仓储是平衡市场（　　）、（　　）的重要条件。
A. 需求、提升物价　　　　　　　　B. 供给、降低物价
C. 供求关系、稳定物价　　　　　　D. 供求关系、降低物价

3. 现代仓储是物流（　　）服务功能的实现环节。
A. 运输　　　　　B. 平衡　　　　　C. 贬值　　　　　D. 增值

4. 按规定的批量进行配送，但不严格规定时间，只是指定一个时间范围，这种配送模式被称为（　　）。
A. 定时配送　　　B. 定量配送　　　C. 共同配送　　　D. 分散配送

5. 按配送的职能形式进行划分，以下哪项不属于该分类方式？（　　）
A. 销售配送　　　B. 供应配送　　　C. 集中配送　　　D. 代存代供配送

二、判断题

1. 现代仓储中商品、货物的数量和种类越来越多，但是存储的时间却越来越长。（　　）

2. 为了满足现代社会市场的需要，仓库完成了从"静态"储藏场所到"动态"流通枢纽的质的飞跃。（　　）

3. 商品生产与消费的矛盾主要表现在生产与消费地理上太远。（　　）

4. 除了在现场装配的建筑物及大型设备外，绝大多数产品的现代生产都能做到完全无存货。（　　）

5. 配送可以在大范围内实施，而不是仅局限在一个城市或地区范围内进行。（　　）

6. 少品种大批量配送以煤炭配送为代表。（　　）

7. 分散配送是由专门从事配送业务的配送中心对多个用户开展配送业务。分散配送的品种多、数量大，一次可同时对同一线路中的几家用户进行配送。（　　）

三、学以致用

1. 仓储的功能。

被誉为"千年药都"的甘肃陇西气候干旱、降雨稀少，工农业生产受到严重制约。可是当地却利用干旱的气候优势发展起中药材仓储业，促进当地群众增收致富。据当地一家仓储企业负责人马中森介绍，中药材经销行业有条不成文的规矩：市场价格低时购进，价格上涨时再伺机售出。因此，选择一个干燥通风的储藏环境成了整个经营活动的重要环节。而陇西县属于干旱半干旱地区，全年降雨量 400 多毫米，加之光照比较充足，很利于药材的储藏。经销商在文峰每存放一件中药材，只需要每月花费 8 角钱；而南方潮湿多雨，需要动用空调，每存放一件中药材每天的花费就得 2 元钱。因此陇西成了各大药商的首选之地，被称为"天然药仓"。据陇西县县长介绍，在陇西，上千吨的大型仓储企业达到了 23 家，中药材仓储容积达 80 多万立方米，静态仓储能力超过 5 万吨，目前已经成为西北最大的中药材仓储基地。中药材仓储业的繁荣不仅让仓储企业赚了钱，还促进了中药材生产。陇西中药材种植历史悠久，各类中药材的产量更是占到

了全国的五分之一。前些年中药材市场大起大落,时常出现"卖难"的现象。但陇西中药材仓储业的发展壮大,吸引了大批中药材经销商前来收购、储存药材,农民只要将药材种出来就能够卖出去,而且亩均纯收入稳定在千元以上。除此之外,许多制药厂家还把厂房搬到了这里,就近取材生产,直接促进了当地社会经济的发展。

思考与讨论:(1)陇西发展中药材仓储业有什么优势?(2)未来陇西的中药材仓储业发展方向是怎样的?

2.配送中心的运作模式。

宁波福海配送中心是一家电子产品零件配送商,为开发区方圆 20 公里区域内的电器制造企业配送材料,在这个区域内还有 5 家类似的配送中心。目前福海配送中心有 50 家客户,平均每个客户需要配送的零件种类在 60 种左右,客户要求的送货时间集中在 9:00—10:00、15:00—16:00。为了更好地为客户提供服务,福海配送中心与客户一起开发了一个电子网络系统。通过该系统,福海配送中心可以随时查询客户的材料库存状况,根据客户的情况组织安排配送工作。由于区域内的电器制造企业比较分散,需要的零件数量变化也比较大,配送中心常常因为客户的紧急需要,为了配送较少的零件而安排车辆,影响了配送的效率。此外,各家配送中心的客户分布交叉,互相缺少配合。

思考与讨论:(1)福海配送中心的配送属于哪种配送类型?(2)为了提高配送中心的工作效率,在车辆安排及配送管理方面可以进一步采取哪些方法?

 任务评价

智慧仓配运营简介任务评价表

班级:		姓名:		学号:	
评价项目	评价标准			分值	得分
任务准备 (15%)	考勤情况(无迟到、早退、旷课等现象)			5	
	能积极参与小组任务,做好学习准备			5	
	能正确理解任务指令,并接受任务要求			5	
任务过程 (70%)	能准确理解仓储的流程			20	
	能准确理解仓储的性质和作用			10	
	能准确掌握配送中心的分类、构成及功能			10	
	能准确掌握主要的配送模式及配送组织流程			20	
	能准确分享课程思政内容			10	
职业素养 (15%)	态度端正,认真主动,能与小组成员合作			10	
	关注任务完成情况			5	
合计				100	
综合评价	自评(30%)	小组互评(30%)	教师评价(40%)	综合得分	

任务二　智慧仓配运营功能

情景导入

　　2024 年,张智强成为惠达公司仓储部的正式员工。近期,惠达公司和长虹公司开始合作,长虹公司负责人指出,之前公司的做法是将工厂装配好的产品直接送到各地从事经营的商店暂时保管,然后根据客户的订单,将产品配送到客户所在地。不管配送件数多少,各分店都必须配备送货人员和卡车,导致仓储和配送费用占整体物流成本的 70% 以上。为了降低成本,长虹公司决定采用商物分离的措施,由惠达公司对长虹公司的产品进行储存和配送。接到这一任务后,张总要求张智强针对长虹公司产品的储存及配送要求制定整体方案。因此,张智强在考虑如何对现有的仓库进行改造,以便能承接该项业务。

任务目标

知识目标:

1. 了解配送中心的含义;

2. 理解配送中心的类型;

3. 掌握仓储和配送中心的功能。

技能目标:

1. 能够识别不同的配送中心;

2. 能够熟悉配送中心的主要业务并选择配送企业。

素质目标:

1. 培养工匠精神和责任感;

2. 培养自我教育的能力。

任务分工

表 1-3　智慧仓配运营功能任务分配表

班级		授课老师	
小组名称		组长	
	姓名	学号	分工
组员			

认识仓储的功能

第一步：认识仓储的功能

引导问题1

为了更好地服务于长虹公司，张智强应该给新仓库赋予哪些功能呢？

仓储主要是对流通中的商品进行检验、保管、加工、集散和转换运输方式，并解决供需之间和不同运输方式之间的矛盾，提供场所价值和时间效益，使商品的所有权和使用价值得到保护，加速商品流转，提高物流效率和质量，促进社会效益的提高。概括起来，仓储的功能包括如下几个方面。

【育心笃行】国家粮食储备库的调节功能：国家粮食储备库主要用于国家战略粮食储备，其目的有二：一是稳定物价，维持粮食价格在合理范围内；二是应对灾害、战争等紧急情况。民以食为天，食以粮为先。粮食关系国家命脉，建立粮食储备库是国家正确的战略决策。

一、调节功能

仓储在物流中起着"蓄水池"的作用。一方面，仓储可以调节生产与消费的关系，使它们在时间和空间上得到协调，保证社会再生产的顺利进行。例如，适当储存原材料和半成品，可以防止因缺货造成的生产停顿；季节性生产但全年都有市场需求的大米、小麦等产品的供应，只能通过仓储来解决。另一方面，仓储可以实现对运输的调节，因为产品从生产地向销售地流转，主要依靠运输完成，但不同的运输方式在运向、运程、运量及运输线路和运输时间上均存在差距。采用一种运输方式一般不能直达目的地，需要在中途改变运输方式、运输线路、运输规模、运输方法和运输工具，以及协调运输时间和完成产品倒装、转运、分装、集装等物流作业，还需要在产品运输的中途停留。中转仓库如图1-2所示。

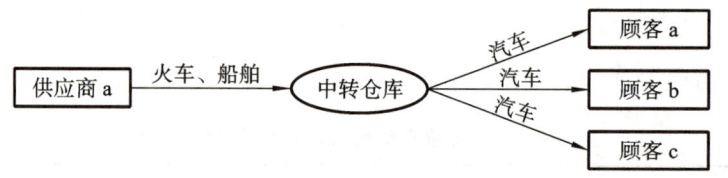

图1-2　中转仓库示意图

二、整合功能

整合功能是仓储活动的一个经济功能。仓库可以接收来自多个厂商的产品或原材料，然后把它们整合成一个单元，进行一票装运。其好处是，有可能实现最低的运输费率，减少由多个供应商向同一顾客进行供货所产生的拥挤和堵塞的现象。物流企业可以把从制造商到仓库的内向转移和从仓库到顾客的外向转移进行整合，形成更大的装运批量。为了提供有效的整合装运，每一个制造商都必须把仓库作为货运储备地点，或用于产品分类和设施组装。例如，一个电脑生产商可能在中心仓库里集中巴西生产的键盘、美国生产的软件、英国生产的监视器以及日本生产的主机箱等，并把所有的零件组装成最终成品配送给客户。整合仓库可以由单独一家厂商使用，也可以由几家厂商联合起来共同使用。通过这种整合，每一个单独的制造商或托运人的物流总成本都能够低于其各自分别直接装运的成本。仓储的整合功能如图1-3所示。

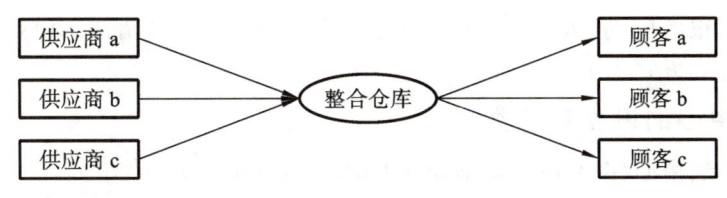

图 1-3   仓储的整合功能

三、支持企业形象功能

从满足客户需求的角度看，从一个距离较近的仓库供货远比从生产厂商处供货方便得多，不仅能快速响应客户需求，同时也能提供更为快捷的配送服务。这样会在供货的方便性、快捷性以及对市场需求的反应速度方面，为企业树立一个良好的市场形象。

四、增值服务功能

1. 配送功能

所谓配送，是按客户的订货要求，在物流据点进行分货、配货作业，并将配好的商品交给收货人。与运输相比，配送通常是在商品集结地，完全按照客户对商品种类、规格、品种搭配、数量、时间、送货地点等各项要求，进行分拣、配货、配装、车辆调度、路线安排的优化等一系列工作，再将商品运送给客户的一种特殊的送货形式。仓储配送功能是仓储保管功能的外延，提高了仓储的社会服务效能，可确保储存商品的安全，最大限度地保持商品的使用价值，减少保管损失。

2. 流通加工功能

所谓流通加工，是指在从生产地到使用地的过程中，对物品根据需要施加包装、分割、计量、分拣、刷标志、捡标签、组装、商品检验等简单作业的总称。其内容包括：对流通对象（如钢材、木材）进行剪切、套裁、打孔、打弯等；分装或掺和散装的货物；组装元件或器件；给待流转的货物粘贴标签、拴牌子等。延伸到物流领域的流通加工，实际上是一种辅导性的生产作业。流通加工活动是流通主体为了完善流通服务功能、促进销售和提高物流效益而开展的一项活动，尽管流通加工的深度和范围有限，但是它在流通以及再生产活动中也起到了很大的作用。

3. 交易中介功能

仓储经营人利用其与商品使用部门广泛的业务联系，为存货人提供交易中介服务，不仅能加速商品周转、增加利润，还能承接更多的仓储业务。

第二步：认识配送中心的类型

配送中心的类型

引导问题 2

关于长虹公司的产品配送服务，经理提出可以新建一家配送中心处理该项业务。张智强搞不懂的是，明明有现成的仓库，为什么还需要新建一个配送中心，配送中心和仓库有什么不同吗？

中华人民共和国国家标准《物流术语》中对配送中心（distribution center）的定义为：具有完善的配送基础设施和信息网络，可便捷地连接对外交通运输网络，并向末端客户提供短距离、小批量、多批次配送服务的专业化配送场所。配送中心是一种新兴的经营管理形态,具有满足多量少样的市场需求及降低流通成本的作用,但是,由于建造企业的背景不同,配送中心的功能、构成和运营方式有很大区别,因此,在规划配送中心时应充分注意配送中心的类别及其特点。配送中心的具体分类方式如下。

一、按配送中心的设立者分类

1. 制造商型配送中心(distribution center built by maker,M. D. C)

制造商型配送中心是以制造商为主体的配送中心。这种配送中心里的物品全部由制造商自己生产制造,用以降低流通费用、提高售后服务质量和及时将预先配齐的成组元器件运送到规定的加工和装配工位。这种配送中心对于从物品制造到生产出来后条码和包装的配合等多方面都易于控制,所以较易按照现代化、自动化的要求进行设计,但不符合社会化的要求。

2. 批发商型配送中心(distribution center built by wholesaler,W. D. C)

批发商型配送中心是由批发商或代理商成立的配送中心,以批发商为主体。批发是物品从制造者到消费者手中的传统流通环节之一,一般是按部门或物品类别的不同,把每个制造商的物品集中起来,然后以单一品种或搭配向消费地的零售商进行配送。这种配送中心的物品来自各个制造商,它所进行的一项重要活动是对物品进行汇总和再销售,而它的全部进货和出货都是社会配送的,社会化程度高。

3. 零售商型配送中心(distribution center built by retailer,RE. D. C)

零售商型配送中心是由零售商向上整合所成立的配送中心,以零售商为主体。零售商发展到一定规模后,就可以考虑建立自己的配送中心,为专用品商店、超级市场、百货商店、建材商场、粮油食品店、宾馆、饭店等服务,如图 1-4 所示。其社会化程度介于前两者之间。

图 1-4　零售商型配送中心

4. 专业物流配送中心(distribution center built by TPL,T. D. C)

专业物流配送中心是以第三方物流企业(包括传统的仓储企业和运输企业)为主体的配送中心。这种配送中心有很强的运输配送能力,地理位置优越,可迅速将到达的货物配送给用户。它为制造商或供应商提供物流服务,而配送中心的货物仍属于制造商或供应商所有,配送中心只是提供仓储管理和运输配送服务。这种配送中心的现代化程度往往较高,如图 1-5 所示。

图 1-5　专业物流配送中心

二、按服务范围分类

1. 城市配送中心

城市配送中心是以城市范围为配送范围的配送中心。由于城市范围一般处于汽车运输的经济里程之内,这种配送中心可直接配送到最终用户,且采用汽车进行配送。城市配送中心往往和零售经营相结合,由于运距短、反应能力强,因而从事多品种、少批量、多用户的配送较有优势。

2. 区域配送中心(regional distribution center, R. D. C)

区域配送中心是以较强的辐射能力和库存储备,向省(市)际、全国乃至国际范围的用户实施配送服务的配送中心,如图 1-6 所示。这种配送中心配送规模较大,一般而言,用户也较多,配送批量也较大,往往是配送给下一级的城市配送中心,也配送给营业所、商店、批发商和企业用户。区域配送中心虽然也从事零星的配送,但不是主体形式。

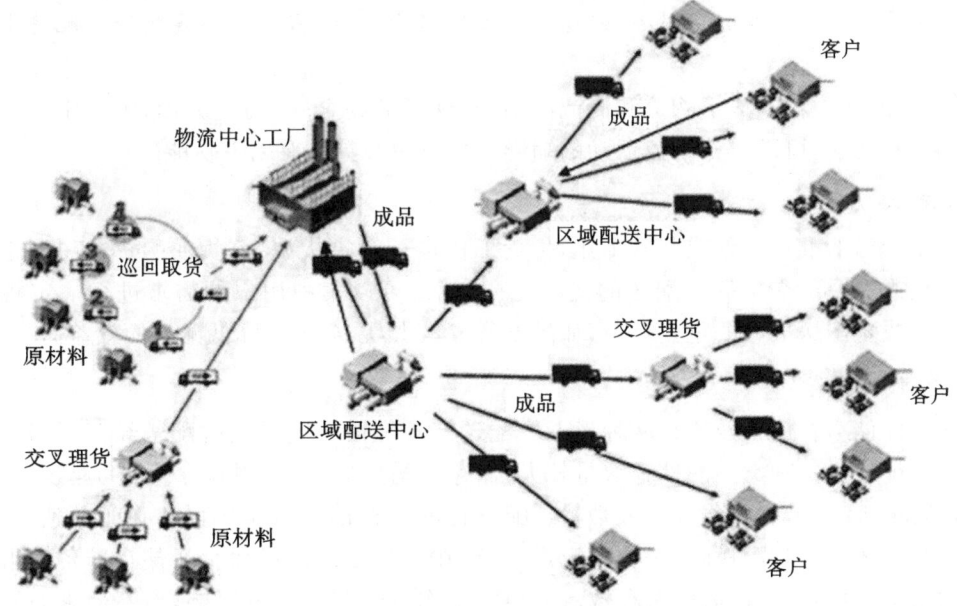

图 1-6　区域配送中心多点分运示例

三、按配送中心的功能分类

1. 储存型配送中心

储存型配送中心是以存储为主要业务的配送中心,有很强的储存功能。例如,美国赫马克配送中心的储存区可储存16.3万个托盘。我国目前建设的配送中心多为储存型配送中心,库存量较大。

【育心笃行】随着经济的发展和技术水平的提高,我国的配送中心已经处于世界领先的地位,如京东的"亚洲一号"仓库已经是世界上处理速度最快、技术最先进、成本最低的配送中心之一。不管从事哪个行业,中国人都能将之做到极致。

2. 流通型配送中心

流通型配送中心包括通过型配送中心和转运型配送中心,基本上没有长期储存的功能,仅以暂存或随进随出的方式进行配货和送货。这类配送中心的典型运作方式为:大量货物整批进入,按一定批量零出。流通型配送中心一般采用大型分货机,进货时货物直接进入分货机传送带,分送到各用户货位或直接分送到配送汽车上。

3. 加工型配送中心

加工型配送中心是以流通加工为主要业务的配送中心。

四、按配送货物的属性分类

根据配送货物的属性,配送中心可以分为食品配送中心、日用品配送中心、医药品配送中心、化妆品配送中心、家电配送中心、电子(3C)产品配送中心、书籍配送中心、服饰产品配送中心、汽车零件配送中心及生鲜处理中心等。

第三步:理解配送中心的功能

引导问题3

关于长虹公司的产品配送服务,新建了一家配送中心后,张智强还要搞清楚配送中心需要具备哪些功能。

一方面,配送中心集成了物流和商流活动,实现了商物合一;另一方面,配送中心集成了物流活动的所有功能,可以看作物流活动的缩影。配送中心具体有以下功能。

一、备货功能

备货是配送的准备工作或基础工作,备货工作包括筹集货源、订货或购货、集货、进货及有关的质量检查、结算、交接等。配送的优势之一,就是可以集中用户的需求进行一定规模的备货。备货是决定配送成败的重要环节,如果备货成本太高,会大大降低配送的效益。

二、储存功能

配送中的储存有储备及暂存两种形态。配送储备是按一定时期的配送经营要求形成的对配送的资源保证。这种类型的储存数量较大,储存结构也较完善,视货源及到货情况,可以有计划地确定周转储备及保险储备结构及数量。配送的储备保证有时在配送中心附近单独设库解决。

暂存是具体执行日配送时,按分拣配货要求,在理货场地所做的少量储存准备。由于总体储存效益取决于储存总量,因此暂存数量只会对工作方便与否造成影响,而不会影响储存的总效益,因而在数量上控制并不严格。

还有另一种形式的暂存,即分拣、配货之后形成的发送货载的暂存,主要用于调节配货与送货的节奏,暂存时间不长。

三、分拣和配货功能

分拣和配货是配送不同于其他物流形式的有特点的功能要素,也是影响配送成败的一项重要支持性工作。分拣及配货是完善送货、支持送货的准备性工作,是不同配送企业在送货时进行竞争和提高自身经济效益的必然延伸,所以,也可以说是送货向高级形式发展的必然要求。分拣及配货作业可大大提高配送服务水平,是决定整个配送系统水平的关键要素。

四、配装功能

和一般送货不同,通过配装送货可以大大提高送货水平及降低送货成本,所以,配装是配送系统中有现代特点的功能要素,也是现代配送不同于以往送货的重要特点。

五、运输功能

配送运输属于运输中的末端运输、支线运输。配送运输和一般运输形态的主要区别在于:配送运输是较短距离、较小规模、频度较高的运输形式,一般使用汽车做运输工具。

六、送达服务功能

配好的货物需要送到客户的手中,配送中心的送达活动需要考虑送货的地点、卸货的方式及相关手续的办理等,是配送工作的最后环节。

七、配送加工功能

在配送中,配送加工这一功能要素不具有普遍性,但往往具有重要作用,通过配送加工可以大大提高用户的满意程度。

配送加工是流通加工的一种,但它有不同于一般流通加工的特点,即配送加工只取决于用户要求,其加工的目的较为单一。

 **拓展训练**

根据前文学习的内容,分小组对所在城市的一家配送企业进行调查,分析其配送中心类型及功能,并提交学习报告。

任务检测

一、单选题

1.配送是指在(　　　　),根据用户的要求,对物品进行拣选、加工、包装、分割、组配等作业,并按时送达指定地点的物流活动。

A.经济合理区域范围内　　　　　　　　B.城市范围内

C.工厂区域内　　　　　　　　　　　　D.城市之间

2.配送将物流和(　　　)紧密结合起来。

A.装卸　　　　　B.供应链　　　　　C.商流　　　　　D.仓储

3.将分散的或小批量的物品集中起来,以便进行运输、配送的作业称为(　　　　)。

A.集货　　　　　B.分货　　　　　C.存货　　　　　D.流通

4.使用各种拣选设备和传输装置,将存放的物品按客户要求分拣出来,配备齐全,送入指定发货地点称为（　　）。

    A. 配货　　　　　　　B. 集货　　　　　　　C. 存货　　　　　　　D. 分货

5. 适用于需求数量较大的商品，单独一种或少数品种就可以达到较大运输量，可实行整车运输，这种配送方式称为（　　）。

    A. 多品种大批量配送　　　　　　　　B. 少品种大批量配送

    C. 多品种少批量配送　　　　　　　　D. 定时配送

二、多选题

1. 以下属于配送的要素的是（　　）。

    A. 集货　　　　　　　B. 结算　　　　　　　C. 储存　　　　　　　D. 配装

2. 按配送的职能形式分，配送可以分为（　　）。

    A. 销售配送　　　　　　　　　　　　B. 供应配送

    C. 销售与供应相结合的配送　　　　　D. 代存代供配送

3. 配送作业的基本环节包括（　　）。

    A. 备货　　　　　　　B. 理货　　　　　　　C. 加工　　　　　　　D. 送货

4. 按配送时间及数量分，配送可分为（　　）。

    A. 定时配送　　　　　B. 定量配送　　　　　C. 定时定量配送　　　D. 即时配送

5. 按配送中心的功能分类，配送中心可以分为（　　）。

    A. 储存型配送中心　　B. 流通型配送中心　　C. 加工型配送中心　　D. 区域配送中心

三、简答题

1. 如何理解配送的概念？

2. 简述配送的特点。

四、学以致用

联华超市是上海首家以发展连锁经营为特色的大型超市企业。联华超市结合国际先进经验，充分考虑集团的实际情况，将现有的建筑物改造成配送中心。其采用仓库管理系统（WMS）实现整个配送中心的全计算机控制和管理，而在具体操作中实现半自动化，以货架形式来保管，并配以无线数据终端进行实时物流操作，以自动化流水线来输送，以数字拣选系统来拣选，基本上实现了物流功能条码化与配送过程无线化，具有"穿过式配送"能力。此外，利用"虚拟配送中心"功能协助完成"店铺直送"，建立了"自动补货系统"，还具备强大的退货管理、例外管理以及配送调度安排、线路优化和跟踪等功能，形成了一套完整的解决方案。

供应商送货到配送中心后，立即由WMS进行登记处理，能够入库的，在记录信息的同时生成入库指示单，之后工作人员用手动叉车将货物搬运至入库品运载装置处，由系统自动识别并运输至相应位置存放，同时更新在库货位数。当门店的订单通过联华超市数据通信平台实时传输到配送中心后，工作人员根据订单上各种商品的数量和相应的到货时间，开始进行商品配货拣选工作。

当根据订单进行配货时，WMS会发出出库指示，各层平台上设置的激光打印机根据指示打印出库单。在出库单上，货物根据拣选路径依次打印。系统中的商店号码显示器显示需要配送的商店号码，数据显示器显示需要拣选的数量，工作人员确认后，开始操作系统进行拣选工作。当全部区域拣选结束后，装有商品的笼车由笼车升降机送至一层。工作人员将分散在多台笼车上的商品归总分类，附上交货单，依照系统显示的需要配送的商店号码将笼车送到对应的运输车辆上。计算机配车系统将根据门店距离合理安排运输路线。商品到门店后，由于数量的高度准确性,门店验货时只要清点总的包装数量,完成交接手续即可,一般一个门店的配送商品交接只需要5分钟。

物流配送中心实现信息化,使联华超市总部可以通过网络即时了解各门店的销售情况;供应商可以通过网络看到自己商品的销售、库存与周转情况,从而能够及时组织货源;门店实现了网上要货,所有账目自动生成,减轻了财务人员的劳动强度,使联华超市的总成本下降了10%。此外,供应链上的节点企业生产效率提高10%以上。

思考与讨论:(1)联华超市配送中心的运作核心是什么系统?(2)联华超市的配送中心和之前相比主要做了哪些改进?

 **任务评价**

智慧仓配运营功能任务评价表

班级:		姓名:		学号:	
评价项目		评价标准		分值	得分
任务准备 (15%)		考勤情况(无迟到、早退、旷课等现象)		5	
		能积极参与小组任务,做好学习准备		5	
		能正确理解任务指令,并接受任务要求		5	
任务过程 (70%)		能准确掌握仓储的主要功能		20	
		能准确理解配送中心的分类、构成		10	
		能够掌握配送中心的主要业务		20	
		能够依据情况选择适当的配送中心		10	
		能准确分享课程思政内容		10	
职业素养 (15%)		态度端正,认真主动,能与小组成员合作		10	
		关注任务完成情况		5	
合计				100	
综合评价	自评(30%)	小组互评(30%)	教师评价(40%)		综合得分

• 人文情怀思政小故事:粮仓的最美守护人

人文情怀思政小故事

项目二 智慧仓配运营要素

任务一 智 慧 仓 库

 **情景导入**

捷美运输有限公司(简称捷美公司)是惠达公司的服务供应商。捷美公司拥有自己的运输

车队,拥有韩国、日本、美国和欧洲等航线,且与多个船公司有业务合作。捷美公司总部位于惠达公司所在城市 G 市的毗邻城市 S 市港口附近,具有地域优势,但是在组织货源和仓储业务操作上经验不足。而惠达公司在长期的业务实践中积累了丰富的客户资源,业务人员经验也非常丰富。惠达公司的很多货物都要通过 S 市的港口运往各地,但是惠达公司在 S 市的业务情况一直不理想,因此惠达公司决定和捷美公司合作,共同出资建立新的仓库,以扩展在 S 市的业务。

惠达公司张经理决定将该任务交由张智强负责,张智强要决定仓库的营业方式和保管形式、仓库的选址、仓库的建筑类型。入职一年的张智强犯了难,到底该如何确定仓库的类型和未来仓库的发展方向呢?他决定做市场调研,看看究竟有哪些类型的仓库。

 **任务目标**

知识目标:
1. 了解智慧仓库的分类;
2. 理解智慧仓库的特点。

技能目标:
1. 能识别不同的智慧仓库;
2. 能有效利用智慧仓库的特点。

素质目标:
1. 培养工匠精神和责任感;
2. 培养自我教育的能力。

 **任务分工**

智慧仓库任务分配表

班级		授课老师	
小组名称		组长	
组员	姓名	学号	分工

 **任务实施**

第一步:认识智慧仓库

认识智慧仓库

引导问题 1

张智强由于工作表现出色,被经理调至公司新建的智慧仓库工作,面对新的设备、新的环境,张智强该如何开展工作呢?

一、智慧仓库的含义

智慧仓库是指在现代物流体系中,利用 RFID、物联网、大数据、云计算、人工智能等现代信息技术手段,对仓库的设施设备、作业流程、管理体系等进行智能化改造和升级的新型仓库。智慧仓库的核心优势在于提高货物出入库效率、降低人工成本、减少错误和延误,以及通过实时数据更新提高库存管理的准确性和可靠性。

二、智慧仓库的特点

(1)自动化作业:智慧仓库通过集成自动化设备,如自动化立体仓库、无人搬运车、机械臂等,实现货物的自动存储、搬运、拣选、包装和发货等作业流程,可显著提高作业效率,减少人工参与带来的错误和损耗。

(2)实时库存管理:智慧仓库管理系统能够实时监控仓库内所有货品的进出动态,精确反映库存状态,避免库存过高导致的资金占用过多或库存过低导致的缺货风险。系统利用 RFID、条形码等识别技术,实现库存物品的快速、准确盘点。

(3)智能调度与优化:智慧仓库管理系统通过高级算法进行数据深度分析,能根据订单需求、库存分布、设备能力等因素,动态优化作业路径和资源分配,提高仓库作业效率,缩短订单响应时间,提升客户满意度。

(4)预警与决策支持:智慧仓库管理系统具备实时预警功能,能够及时发现潜在的库存短缺、临期产品、设备故障等问题,为管理人员提供决策依据,确保仓库运营顺畅;同时,通过数据分析,为企业提供合理的采购、补货策略建议。

(5)合规与安全管控:智慧仓库管理系统可确保企业严格遵守相关法规要求,如药品、食品等行业的产品保质期管理,以及危险品的安全存储要求;同时,支持对仓库出入人员及其行为的严格管控,确保仓库的安全运营。

(6)成本控制与资源节约:通过精确的库存管理、优化的空间布局以及高效的设备调度,智慧仓库管理系统能够有效降低库存成本、劳动力成本及能源消耗,实现企业仓储运营的降本增效。

(7)无缝集成与扩展性:智慧仓库管理系统通常具有良好的兼容性和扩展性,可与企业的 ERP、MES 等信息系统无缝对接,实现供应链上下游数据的实时共享和联动,进一步提升整体运营效能。

第二步:分清智慧仓库

引导问题 2

张智强已经从事了 1 年的仓管员工作,作为智慧仓库的规划者,他应该如何确定智慧仓库的类别?

仓库分类

一、智慧仓库的分类

智慧仓库的主要类型包括自动化仓库、AGV 仓储系统、智能抽屉柜、智能货架系统等。

1. 自动化仓库

自动化仓库(见图 2-1)采用自动化存储设备,实现物料自动入库、出库、转移等操作,具有效率高、精度高、重复性好等特点。

自动化仓库的主要设备包括自动堆垛机、输送线系统、AGV(自动导引车)和 WMS。自动

图 2-1　自动化仓库示意图

堆垛机用于自动存储和取出货物,可以根据指令自动定位和存取货物,是实现仓库高层合理化、存取自动化、操作简便化的关键设备。输送线系统用于货物的自动输送和分拣,可以实现自动化和流水线作业,包括辊子、链式、皮带等多种类型的输送系统。AGV 能够根据预设的路线和任务,在仓库内自主行驶,并完成货物的拣选、搬运、存储等操作。WMS 用于仓库的自动化管理和控制,通过计算机及条形码技术管理库存,提高仓库作业效率。

【育心笃行】我国仓储行业处于发展期。与发达国家相比,目前人均仓储物流面积偏低,随着居民消费能力的提高,以及电商行业、零售行业、第三方物流、制造业等相关行业的发展,长期来看,仓储的市场需求保持增长趋势。我们应该积极投身到仓储业中,为中国仓储业的发展贡献自己的力量。

2. AGV 仓储系统

AGV 仓储系统利用自动导引车(见图 2-2)进行物料搬运,能够节省人力成本、提高物流效率,主要设备包括自动导引车(AGV)、仓储管理系统、货架系统、输送线、智能分拣系统。

图 2-2　自动导引车示意图

自动导引车（AGV）：可自主搬运货物，无须人工操作，是智能仓储中的关键设备之一。

仓储管理系统：实时监控库存、货物出入库等情况，提供数据支撑，是智能仓储的大脑。

货架系统：用于存储货物的设备，实现对库房空间的最大化利用。

输送线：与货架系统配合，实现自动化的货物输送。

智能分拣系统：通过 OCR 和 RFID 等技术实现对货物的自动识别和分拣，提高货物出库效率。

3. 智能抽屉柜

智能抽屉柜（见图 2-3）的柜体内设计有多个抽屉空间，通过 RFID 技术、智能传感器和人脸识别技术等实现物料的智能化管理和安全性控制。

图 2-3　智能抽屉柜

智能抽屉柜支持智能化开锁方式，如 NFC、App 蓝牙、无线指纹等，具有极大的便利性。这些智能化技术使得用户可以通过多种方式轻松开锁，无须使用传统的机械钥匙，大大提高了使用的便捷性。街头常见的自动存取柜、寄存柜（见图 2-4）等设备也是智能抽屉柜的一种。

图 2-4　常见的寄存柜

4. 智能货架系统

智能货架系统搭载摄像头、传感器、RFID 读写器等设备，可以实时监测和管理货架上的物料，实现高效、准确的物流管理。在智能货架系统中，用户使用安装于特别设计的货架上的

RFID阅读器来获得放置于货架上的货物信息,在此基础上进行物流跟踪、客流分析等应用层面的工作。不仅如此,相对于采用 EAN/UCC 编码规则的传统非电子标签,RFID 标签可以传递丰富的信息,包括货物的生产商、保质期和各种按需定制的属性等,无须在业务系统中管理繁杂的数据。这种部署方案在形式上接近传统卖场布局,一定基础上可由当前设施改造而成。值得注意的是,智能货架系统目前处于不断发展中,尚没有定型产品。

二、智慧仓库与传统仓库对比

相比于传统仓库,智慧仓库具有提升土地利用效率、降低人力成本、减少物料浪费、降低物料拣选错误率、提高仓储自动化水平及管理水平等诸多优点。利用高层货架储存物料可以最大限度地利用空间,大幅度减少地面使用面积,降低土地使用成本。与传统仓库相比,智慧仓库减少用地面积 40% 以上,能够实现良好的经济效益。除此之外,WMS 等软件的引入也提高了整体管理的准确性,有效解决了库存积压的问题(见表 2-1)。

表 2-1　智慧仓库与传统仓库对比

对比项目	智慧仓库	传统仓库
空间利用率	充分利用垂直空间,单位面积存储量远大于普通单层仓库	占地面积大,空间利用率低
储存形态	动态存储,仓库内货物按需自动存取,仓库系统与其他生产环节紧密连接	静态储存,仓库仅作为货物的存储场所,无法有效管理货物
准确率	采用先进信息技术,准确率高	信息化程度低,容易出错
管理水平	计算机智能化管理,与其他生产环节紧密相连,有效减少库存积压	计算机应用程度低,与其他生产环节不相连,容易造成库存积压
可追溯性	采用条码技术与信息处理技术,准确跟踪货物流向	以手工登记为主,数据准确性和及时性难以保证
对环境的要求	可适应黑暗、低温、有毒等特殊环境	受黑暗、低温、有毒等特殊环境影响大
效率与成本	高度机械化和自动化,出入库速度快,人工成本低	主要依靠人力,货物存取速度慢,人工成本高

任务检测

一、单选题

1. 智慧仓库的核心优势不包括(　　)。

A. 提高货物出入库效率　　　　　　　B. 增加人工成本

C. 减少错误和延误　　　　　　　　　D. 提高库存管理的准确性和可靠性

2. 自动化仓库的关键设备不包括(　　)。

A. 自动堆垛机　　　B. 输送线系统　　　C. AGV(自动导引车)　D. 传统机械钥匙

二、多选题

1. 以下各项属于智慧仓库的特点的是(　　)。

A. 自动化作业　　　B. 实时库存管理　　　C. 人工手动调度　　　D. 预警与决策支持

2. 智能抽屉柜的智能化开锁方式包括(　　)。

A. NFC　　　　　　　B. App 蓝牙　　　　　C. 无线指纹　　　　D. 传统机械钥匙

三、判断题

1. 智慧仓库管理系统通常具有良好的兼容性和扩展性,可与企业的 ERP、MES 等信息系统无缝对接。(　　)

2. AGV 仓储系统中,仓储管理系统是实时监控库存、货物出入库等情况,提供数据支撑的关键设备。(　　)

3. 与传统仓库相比,智慧仓库用地面积增加 40% 以上。(　　)

四、简答题

1. 简述智慧仓库和传统仓库的异同点。

2. 简述智慧仓库的特点。

五、学以致用

正泰电器是中国低压电器龙头企业,自动化立体仓库是公司物流系统的一个重要部分。该仓库在计算机管理系统的指挥下,高效、合理地储存各种型号的低压电器成品,准确、实时、灵活地向各销售部门提供所需产成品,并为物资采购、生产调度、计划制订、产销衔接提供准确信息。同时,该仓库具有节省用地、减轻劳动强度、提高物流效率、降低储运损耗、减少流动资金积压等优点。

正泰电器自动化立体仓库占地面积达 1600 平方米(入库小车通道不占用库房面积),高度近 18 米,有 3 个巷道(6 排货架),如图 2-5 所示。作业方式为整盘入库,库外拣选。其基本工作流程如下。

图 2-5　正泰电器自动化立体仓库内部结构

(1)入库流程。

仓库二、三、四层两端六个入库区各设一台入库终端,每个巷道口各设两个成品入库台。需要入库的成品,经入库终端操作员键入产品名称、规格型号和数量后,控制系统通过人机界面接收入库数据,按照均匀分配、先下后上、下重上轻、就近入库、ABC 分类的原则,自动分配一个货位,并提示入库巷道。搬运工可依据提示,将装在标准托盘上的货物由小电瓶车送至该巷道的入库台上。监控机指令堆垛机将货盘存放于指定货位。

库存数据入库处理分两种类型:一种是操作员在产品入库之后,将已入库托盘上的产品名称(或代码)、型号、规格、数量、入库日期、生产单位等信息在入库客户机上通过人机界面输入；另一种是托盘入库。

(2)出库流程。

底层两端为成品出库区，中央控制室和终端各设一台出库终端，在每一个巷道口设 LED 显示屏幕，用于提示本盘货物送至装配平台的出门号。需要出库的成品，经操作人员键入产品名称、规格、型号和数量后，控制系统按照先进先出、就近出库、出库优先等原则，查出满足出库条件且数量相当或略多的托盘，修改相应账目数据，自动地将需出库的各类成品托盘送至各个巷道口的出库台上，将之取出并经电瓶车送至汽车上。同时，出库系统完成出库作业后，在客户机上形成出库单。

(3)回库空盘处理流程。

底层出库后的部分空托盘经人工叠盘后，操作员键入空托盘回库作业命令，搬运工依据提示用电瓶车送至底层某个巷道口，堆垛机自动将空托盘送回立体库二、三、四层的原入口处，再由各车间将空托盘拉走，形成一定的周转量。

正泰电器高效的供应链、销售链大大降低了物资库存周期，提高了资金的周转速度，减少了物流成本和管理费用。自动化立体仓库作为现代化的物流设施，对提高该公司的仓储自动化水平无疑具有重要的作用。

思考与讨论：(1)你认为自动化立体仓库成功的因素有哪些？(2)随着经济的发展，是否会有越来越多的国内企业建设自动化立体仓库？为什么？

 **任务评价**

智慧仓库任务评价表

班级：		姓名：		学号：	

评价项目	评价标准	分值	得分
任务准备 （15%）	考勤情况（无迟到、早退、旷课等现象）	5	
	能积极参与小组任务，做好学习准备	5	
	能正确理解任务指令，并接受任务要求	5	
任务过程 （70%）	能准确理解智慧仓库的含义	10	
	能准确理解智慧仓库的特点	20	
	能准确分清不同类别的智慧仓库	20	
	能说出智慧仓库和传统仓库的异同点	10	
	能准确分享课程思政内容	10	
职业素养 （15%）	态度端正，认真主动，能与小组成员合作	10	
	关注任务完成情况	5	
合计		100	

综合评价	自评（30%）	小组互评（30%）	教师评价（40%）	综合得分

任务二　智慧仓配运营技术

 **情景导入**

　　最近,张智强为了谋求更好的发展,跳槽去了时捷物流,负责处理美宜佳货品的仓储和配送工作。他发现,时捷物流的仓库中应用了许多新技术和新方法。时捷物流使用的是基于海鼎软件的 CA 系统,具有统一配送和结算的特点。同时,时捷物流的系统对接了美宜佳的供应链管理系统、门店智能经营系统,所有数据和信息和美宜佳总部互联互通、实时共享。

　　此外,2016 年投产的时捷茶山物流中心采用了自动化立体仓库,包含输送线、高速分拣线、电子标签拣选系统等物流设备,达到了日均 20 多万箱的发货能力,以先进性、高效率成为连锁零售行业自动化物流中心的标杆项目。该物流中心能够支持美宜佳 12000 家便利店的配送业务,同时可以为其他企业提供物流服务。张智强发现时捷物流的物流中心拥有一座近 2 万个托盘货位的自动化立体仓库,库内 16 台堆垛机全部采用欧洲进口产品;完善的整箱和拆零拣选系统,配备了长达 3000 米的箱式输送线,分拣能力高达每小时 17000 个纸箱和 6000 个周转箱的高速分拣系统,这些设备都处于 FLUX WMS 智能引擎的统一指挥下。

　　在这样一座现代化的物流中心中,张智强觉得自己还需要继续提高自己的技术水平,以适应新的工作环境。那么,张智强应该掌握哪些技术呢?

 **任务目标**

知识目标:

1.了解常用的仓储配送技术;

2.理解新技术在智慧仓配中的应用。

技能目标:

1.能掌握常见的智慧仓配运营技术;

2.能够掌握常见的智慧仓配运营技术的使用场景和应用方式。

素质目标:

1.培养工匠精神和责任感;

2.培养自我教育的能力。

任务分工

智慧仓配运营技术任务分配表

班级		授课老师	
小组名称		组长	
组员	姓名	学号	分工

第一步:认识智慧仓配运营技术

引导问题1

张智强在时捷物流工作了一段时间后,由于工作出色,被调到智慧仓库,他发现智慧仓库中应用了诸如 RFID、传感器、物联网等智慧仓配运营技术,自动化程度大大提升。他该如何掌握智慧仓配运营技术,从而更好地完成自己的工作?

一、RFID 技术

射频标签是产品电子代码(EPC)的物理载体,附着在可跟踪的物品上,可全球流通并对物品信息进行识别和读写。射频识别(radio frequency identification,RFID)技术作为构建物联网的关键技术,近年来受到人们的关注。RFID 技术起源于英国,应用于第二次世界大战中辨别敌我飞机身份,20 世纪 60 年代开始商用。RFID 技术是一种自动识别技术,美国国防部规定,2005 年 1 月 1 日以后所有军需物资都要使用 RFID 标签;美国食品药品监督管理局(FDA)建议制药商从 2006 年起利用 RFID 技术跟踪常造假的药品。沃尔玛、麦德龙等零售业应用 RFID 标签等一系列行动更是掀起了 RFID 技术在全世界的应用热潮。2000 年,每个 RFID 标签的价格是 1 美元。许多研究者认为 RFID 标签非常昂贵,只有降低成本才能实现大规模应用。2005 年,每个 RFID 标签的价格是 12 美分左右。现在每个常规超高频 RFID 的价格是 10 美分左右。欧盟统计局的统计数据表明,2010 年,欧盟有 3% 的公司应用 RFID 技术,具体分布在身份证件和门禁控制、供应链和库存跟踪、汽车收费、防盗、生产控制、资产管理等领域。

【育心笃行】仓储配送行业新技术的应用离不开人才的培养,作为新时代的物流人,我们应当积极投身于仓储、配送、运输等行业中,尽自己的一份力,发自己的一点光,聚沙成塔,集腋成裘,共同努力,将我国仓储配送行业建设成为世界领先水平。

RFID 技术的基本工作原理并不复杂:标签进入阅读器后,接收阅读器发出的射频信号,凭借感应电流所获得的能量发送存储在芯片中的产品信息(passive tag,无源标签或被动标签),或者由标签主动发送某一频率的信号(active tag,有源标签或主动标签),阅读器读取信息并解码后,送至中央信息系统进行有关数据处理。

二、传感器技术

传感器是一种能够感受被测量并将其转换为可用信号的装置或器件。传感器技术广泛应用于自动化控制、环境监测、医疗诊断、安全监控等多个领域,是实现测试与自动控制的关键技术之一。

1. 传感器的基本组成和功能

传感器通常由敏感元件、转换元件、变换电路和辅助电源四部分组成。敏感元件负责感受被测量,转换元件将被测量转换为电信号,变换电路对电信号进行处理以满足特定的需求,辅助电源则为传感器提供必要的电力。传感器的功能与人类的感觉器官相似,例如光敏传感器模拟视觉,声敏传感器模拟听觉,气敏和化学传感器分别模拟嗅觉和味觉,而压敏、温敏、流体传感器则模拟触觉。

2. 传感器的分类

传感器可以根据不同的分类标准进行划分,按照工作原理可分为以下类别。

物理量传感器:检测物理量的传感器,利用物理效应将非电学量转换为电信号。

化学量传感器:基于化学反应原理检测化学物质。

生物量传感器:检测生物活性物质(如酶、抗体等),用于生物医学和环境监测等领域。

此外,传感器还可以按照其输出信号(模拟信号或数字信号)、构成材料(金属聚合物、陶瓷混合物等)进行分类。

三、物联网技术

物联网技术主要实现物品与物品之间的互联,通过在不同的设备之间传输数据,确保设备能自动化处理各种物流进程。通过物联网技术,可以实时监控货物的位置和状态,实现货物的快速识别、定位和跟踪,提高入库和出库效率。此外,物联网技术还用于智能监控仓库的环境和货物的状态,实现安全监控和环保管理。

四、大数据和人工智能技术

大数据和人工智能是当今科技领域的两个重要概念,它们具有各自的特点和应用范围,同时也存在着密切的联系。

大数据指的是传统数据处理工具无法处理的大规模数据集合,具有数据量大、数据类型多等特点。大数据技术的应用广泛,如在金融领域帮助金融机构更好地管理客户信息和金融风险,提高交易效率;在医疗领域利用智能计算方法分析、诊断和治疗疾病;在教育领域帮助教育者发现学生特征,更好地满足学生需求等。大数据技术的核心在于利用计算机科学和数学方法来处理和分析大量、多样化且高速增长的数据,实现数据的智能化处理和自动化管理。

人工智能(AI)是一门研究、开发用于模仿、延伸和扩展人的智能的理论、方法、技术及应用系统的综合性技术科学。人工智能的目标是让机器能够执行复杂的任务,如视觉识别、语音识别、决策制定、语言翻译等。AI的核心在于算法和模型,尤其是机器学习和深度学习技术,通过大量数据训练,使计算机能够进行自主学习和改进。人工智能的应用领域非常广泛,如在医疗领域辅助医生分析病情和制订治疗计划,提高诊断准确性和效率;在自动驾驶领域帮助车辆自动行驶,保障交通安全,提高交通效率等。

大数据技术和人工智能技术之间存在着密不可分的关系。大数据技术作为人工智能发展的重要基础,通过数据收集、处理和分析,为人工智能提供了可靠的数据基础。而人工智能技术能够通过不断的学习、分析和应用,不断地优化智能算法,提高数据分析和应用的质量和效率。

五、云计算技术

云计算(cloud computing)是分布式计算的一种,指的是通过网络"云"将巨大的数据计算处理程序分解成无数个小程序,然后,通过多部服务器组成的系统对这些小程序进行处理和分析,得到结果并返回给用户。云计算早期就是简单的分布式计算,解决任务分发问题,并进行计算结果的合并。因而,云计算又称为网格计算。通过这项技术,可以在很短的时间(几秒钟)内完成对数以万计的数据的处理,从而实现强大的网络服务。

现阶段所说的云计算已经不单单是一种分布式计算,而是分布式计算、效用计算、负载均衡、并行计算、网络存储、热备份冗杂和虚拟化等计算机技术混合演进并跃升的结果,是通过互联网形成一个计算能力极强的系统,可存储、集合相关资源并可按需配置,向用户提供个性化服务。

六、5G 技术

第五代移动通信技术(5th generation mobile communication technology,5G)是一种具有高速率、低时延和大连接特点的新一代宽带移动通信技术,5G 通信设施是实现人、机、物互联的网络基础设施。

国际电信联盟(ITU)定义了 5G 技术的三大类应用场景,即增强移动宽带(eMBB)、超高可靠低时延通信(uRLLC)和机器类通信(mMTC)。增强移动宽带主要面向移动互联网流量爆炸式增长问题,为移动互联网用户提供更加优质的应用体验;超高可靠低时延通信主要面向工业控制、远程医疗、自动驾驶等对时延和可靠性具有极高要求的垂直行业应用需求;机器类通信主要面向智慧城市、智能家居、环境监测等以传感和数据采集为目标的应用需求。

为满足多样化的应用场景需求,5G 的关键性能指标更加多元化。ITU 定义了 5G 八大关键性能指标,其中高速率、低时延、大连接成为 5G 最突出的特征,用户体验速率达 1 Gbit/s,时延低至 1 ms,用户连接能力达 100 万个设备每平方公里。

第二步:应用智慧仓配运营技术

引导问题 2

张智强已经在智慧仓库从事了一段时间的仓储和配送工作,作为仓管员,他应该怎样应用智慧仓配运营技术呢?

一、RFID 技术的应用

RFID 技术也叫电子标签技术,是一种无线电频率识别技术。在智能仓储系统中,可以使用 RFID 技术对货物进行标识和跟踪,实现货物的实时监控和管理。RFID 技术在仓储管理、配送管理、制造业和供应链管理中被广泛应用。

1. RFID 在仓储管理中的应用

仓储是物流系统中最重要的环节之一。仓储管理涉及货物的入库、出库、存储等环节。RFID 技术可以帮助实现自动化仓库管理,具体操作是在货物上贴上 RFID 标签,货物一旦进入仓库,RFID 阅读器就会自动识别标签上的信息,将其与仓库库存信息进行匹配,准确识别出货物的种类、数量和位置。这样便能够帮助仓库管理人员更好地管理库存,提高货物出入库速度,减少人力成本,如图 2-6 所示。

2. RFID 在配送管理中的应用

配送是物流系统中不可或缺的一个环节。RFID 技术的应用可以使物流公司在配送过程中更加高效。具体应用是将 RFID 标签粘在货物包装箱上,通过 RFID 阅读器扫描包装箱上的标签,实时掌握货物信息。在配送过程中,物流员工无须逐一扫描货物,只需用 RFID 阅读器扫描包装箱上的标签,就可以同时识别货物的种类和数量,节约了时间,提高了配送效率。

【育心笃行】改革开放时我国经济总量位居世界第十位,人均 GDP 在全球排名倒数第三。2022 年我国经济总量位居世界第二位,人均 GDP 排全球第 68 位。这说明我们只要努力,一定能迎头赶上,不管是经济上,还是技术上,我们应当满怀信心,努力奋斗。

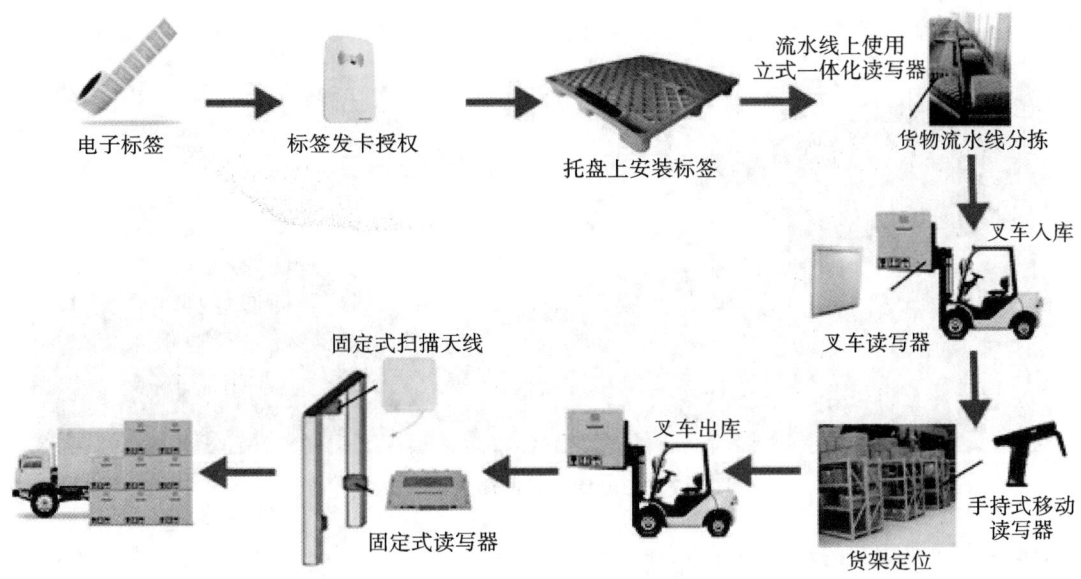

图 2-6　RFID 仓储管理系统

3. RFID 在制造业和供应链管理中的应用

制造业和供应链管理也是 RFID 技术的重要应用领域之一。RFID 标签可以在制造过程中被贴在零部件上,扫描标签可以获得零部件的生产数据、供应信息等。制造商可以利用这些数据来优化供应链和生产流程。在供应链中,RFID 技术的应用可以实现对零部件和商品的实时跟踪,可以减少供应链中的库存,提高供应链的安全性和可追溯性。

RFID 技术的应用在物流行业中具有重要的意义。它可以帮助物流企业降低成本、提高效率、改善管理方式、更好地服务客户。与传统条形码相比,RFID 技术更加高效准确,也更具可追溯性,具有广阔的应用前景。它不仅可以应用于仓储管理、物流配送、制造业和供应链管理等领域,还可以用于货物防盗、生产监测、资产管理等领域。RFID 技术已经成为物流行业不可或缺的一部分,相信未来它将会得到更广泛的应用。

二、传感器技术的应用

在智能仓储系统中,可以使用传感器技术对仓库内的温度、湿度、光线等信息进行监测,从而保证仓库内货物的质量和安全(见图 2-7)。通过实时监测和数据采集,传感器能提供准确的信息,帮助提高仓储和物流的效率和安全性。传感器技术的具体应用包括以下方面。

(1)位置检测和安全监控:仅需要一部传感器便可完成安全位置检测,用于塔式起重机和横向转运车的监控,以确保人员安全。

(2)自动化仓库管理:智能传感器在自动化仓库中的广泛应用,极大减少了人力投入和时间消耗,显著提升了自动化仓库的运行效率和精确度。

(3)工业视觉技术:在自动化高架仓库中,VOC 工业事件相机和 PXV 绝对位置定位系统可用于监控存储和检索过程,确保高架仓库中堆垛机的快速准确定位。

(4)环境监测:通过温湿度传感器、光敏传感器实时监测仓库内的环境参数,如温度、湿度、

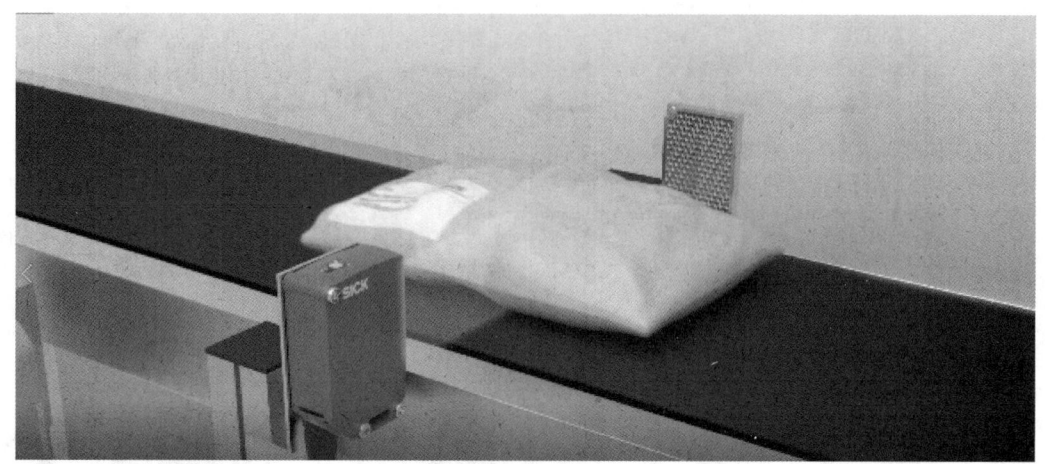

图 2-7　光电传感器监测货物的位置

光线,确保货物在适宜的环境中保存。

(5)物流过程监控:GPS定位传感器和加速度传感器可准确追踪货物的位置及检测货物运输过程中的振动情况,提高物流运输的效率和安全性。

(6)智能仓储设备控制:安装在叉车等仓储设备上的传感器可实时监测设备的位置和姿态,提供准确的操作指导,避免货物损坏和仓储设备的碰撞。

(7)在线检测和包装应用:智能传感器可应用于物流包装行业,快速准确地测量包裹尺寸,检测包装的细微缺陷和空隙填充,提高物流运输的质量和效率。

以上展示了传感器技术在物流领域的广泛应用,从提高操作安全性到优化物流过程,再到提升仓储管理效率,传感器技术推动物流行业向智能化和自动化方向发展。

三、物联网技术的应用

物联网技术主要处理物和物之间的联网。

1. 智能仓库管理系统

物联网技术在仓储行业最主要的应用之一是智能仓库管理系统。传感器技术和 RFID 技术等技术的应用使得仓库能够实时监测货物的位置、温度、湿度等信息。这些数据可以通过物联网技术上传到云端平台,仓库管理人员可以随时随地通过电脑或移动设备对仓库进行远程监控和管理。智能仓库管理系统的应用提高了仓库的运作效率和准确性,同时减少了人力资源的浪费。

2. 智能货架和自动化操作

仓储行业中的物联网技术还可以应用于智能货架和自动化操作。传感器和 RFID 标签可以精确识别货物,并与仓库管理系统进行实时数据交互。在仓库的运作过程中,这些技术可以实现自动化货物分拣、归类和入库操作,减少人为的错误和延误。同时,智能货架还可以根据需求进行智能补货,提高仓库的货物储存密度和空间利用率。

3. 物联网技术在运输和配送中的应用

除了仓库管理,物联网技术也在仓储行业的运输和配送环节发挥了重要作用。在物流车辆中安装传感器和 GPS 跟踪设备,可以实时监测车辆的位置、速度和运输条件等信息。同时,这些传感器还可以监测货物的状态,如温度、湿度和振动情况等。物联网技术可以使客户与供应商进行实时通信,提高配送的准确性和效率,减少货损和延迟,如图 2-8 所示。

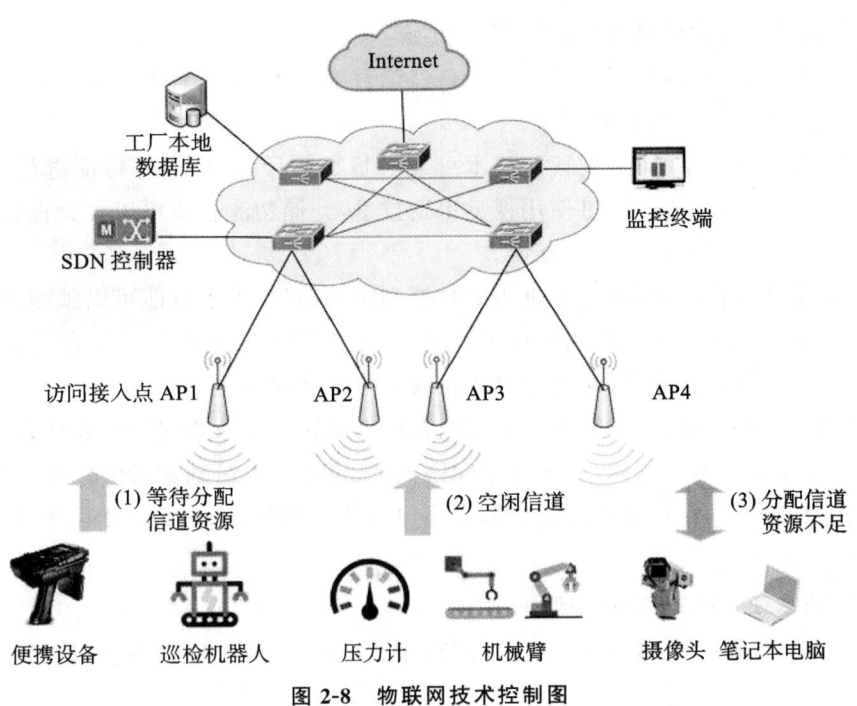

图 2-8 物联网技术控制图

4.智能安防系统

仓储行业的安全性一直是关注的焦点,而物联网技术可以为仓库提供智能安防系统。通过在仓库内部和外部安装摄像头、传感器和警报系统,可以及时发现和预防可能发生的盗窃、火灾等事件。这些设备可以通过物联网技术连接仓库管理人员的手机或电脑,及时向相关人员发送报警信息,并采取适当的处置措施。

物联网技术在仓储行业的应用带来了许多好处。首先,它提高了仓库的效率和精确度,减少了人工操作的错误和延误。其次,数据实时监测和分析为仓库管理人员提供了决策支持,使其能够更好地优化仓库运作流程。此外,物联网技术还有助于提供更好的客户服务,实现了货物追踪和配送过程的实时可视化。

总而言之,物联网技术在仓储行业的应用正逐渐改变着传统的仓库管理模式。智能仓库管理系统、智能货架、自动化操作以及智能安防系统等技术的发展,使得仓库运作更加高效、精确和安全,可为客户提供更好的服务。随着物联网技术的进一步发展,仓储行业将迎来更多的创新和变革。

四、大数据和人工智能技术的应用

大数据和人工智能技术可用于对货物的销售数据、库存数据进行深度分析,为决策提供支持。

【育心笃行】2022年我国数据产量达8.1 ZB,同比增长22.7%,全球占比达10.5%,位居世界第二。从目前算力规模来看,中国已处在世界第一梯队。全球人工智能企业在国别分布方面呈现"中美主导"格局。中国人工智能企业全球占比为15%,遥遥领先于除了美国之外的其他国家。

1. 人工智能技术在仓储物流中的应用

人工智能技术包括机器学习、深度学习、自然语言处理等,可以有效地处理仓储物流行业的大规模数据,实现智能化的管理和运营。

(1)货物分类和分拣系统:人工智能技术可以对货物的尺寸、重量等特征进行分析,快速准确地对货物进行分类和分拣。通过使用视觉识别技术,仓储物流企业可以大大提高货物分拣的速度和准确率,减少人工操作带来的错误。

(2)预测需求和库存优化:通过分析历史数据和市场趋势,人工智能可以预测供应链中的需求变化,帮助企业合理安排采购和仓储计划。同时,人工智能可以通过对库存的实时监控和优化,帮助企业及时调整库存水平,避免库存积压或缺货的情况发生。

(3)智能仓储管理系统:人工智能技术可以帮助仓储物流企业构建智能仓储管理系统,提高仓库的利用率和作业效率。例如,通过对仓库内货物、设备和人员的实时监控和管理,提高仓库的利用率和作业效率。又如,智能搬运机器人可以自主识别路径、避障、搬运货物,减少人力成本和提高仓库操作效率。

2. 大数据技术在仓储物流中的应用

大数据技术可以帮助仓储物流企业进行数据的整合、分析和挖掘,从而为企业决策提供数据支持。

(1)运输路线规划和优化:通过整合大规模的运输数据和交通信息,大数据技术可以帮助仓储物流企业实现运输路线的智能规划和优化。通过分析历史运输数据和实时交通信息,企业可以选择最佳的路线和交通工具,减少运输时间和成本,提高运输效率。

(2)客户需求分析和个性化服务:通过对客户历史数据和行为数据的分析,大数据技术可以帮助企业更好地理解客户需求和行为特征,进而提供个性化的服务。例如,在电商仓储物流中,通过对客户的购买历史和浏览行为进行分析,企业可以向客户推荐个性化的产品、提供物流方案。

(3)风险管理和预警系统:大数据技术可以帮助仓储物流企业实现对潜在风险的及时预警和管理,通过对大规模数据的分析和挖掘,企业可以发现潜在的问题和风险因素,并及时采取措施进行应对。例如,通过对货物运输过程中的温度、湿度等数据进行监控和分析,企业可以及时发现货物的异常情况,避免货物出现质量问题。

3. 人工智能与大数据技术的融合应用

人工智能和大数据技术的融合应用可以进一步提高仓储物流企业的运营效率和决策水平。将人工智能算法和大数据技术的数据分析能力相结合,可以实现更深层次的数据挖掘和分析,为企业提供更精确的数据支持和决策参考。通过对大规模的历史数据和市场趋势进行分析,企业可以更准确地预测供应链中的需求变化,并基于预测结果进行决策调整。将人工智能算法与大数据技术的风险分析能力相结合,可以实现实时风险管理。通过对大规模数据的实时监测和分析,企业可以发现潜在的风险因素,并提前采取措施进行预警和风险管理,保障运营的安全和稳定。

五、5G 技术的应用

5G 技术在仓储配送中的应用主要体现在提高物流运作效率,实现全流程自动化管理,提升仓储管理的数字化与智能化水平,以及促进物流行业的数字化转型。5G 技术的超低时延特性,使得多车协同中断而不停机成为可能,大幅提升了作业效率。

1. 提高物流运作效率

利用 5G 技术,可以实现立体智能仓储、智能拣选、智能输送等,从而提高仓库存储量和出入库效率,节省仓库面积,提升物流运作水平。例如,中兴通讯全球 5G 智能制造基地利用 5G 技术实现立体智能仓储,通过数字化系统的智能调度,实现原材料从接收入库至拣选发运全流程的自动化、少人化与智能化作业。

2. 实现全流程自动化管理

5G 技术的应用使得仓储管理能够实现全流程自动化,包括货物快速定位、仓库交接盘点、货物出库校验等流程。例如,河钢集团邯宝钢铁智能仓储实现了全流程自动化管理,通过 5G-A 无源物联技术的应用,实现了仓库"到货检验—入库调拨—移库移位—库存盘点—出库校验"全流程作业数据的自动化管理。

3. 提升仓储管理的数字化与智能化水平

5G 技术能够大幅提高仓库的管理水平,降低运营成本。例如,保定物流中心通过应用 5G-A 无源物联技术,实现了批量贴标赋码、规模组网实物盘点、库位级定位、自动出库等功能,赋能仓储管理全业务流程,实现了物资 100%准确盘点和自动化进出库识别。

4. 促进物流行业数字化转型

5G 智能无人仓作为物流行业数字化转型的先锋,通过 5G 定制网和人工智能技术的融合,实现了仓储的柔性化和智能化,有效驱动了物流行业的数字化转型进程。

综上所述,5G 技术在仓储配送中的应用不仅提高了物流运作效率和管理水平,还促进了物流行业的数字化转型,为现代物流行业的发展注入了新的活力。

六、无人配送技术的应用

无人配送技术在仓储配送行业的应用正在逐步推广,通过提高物流效率和降低成本,为人们的生活带来更多便利。无人配送技术的应用场景主要包括自动配送车和无人机配送。

在北京市顺义区和广东省深圳市,自动配送车和无人机已经开始得到实际应用。例如,在北京市顺义区,自动配送车按照规划好的路线自动驾驶到指定停车点位,顾客可以通过手机验证码等方式取出订单,或者由骑手在停车点拿到订单并配送到顾客手中。在深圳市,一些商圈和写字楼设有无人机空投柜,顾客在午间用餐高峰时段下单时,订单可通过无人机进行配送,减少了顾客等待时间,解决了餐饮高峰期运力不足的问题。同时,无人机也可将订单送往景区,解决传统配送服务无法在景区内实现的问题。

此外,无人配送技术的应用还体现在城市快递配送中。九识智能开发的九识 Z5 智能城配车在全国多个城市的开放道路上实现规模化落地,为城配物流带来了降本增效的效果。这些智能城配车能够在不同天气和光线条件下完成窄路通行、自主择路、紧急避障等复杂城市路况的配送任务,实现了多场景的规模化应用。

综上所述,无人配送技术在仓储配送行业的应用不仅提高了物流效率,减少了人力成本,还为消费者提供了更加便捷的服务体验,是未来物流行业发展的重要趋势。

任务检测

一、单选题

1.RFID 技术的全称是(　　　)。

A.无线电频率识别技术　　　　　　　B.无人配送技术

C.预测性维护技术　　　　　　　　　D.云计算技术

2.在货物上贴上 RFID(　　　),货物一旦进入仓库,RFID 阅读器就会自动识别(　　　)上的信息。

A.二维码,二维码　　B.标签,标签　　C.二维码,标签　　D.标签,二维码

3.在智能仓储系统中,可以使用传感器技术对仓库内的(　　　)等信息进行监测,从而保证仓库内货物的质量和安全。

A.温度、湿度、气味　　B.湿度、味道、温度　　C.温度、湿度、光线　　D.味道、温度、气味

4.物联网技术主要处理(　　　)之间的联网。

A.物和物　　　　　B.物和人　　　　　C.人和人　　　　　D.仓库和生产线

5.预测性维护是一种先进的设备维护策略,它依赖于对设备运行数据的(　　　)收集和分析。

A.实时　　　　　　B.延时　　　　　　C.随时　　　　　　D.偶尔

6.无人配送技术的应用场景主要包括(　　　)。

A.自动配送车、无人机配送　　　　　B.半自动配送车、无人机配送

C.自动配送车、遥控机配送　　　　　D.半自动配送车、遥控机配送

二、判断题

1.大数据和人工智能技术用于对货物的销售数据、库存数据进行深度分析,为决策提供支持。(　　　)

2.5G 技术不仅提高了仓储配送行业的运营效率和服务质量,还帮助企业实现了数字化转型和升级。(　　　)

3.5G 技术的超低时延特性,使得多车协同只会偶尔中断,大幅提升了作业效率。(　　　)

4.RFID 技术是一种无线电频率识别技术,也叫电子标签技术。(　　　)

三、学以致用

京东的"亚洲一号"上海物流中心,作为亚洲范围内 B2C 行业建筑规模最大、自动化程度最高的现代化物流中心之一,完美调度了 AS/RS、输送线、分拣机、提升机等自动化设备,极大支撑和推动了京东平台的物流运营。"亚洲一号"总建筑面积 20 万平方米,分中件商品仓库和小件商品仓库,建筑面积各 10 万平方米。在高度自动化、智能化的"亚洲一号"仓库内,智能设备 1 分钟可以识别面单 200 张,完成 2 万件商品的上架,为商品拍照 32 万次;智能大脑 1 分钟为机器人计算出千亿条路线;分拣机器人 1 分钟累积跑 200 公里;拣选机器人 1 分钟完成商品抓取 2000 余次,5000 件商品完成智能打包。

(1)立体仓库区:库高 24 米,利用自动存取系统(AS/RS),实现自动化高密度的储存和高速出库功能。

(2)多层阁楼货架区:采用各种现代化设备,实现了自动补货、快速拣货、多重复核手段、多层阁楼自动输送功能,实现京东巨量 SKU 的高密度存储及快速准确的拣货和输送功能。

(3)生产作业区:生产作业区采用京东自主开发的任务分配系统和自动化输送设备,实现了每一个生产工位任务分配自动化和合理化,可保证每一个生产岗位满负荷运转,避免了任务分配不均的情况,极大地提高了劳动效率。

(4)出货分拣区:采用自动化输送系统和代表目前全球最高水平的分拣系统,分拣处理能力超 20000 件/时,分拣准确率高达 99.99%,彻底解决了原先人工分拣效率差和分拣准确率低的问题。

"亚洲一号"仓库的具体运营流程如下。

(1)入库:系统提前预约,收货月台动态分配,全自动缠膜流水线对托盘货物进行裹膜;入库验收完成后通过提升机、入库输送线等设备将货物搬运到指定的上架区域,减少了人工操作,提高了入库效率。

(2)上架:立体仓库区堆垛机全自动上架补货(堆垛机 180 m/min 高速运行),阁楼货架区提升机垂直输送搬运。

(3)存储:立体仓库可实现高密度存储(约 53000 托盘货位),吞吐能力达 600 托盘/时,4 层阁楼货架有海量拣选位(支持 10 万以上 SKU)。立体仓库在补货、移库等在库作业流程中发挥了巨大作用。立体仓库与阁楼之间的补货、移库基本全部通过自动化设备完成,大大提升了补货、移库的作业效率。

(4)拣选:立体仓库输送线在线拆零拣选,立体仓库拣选区货到人补货,分区拣选避免无效走行,波次提总提升批量拣选效率。可全面实现分区作业、混编作业、一扫领取等功能。

(5)SKU 容器管理:基于容器/托盘的流向管理策略,建立多模式、完整的容器任务管理机制,扫描容器/托盘即可知道任务的流向,不再依靠人工指派任务,建立空托盘、空周转箱等容器管理机制。

(6)出库流程:京东出库流程包括库存定位、订单安排、任务分配、任务领取、拣货、复核、周转箱搬运、打包、人工分拣这九大环节。

(7)输送:全长 6.5 km、最高速度达 2 m/s 的输送线遍布全场,动态平均分配,确保流量均衡,输送能力达 15000 包/时。

(8)复核包装:采用"货到人"系统,系统自动匹配订单、工位台。

(9)分拣:采用精准、高效、节能环保的交叉皮带分拣系统,分拣速度高达 2.2 m/s,具有约20000 件/时的中件包裹处理能力,分拣准确率达 99.99%,135 个滑道直接完成站点细分,动力滚筒滑槽可降低破损率、提升客户体验。

"亚洲一号"仓库的实际运行能力已经超过 16000 件/时,而且仍在稳步提升。

思考与讨论:(1)京东的"亚洲一号"仓库主要采用了哪些智慧仓配运营技术?(2)在"亚洲一号"这种自动化仓库中,决定出入库效率的主要有哪些技术?

 任务评价

智慧仓配运营技术任务评价表

班级：		姓名：	学号：	
评价项目	评价标准		分值	得分
任务准备（15%）	考勤情况（无迟到、早退、旷课等现象）		5	
	能积极参与小组任务，做好学习准备		5	
	能正确理解任务指令，并接受任务要求		5	
任务过程（70%）	能准确理解智慧仓配运营技术		20	
	能准确理解智慧仓配运营技术在仓储配送中发挥的作用		10	
	能准确掌握各种智慧仓配运营技术的主要功能		10	
	能准确掌握各种智慧仓配运营技术的作用并加以选择		20	
	能准确分享课程思政内容		10	
职业素养（15%）	态度端正，认真主动，能与小组成员合作		10	
	关注任务完成情况		5	
合计			100	
综合评价	自评（30%）	小组互评（30%）	教师评价（40%）	综合得分

• 勇于探究思政小故事：以仓为基，构建一体化解决方案

勇于探究思政小故事

模块二

智慧仓配运营管理

ZHIHUI CANG-PEI
YUNYING GUANLI

项目三 智慧仓网规划

任务一 智慧仓库平面布局

 **情景导入**

在成功帮助益乘集团选定试点城市的智慧配送中心位置后,李林的工作得到了广泛的认可。然而,他深知这只是项目开始的第一步。随着项目的推进,李林被赋予了新的任务——负责智慧仓库的平面布局设计。李林开始自问:"智慧仓库的平面布局究竟应该如何设计,才能最大化地提升运营效率? 在布局时,需要考虑哪些关键因素以确保仓库运作的流畅与高效? 有哪些科学的方法和工具可以帮助我完成这一任务?"带着这些疑问,李林开始了对智慧仓库平面布局的深入探索与实践。他意识到,一个科学合理的平面布局不仅关乎仓库的存储容量,更直接影响到订单的处理速度、拣选的准确性以及整体的物流成本。因此,他决心将所学知识与实际工作紧密结合,为益乘集团打造一个高效、智能、可持续发展的智慧仓库。

任务目标

知识目标:

1.知晓仓库总平面布置的要求;

2.熟悉仓库平面布局考虑的因素;

3.掌握库内布局的模式。

技能目标:

1.能根据物流公司仓库的功能定位选择合理的库内布局模式;

2.能根据仓库作业流程优化库内布局;

3.能合理设计仓库平面布局。

素质目标:

1.树立敬业精神、安全意识、节约意识和劳动意识;

2.培养团队协作能力和沟通意识;

3.培养物流作业优化意识。

任务分工

智慧仓库平面布局任务分配表

班级		授课老师	
小组名称		组长	

续表

组员	姓名	学号	分工

 任务实施

第一步：了解智慧仓库平面布局的基本概念

引导问题1

怎样设计智慧仓库平面布局？设计时需要考虑哪些因素？

智慧仓库平面布局是指在智能化技术支持下，对仓库内部空间进行合理规划和设计，以实现高效、安全的物流运作。这种布局不仅涉及货物的存储和流转，还涉及对人员、设备等因素的综合考虑，包括仓库内各个区域的位置设定、通道的宽度与分布、货物的存放方式、货架的排列与高度，以及作业区域的划分等多个方面。

科学合理的平面布局能够最大化仓库的存储空间，确保货物有序、高效地存放和取出，从而显著提升仓库的作业效率。同时，合理的平面布局还能有效减少货物的搬运距离和时间，降低物流成本，提升企业的经济效益。除此之外，仓库平面布局还关系到仓库的安全性，合理的通道设置、消防通道和紧急出口安排，能够在紧急情况下保障人员和设备的安全，避免潜在的安全隐患。因此，仓库平面布局的优化不仅是提升仓库运营效率的关键，更是确保仓库安全、提高企业竞争力的必要手段，值得每一个仓库管理者高度重视和精心规划。

第二步：了解智慧仓库平面布局的原则

引导问题2

智慧仓库平面布局应遵循哪些原则？

智慧仓库平面布局的原则对于提高仓库运作效率、确保货物安全以及优化空间利用至关重要。以下是智慧仓库平面布局的几个核心原则。

【育心笃行】在仓库平面布局中需要考虑不同功能区之间的协调与平衡，以及人与物、人与环境之间的和谐共生。

一、物流效率原则

为了提高工作效率，仓库内的路径应尽可能短。这意味着在规划仓库布局时，需要合理安排货架和储物区域的位置，以减少员工在仓库内移动的时间和距离。同时，路径设计还应避免狭隘的区域，确保货物流动的顺畅性。将不同的货物分配到不同的区域，可以方便员工按照工作流程进行分拣、装载和出库，从而进一步提高效率。

二、合理利用空间原则

仓库内部的空间是宝贵的资源，因此每一寸空间都应得到充分的利用。为了实现这一目

标,应合理设定货架的高度和间距,以及优化储物区域的布置。这样不仅可以提高仓库的存储密度,还能增加存货的容纳量。然而,在追求空间利用率最大化的同时,也需要确保货架的稳定性和货物取放的便利性,以维护仓库作业的安全和效率。

三、安全原则

仓库平面布局必须优先考虑员工的安全,这包括防火、防洪、防盗等安全措施的实施。例如,应将危险物品如易爆、易燃、易氧化的物品与其他物品分开存放,以减少风险隐患。同时,仓库应配置必要的安全设施,并定期进行安全检查和演练,以确保员工在紧急情况下能够迅速应对。

四、操作灵活性原则

仓库平面布局应充分考虑未来的业务发展和变化。这意味着布局设计需要具有一定的灵活性,以便根据市场需求、库存变化等因素进行调整。例如,可以采用可移动的货架和灵活的储物用具,以便在需要时重新配置仓库空间。

综上所述,仓库平面布局的原则涉及多个方面,包括提高效率、合理利用空间、确保安全以及保持操作的灵活性等。在实际操作中,应根据具体情况进行权衡和调整,以实现仓库布局的最优化。

第三步:理解设计仓库平面布局需要考虑的要素

引导问题3

在设计和优化仓库平面布局时,需要考虑哪些关键要素以确保仓库高效、安全、经济运行?

仓库平面布局的影响因素

智慧仓库平面布局设计是一个复杂而细致的过程,它要求设计者综合考虑多个关键因素,以确保仓库的运作既高效又顺畅。以下是设计智慧仓库平面布局需要考虑的关键要素。

一、仓库规模

仓库的建筑面积和高度应根据企业的业务需求和发展规划来合理确定。如果仓库规模过大,可能会导致资源闲置,增加不必要的运营成本;而仓库规模过小,则可能无法满足业务需求,影响企业的正常运营。某电商企业在快速发展期,为了应对业务量的增长,建设了一个大规模的仓库。然而,业务增长没有预期那么快,导致仓库大部分空间长时间空置,造成了资源的浪费。

二、库存需求与货物特性

在设计仓库平面布局时,需要分析存储货物的种类、数量、重量、尺寸等因素,以确定所需的存储空间。同时,货物的物理特性、化学特性以及存储要求也是设计平面布局时需要考虑的重要因素。例如,一家化工企业存储的货物中包括易燃、易爆的化学品,在设计仓库平面布局时,需要特别考虑这些货物的存储条件,如设置专门的存储区域、配置相应的消防设施和监控设备,以确保仓库的安全运行。

三、作业流程与效率

明确仓库的主要作业环节,并根据作业流程设计合理的动线,可以减少物料搬运距离和时间,提高作业效率。将高频次出入库的货物存放在靠近出入口的区域,可以进一步减少搬运时间。例如,某食品企业发现,其仓库中的某些货物出入库频率非常高,为了优化作业流程、提高作业效率,该企业将这些高频次出入库的货物重新布局,存放在靠近出入口的区域,并配置了相应的拣选设备和传输系统,从而显著提高了仓库的作业效率。

四、空间利用率

选择合适的货架类型和布局方式,可以最大限度地利用仓库空间。同时,采用科学合理的堆垛和堆码方式,也可以提高仓库的存储密度和稳定性。例如,一家家居用品企业发现其仓库空间利用率不高,存在大量空闲区域。为了优化空间利用,该企业引入了自动化立体仓库系统,并重新设计了货架布局和堆垛方式。通过采取这些措施,该企业的仓库空间利用率得到了显著提升。

五、安全性

仓库的安全性是布局设计时必须考虑的重要因素。配置必要的安全设施,可以确保仓库的安全运行。同时,对于需要特殊环境控制的货物,也需要设计相应的温控、湿控系统。例如,某医药企业在仓库中存储了大量的药品,为了确保药品的品质和安全,该企业在仓库中配置了先进的温控、湿控系统,并设置了严格的出入库管理制度、安装了监控设备。这些措施可有效确保药品在存储过程中的安全性和品质。

六、技术与应用

运用大数据、人工智能、物联网等智能技术,可以实现仓库的自动化、智能化管理。使用 RFID 技术进行货物追踪和定位,利用自动化立体仓库提高存储和拣选效率等。例如,一家电子产品企业在仓库中引入了 RFID 技术和自动化拣选系统,通过这些技术的应用,该企业实现了对货物的实时追踪和定位,并显著提高了拣选效率和准确性。

七、合规性与可持续发展

仓库平面布局设计必须符合相关法律法规和行业标准的要求;同时,也需要考虑平面布局对环境的影响,并采取节能减排措施以实现仓库的可持续发展。例如,某物流企业在建设新仓库时,充分考虑了环保和可持续发展的要求。该企业在仓库中配置了节能设备、优化了照明系统,并采用了可再生能源进行供电。这些措施有效降低了仓库的能耗和碳排放,实现了仓库的可持续发展。

综上所述,智慧仓库平面布局设计是一个综合考虑多个因素的复杂过程。科学合理的布局设计并结合具体案例进行实践应用,可以显著提升仓库的运营效率和经济效益。

第四步:掌握智慧仓库平面布局的内容

引导问题 4

怎样设计智慧仓库的平面布局?

一、仓库总平面布置

1.仓库的总体构成

仓库的总体构成一般分成两区(库区、生活区),或细分成四区(生产作业区、辅助生产区、行政生活区和其他区)。

1)生产作业区

生产作业区是仓储作业的主要场所,是仓库的主体部分,主要进行装卸货、出入库、拣选、加工等作业,包括库房、料棚、货场储货区、道路、装卸台等。

2)辅助生产区

辅助生产区是为商品储运保管工作服务的单位,包括车库、配电室、油库、维修车间、包装间等。虽然其不直接参与仓储作业,却是完成仓储作业所必需的,所以辅助生产区的布置应尽量减少占地面积,保证仓库安全。

3)行政生活区

行政生活区包括办公区、食堂、值班宿舍、娱乐设施等,一般设在仓库入口附近,便于业务接洽和管理,与生产作业区分开并保持一定距离。

4)其他区

其他区包括消防系统、排水系统、绿化带、围墙等。

2. 仓库总平面布置图

仓库总平面布置图是整个库区的分布和各种设施及场地用途的图示(见图 3-1),以方便查阅和出入库作业。

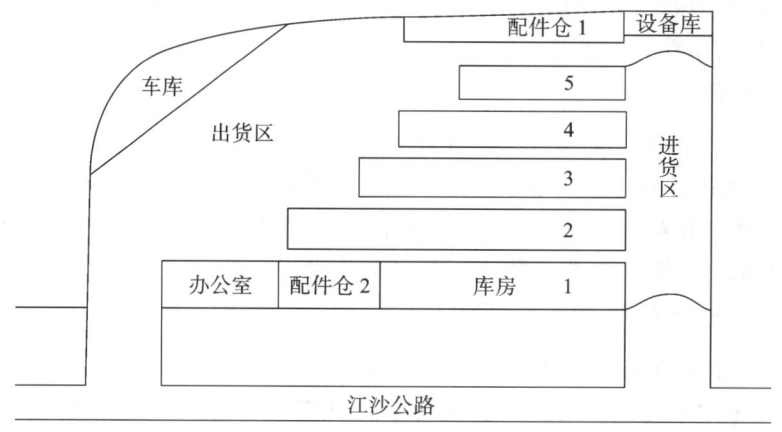

图 3-1 某物流公司仓库总平面布置图

二、仓库布局

仓库布局是指在一定区域或库区内,对仓库的数量、规模、地理位置和仓库设施、道路等各要素进行科学规划和整体设计。

1. 仓库布局的功能要求

(1)仓库位置应便于货物的入库、装卸和提取,库内区域划分明确、布局合理。

(2)集装箱货物仓库和零担仓库尽可能分开设置,库内货物应按发送、中转、到达货物分区存放,并分线设置货位,以防事故的发生,要尽量减少货物在仓库的搬运距离,避免任何迂回运输,并要大程度地利用空间。

(3)仓库布局应有利于提高装卸机械的装卸效率,满足装卸工艺和设备的作业要求。

(4)仓库应配置必要的安全设施,以保证安全生产。

(5)仓库货门的设置既要考虑集装箱和货车集中到达时的同时装卸作业要求,又要考虑由增设货门而造成的堆存面积的损失。

2. 库内布局模式

在实际操作过程中,往往根据行走距离、整体进出货的特征选择合适的动线类型,即库内布

仓库布局模式

局模式。仓库动线是指由人或物在仓库内移动形成的一系列的点连接而成的线。基本仓库动线模式有 I 形、双直线形、S 形、U 形、L 形、集中形六种。根据物流中心作业流程特点与仓库面积,库内布局的常用模式有三种,即 U 形布局、L 形布局和 I 形布局。

　　1)U 形布局模式

　　U 形布局模式是仓库设计的首选模式。如图 3-2 所示,某生产企业原材料仓库的入库区(入库工作站)和出库区(出库工作站)在仓库的同一侧,货物"进—存—出"形成了类似"U"字形的移动线路,即 U 形布局模式;图 3-3 则是某第三方物流服务企业仓库的 U 形布局模式。该布局模式优缺点如表 3-1 所示。

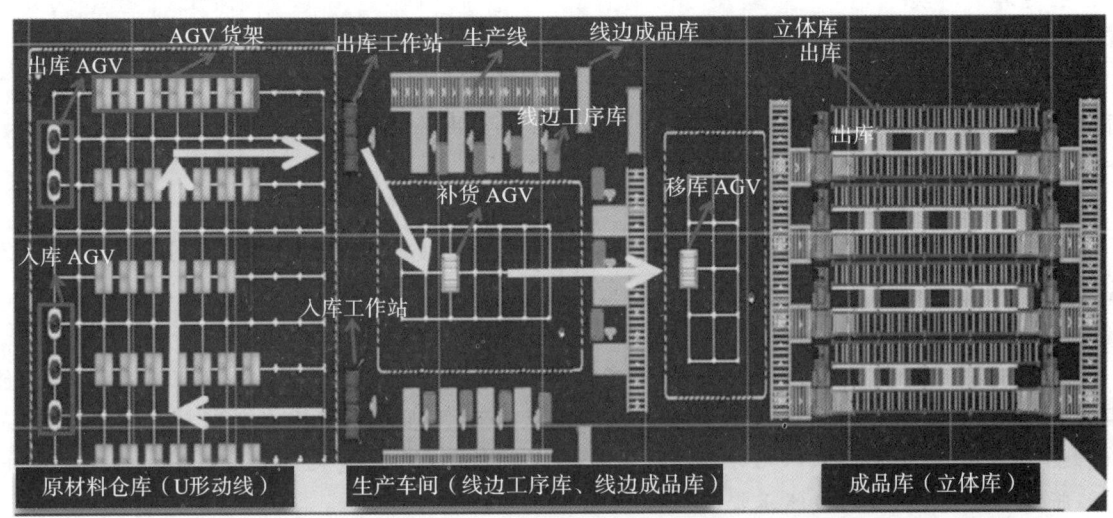

图 3-2　某生产企业原材料仓库的 U 形布局模式

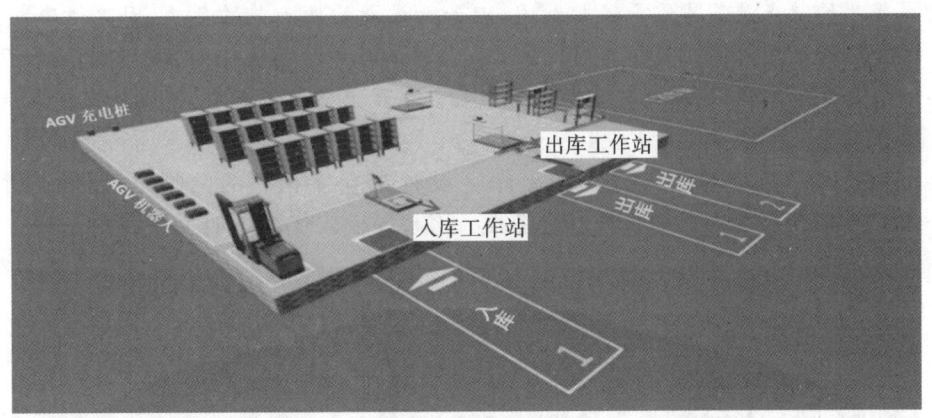

图 3-3　某第三方物流服务企业仓库的 U 形布局模式

表 3-1　U 形布局模式优缺点

优点	缺点
1.存储区靠里布置,比较集中,可以充分利用; 2.便于越库作业	1.货物运输路线复杂,拣货效率不高; 2.同一车道供车辆出入,进出货高峰期容易造成拥堵; 3.仓库的增值服务能力不强

小知识

1.越库的含义

越库(cross docking)是指货物从收货过程直接"流动"到出货过程,穿过仓库(不入货位储存),其间只进行最少的搬运和存储作业,减少了收货到发货的时间,降低了仓库存储空间的占用,节省了货物的保管成本。越库操作是提升供应链绩效的重要一环,如果想要加速供应链的循环,那么越库操作是必不可少的,这样就需要把仓储纳入供应链的框架中考虑。

2.越库的种类

(1)中转分拨。

中转仓是物流中用于中转分拨的仓库,特点是所有货物到了就发走,不做存储。仓库不设存储区,其所有的作业全部都是越库操作。供应商将货物送到仓库后,仓库根据当天发货订单,快速进行理货,当天全部发运。

(2)电商落地配。

电商发货仓库对订单进行包装、贴面单操作后,将包裹发往落地配仓库。落地配仓库接收这些包裹后,通过条码扫描枪快速地将包裹按配送路线分组,和当地仓库包裹一起进行末端配送。

(3)存储型仓库的越库。

由于一般仓库的采购(或调拨)订单并不是按照门店订货单对应确定的,因此当货物到达仓库后,按照标准流程应该进行入库上架作业。但某些时候可能正好存在进行越库作业的机会(当天有该商品的发货需求),此时可以采用越库作业方式来节省一定的作业成本。发货所需的货品将进行越库,多余的按照正常流程上架。

(4)集货式越库。

集货式越库的特点是集货需要较长时间,例如开设新的网点前的备货,因此越库发生的地点就从发货区转移到了库内。一般在库内较靠近发货区的地方按照去向划出专门的集货区,当集货所需货品运抵仓库后,直接越库到集货区进行集货。若干天后集货完成,一次性安排车辆发运。

2)L形布局模式

L形布局模式是指货物的入库区和出库区设置在仓库相邻的两侧,如图 3-4 所示,货物"进—存—出"形成了类似"L"字形的移动路线。该布局模式优缺点如表 3-2 所示。

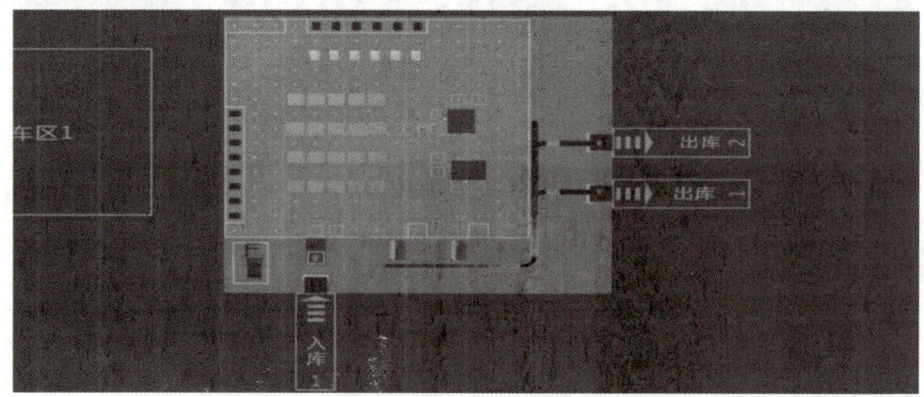

图 3-4　某物流服务企业仓库 L 形布局模式

表 3-2　L形布局模式优缺点

优点	缺点
1.进出库作业不在同一侧,可以应对进出库高峰期同时发生的情况; 2.适合有库存(存储功能)和无库存(越库功能)并存的作业	1.货物拣取流程较烦琐,出库作业效率不高; 2.进出库车辆占用仓库外围空间较大,整个库区仓储利用率不高

3)I形布局模式

I形布局模式是指出货区和入库区设置在仓库相对的两侧,如图 3-5、图 3-6 所示,货物"进—存—出"形成了类似"I"字形的移动路线。此布局模式结构简单,各个作业单位的运作动线均是平行进行的,人流和货流之间的交叉较少,避免了搬运设备之间的相撞和拥堵情况,货物流转速度快,作业时间少,但单位面积利用率低,投资成本高,适用于大批量、高频次的物流作业。该布局模式的优缺点如表 3-3 所示。

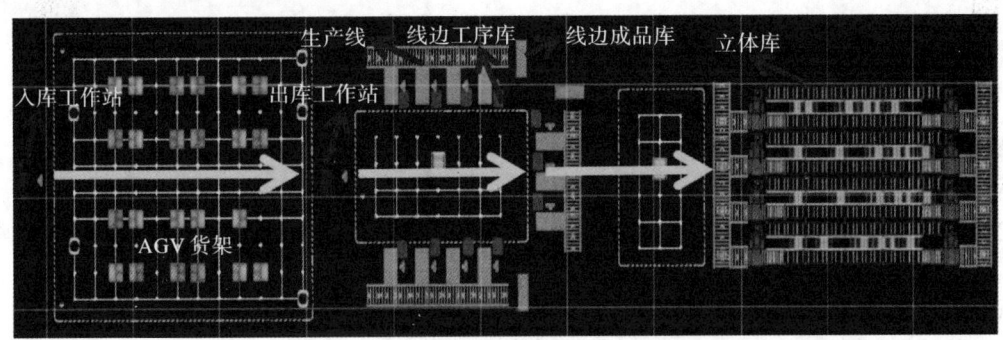

图 3-5　某生产企业智慧仓库 I 形布局模式

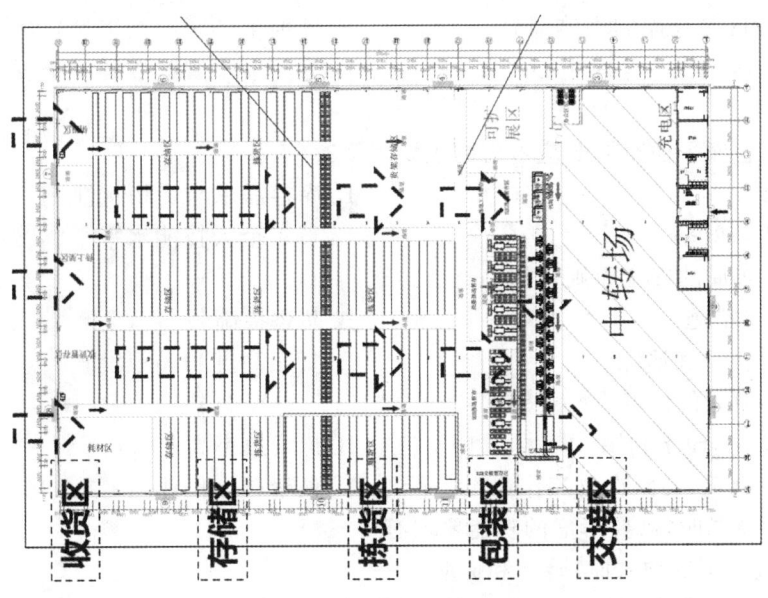

图 3-6　某物流服务企业仓库 I 形布局模式

表 3-3　Ｉ形布局模式优缺点

优点	缺点
1.货物中转效率高； 2.进出库作业区互不干扰，可以应对进出库高峰期同时发生的情况	1.货物流动性强，不利于较长时间存储物品； 2.进出库车辆占用仓库外围空间较大，整个库区仓储利用率不高； 3.仓库的增值服务能力不强

 任务检测

智慧仓库
平面布局实践

一、单选题

1.智慧仓库平面布局设计的主要目的是（　　　）。

A.增加仓库面积　　　　　　　　　　B.提高仓库的存储容量

C.提升仓库的运营效率和安全性　　　D.减少仓库管理人员数量

2.在设计智慧仓库平面布局时，以下哪一项不是必须考虑的？（　　　）

A.仓库规模　　　　　　　　　　　　B.库存需求与货物特性

C.员工个人喜好　　　　　　　　　　D.作业流程与效率

3.Ｕ形布局模式的优点不包括（　　　）。

A.存储区集中，便于利用　　　　　　B.拣货效率高

C.便于越库作业　　　　　　　　　　D.货物行走路线复杂

4.（　　　）适合应对进出库高峰期同时发生的情况。

A.Ｉ形布局模式　　　　　　　　　　B.Ｓ形布局模式

C.双直线形布局模式　　　　　　　　D.集中形布局模式

5.下列关于智慧仓库平面布局中仓库总体构成的说法，（　　　）是不正确的。

A.生产作业区是仓库的主体部分　　　B.辅助生产区不直接参与仓储作业

C.行政生活区应设在仓库中心位置　　D.仓库应配置必要的安全设施

二、多选题

1.设计智慧仓库平面布局时应考虑的主要因素有（　　　）。

A.仓库规模　　　　　　　　　　　　B.库存需求与货物特性

C.作业流程与效率　　　　　　　　　D.员工个人技能水平

2.仓库平面布局的安全原则包括（　　　）。

A.防火、防洪措施　　　　　　　　　B.防盗措施

C.定期安全检查和演练　　　　　　　D.货架高度和间距设置

3.Ｕ形布局模式的优点有（　　　）。

A.存储区集中，便于利用　　　　　　B.拣货效率高

C.适用于大批量、高频次物流作业　　D.便于越库作业

4.设计仓库布局时，需要考虑的功能要求有（　　　）。

A.仓库位置便于货物入库、装卸和提取

B.集装箱货物仓库和零担仓库尽可能分开设置

C.仓库配置必要的安全设施

D. 仓库货门的设置应兼顾装卸效率和堆存面积

5. 智慧仓库平面布局中经常采用的动线类型有（　　　）。

A. I 形布局模式　　　　B. L 形布局模式　　　　C. S 形布局模式　　　　D. U 形布局模式

三、学以致用

某大型电商平台为了提升物流效率,决定对其位于某城市的配送中心进行智慧仓库改造。该仓库目前面临的主要问题包括货物搬运距离长、存储空间利用率低以及作业高峰期仓库内拥堵严重。经过初步评估,该仓库的建筑面积为 2 万平方米,主要存储商品包括日常消费品、电子产品及小型家电等,每日处理订单量巨大。

思考与讨论:(1)针对该电商平台的仓库现状,请分析在设计智慧仓库平面布局时应重点考虑哪些要素,并提出相应的改进建议。(2)在该智慧仓库的平面布局设计中,为什么 U 形布局模式可能是一个合理的选择?请结合案例背景进行说明。

 **任务评价**

智慧仓库平面布局任务评价表

班级：		姓名：		学号：	
评价项目	评价标准			分值	得分
任务准备（15%）	考勤情况（无迟到、早退、旷课等现象）			5	
	能积极参与小组任务,做好学习准备			5	
	能正确理解任务指令,并接受任务要求			5	
任务过程（70%）	能准确理解智慧仓库平面布局的基本概念			20	
	能准确理解智慧仓库平面布局的原则			10	
	能全面把握设计仓库平面布局需要考虑的要素			10	
	能科学设计智慧仓库平面布局			20	
	能准确分享课程思政内容			10	
职业素养（15%）	态度端正,认真主动,能与小组成员合作			10	
	关注任务完成情况			5	
合计				100	
综合评价	自评(20%)	小组互评(30%)	教师评价(50%)		综合得分

任务二　储　位　管　理

 **情景导入**

在成功帮助益乘集团完成试点城市的智慧仓库的平面布局设计后,李林的工作再次赢得了广泛的赞誉。然而,他深知智慧仓配运营的优化之路远不止于此。随着项目的深入,一个新的挑战摆在了他的面前——储位管理。李林开始思考:"智慧仓库的储位管理应该如何进行,才能

进一步提升运营效率、降低错误率,并实现库存周转率的最大化? 在进行储位优化时,需要关注哪些核心要素,以确保仓库内的物流动线更加合理、响应速度更快? 又有哪些先进的技术和策略可以帮助我实现这一目标?"

带着这些新的问题,李林踏上了储位管理与优化的探索之旅。他意识到,实施精细化的储位管理不仅能够大幅提升仓库的空间利用率,还能直接提高订单的处理效率、减少拣选错误,并最终降低整体的运营成本。更重要的是,储位管理与仓库平面布局相辅相成,共同构成了智慧仓配运营的核心竞争力。

 任务目标

知识目标:

1.知晓储位管理的对象、原则和要素;

2.熟悉储位编号的要求;

3.掌握储位编号的方法。

技能目标:

1.能对不同类型仓库的储位进行编号;

2.能对仓库中的储位进行布局和调整。

素质目标:

1.树立敬业精神、安全意识、节约意识和劳动意识;

2.培养团队协作能力和沟通意识;

3.培养精益求精的工匠精神、吃苦耐劳的优良品质。

 任务分工

储位管理任务分配表

班级		授课老师	
小组名称		组长	
组员	姓名	学号	分工

 **任务实施**

第一步:认识储位管理

认识储位管理

引导问题1

李林已经从事了一段时间的仓配工作,作为一名仓管员,应该如何理解储位管理?

储位管理是仓库管理中的核心环节,在优化仓库空间、确保货物安全、提升作业效率等方面具有至关重要的作用。储位管理是利用储位使物品处于被保管状态,能明确地指示物品存储的位置、物品在储位上的变动情况等。现在的仓库普遍使用仓储管理系统管理货物,一旦物品处于被保管状态,就能掌握物品的去向、数量并了解其实时位置,这有助于解决商品进出库效率低下、商品分拣经常出错的问题。

【育心笃行】储位管理知识根植于仓储物流的实际操作中,我们应积极投身于仓储管理的实践一线,热爱仓储劳动,勇于面对挑战,通过不懈的努力,深刻理解储位优化的精髓,用智慧与汗水提升仓储效率,用在实践中收获的真知灼见推动储位管理的创新与发展,共同创造高效、有序的仓储体系。

一、储位管理的原则

1. 明确标识储位

详细划分储存区域,并进行编号,让每一种预备存储的商品都有位置可以存放。储位必须是明确的、经过编码的,不可以是边界含糊不清的位置,如走道、楼上、角落或商品旁等。仓库的过道不能当成储位来使用,虽然利用仓库的过道在短时间内会得到一些方便,但会影响商品进出,违背了储位管理的基本原则。

2. 有效定位商品

依据商品保管方式的不同,为每种商品确定合适的储存单位、储存策略、分配规则,以及储存中要考虑的其他因素。把商品合理有效地配置在预先准备的储位上,如冷藏商品放冷藏库,流通速度快的商品放在靠近仓库出口处等。

3. 及时更新记录

当商品按规划就位后,接下来的工作就是储位的维护。无论是出货还是商品被淘汰,或是受其他因素影响,商品的位置或数量发生改变时,必须及时准确地记录商品变动情况,使库存记录和实际数量相吻合。

二、储位管理的对象

储位管理的对象分为保管商品和非保管商品两部分。

1. 保管商品

保管商品是指在仓库的储存区域中的商品。保管商品由于对作业、储放、搬运、拣货等有特殊要求,因此会出现很多种保管形态,例如托盘、箱、散货或其他方式。虽然这些保管形态在储存单位上有很大差异,但都必须用储位管理的方式加以管理。

2. 非保管商品

①包装材料。包装材料就是标签、包装纸等材料。现在商业企业促销、特卖等活动的增加,使得仓库的贴标、重新包装、组合包装等流通加工活动的比例增加,仓库对包装材料的需求量也随之增大,因此,必须对包装材料加以管理,如果管理不善,出现短缺情况,将影响到整个作业的进行。

②辅助材料。辅助材料就是托盘、箱等搬运器具。目前,搬运器具的标准化使得仓库对这些辅助材料的需求愈来愈大,依赖性也愈来愈重。为了不影响商品的搬运,必须对这些辅助材料进行管理,制定专门的管理办法。

③回收材料。回收材料就是经补货或拣货作业拆箱后剩下的空纸箱。虽然这些空纸箱都可回收利用,但是这些纸箱形状不同、大小不一,若不妥善保管,很容易造成混乱而影响其他作

业,因此必须划出一些特定储位来对这些回收材料进行管理。

三、储位管理的要素

储位管理的基本要素主要包括储存空间、商品、人员三方面的管理。

1. 储存空间管理

侧重商品保管功能的仓库,储存空间的规划主要考虑保管空间的储位分配。侧重流通功能的仓库,储存空间的规划主要考虑如何设置保管空间的储位能够提高拣货和出货的效率。在进行储位分配时,必须先确定储位空间,而储位空间的确定需要综合考虑空间大小、桁柱排列、有效储存高度、通道宽度、搬运机械的回旋半径等基本因素。

2. 商品管理

处于保管中的商品,不同的作业需求使其经常以不同的包装形态出现,包装单位不同,其存放方式也不一样。商品管理的影响因素有三方面。

①供应商。商品由谁供应以及以什么方式供应,该供应商是否属于企业的重要客户,都是判断是否需要单独划分储位存放的考虑因素。

②商品特性。商品特性包括商品的品种、规格、体积、重量、包装、周转速度、季节分布、理化性能等因素,特性相同的商品存放在一起。

③商品的进货时间及数量。商品采购时间,进货到达时间,商品的产量、进货量、库存量等因素都和储位安排有很大关系。

3. 人员管理

人员包括保管人员、拣货人员、搬运人员等。在储位管理中,由保管人员负责商品管理及盘点作业;拣货人员负责拣货、补货作业;搬运人员负责入库、出库、翻堆作业。

第二步:合理设计储位编号

引导问题 2

如何进行智慧仓库的储位管理才能进一步提升运营效率,实现库存周转率的最大化?

储位编号是在库房分区分类的基础上,对每个货区中存放货物的储位按顺序进行编号,做出标记,以便识别。

一、储位编号的作用

明显、清晰的储位编号使货物存放位置一目了然,便于管理。其作用主要包括如下三个方面。

1. 易于管理

明显、清晰的储位编号便于保管人员掌握物品存放情况,为进出货、拣货、补货等工作人员提供存取货品的位置依据,以方便货品进出、上架及查询,节省寻找货品的时间,从而提高运作效率。

2. 提高效率

明显、清晰的储位编号能提高仓库收发货作业的效率,缩短收发货作业时间,提高调仓、移仓的工作效率。

3. 便于控制库存

明显、清晰的储位编号便于盘点库存,促进账、卡、物相符;可让仓储及采购管理人员掌握储存空间,以控制货品库存量;可避免货品因胡乱堆置导致过期而报废,并可有效掌握存货情况,降低库存量。

二、储位编号的要求

做好储位编号工作,应从不同的仓库条件、商品类别和批量整理的情况出发,做好标记设置、储位划线及编号秩序,以符合"标记明显易找,编排循规有序"的要求。

1. 标记设置

储位编号的标记设置要因地制宜,采取适当方法,选择适当位置。例如,仓库标记可在库门外挂牌;仓间标记可写在库门上;货场储位标记可竖立标牌;多层建筑库房的走道、段位的标记一般都设置在地坪上(但存放粉末类、软性物品的库房,其标记也有设置在天花板上的);泥土地坪的简易货棚内的储位标记,可利用柱、墙、顶梁设置或悬挂标牌。

2. 储位划线

在货棚、货场的储位上,因铺垫枕木、花岗石等垫垛用品,一般不再划线。但在库房内,储位划线是严格区分货物与走道、墙壁的界线,因此必须做到:①线条保持径直;②划线的宽度一般以 3 厘米为宜;③划线应设置在走道或墙壁上,并要求货垛不压储位划线。

3. 标记制作

目前仓库储位编号的标记种类繁多,很不规范,有的以甲、乙、丙、丁……为标记,有的以 A、B、C、D……为标记,也有以方位和地名为标记的,这样很容易造成单据审库的货物错收、错发事故。统一使用阿拉伯字母制作储位编号标记,则可避免以上弊病。

另外,制作库房、走道和支道的标志,可在阿拉伯字母外辅以圆圈标示,可用不同直径的圆表示不同处的标志。

4. 编号秩序

仓库范围的房、棚、场以及库房内的走道、支道、段位的编号,基本上都以进门的方向由前往后,遵循左单右双或自左而右的规则进行。

5. 储位间隔

储位间隔即相邻两储位之间的间隔,如图 3-7 所示,其宽窄取决于储存货物批量的大小,遵从大时宽、小时窄的原则。

三、储位编号的方法

储位编号是对库房、货场、货棚、货架按地址、位置顺序统一编列号码,并做出明显标示。

1. 地址编号法

利用保管区域中的现成参考单位,如建筑物的栋、区段、排、行、层、格等,按相关顺序编号。

1)库房的编号

把整个仓库的储存场所(库房、料棚、货场)依地理位置按顺序编号,统一标注在库房外墙或库门上,编号要清晰醒目、易于查找,如图 3-8 所示。

2)货区(货架)的编号

根据库房内业务情况,按照库内主干道、支干道的分布,将库房划分为若干货区(货架),按顺序编制货区(货架)的号码,并标于明显处。货区编号示例如图 3-9 所示。

图 3-7　储位间隔（白线）

图 3-8　库房的编号

3）货场储位的编号

货场储位的编号，常见的有两种方法：一种是在整个货场内先按排编上排号，再按各排储位顺序编上储位号；另一种是不分排号，直接按储位顺序编号。对于集装箱堆场，应对每个箱位进行编号，并画出箱门和四角位置的标记。

4）货架储位的编号

通常采用的货架储位编号方法为四号定位法、五号定位法和六号定位法。它们本质上是一样的。

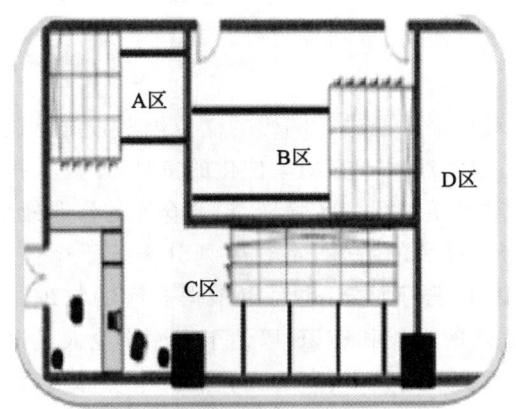 

图 3-9　货区(货架)的编号

四号定位法是采用 4 个号码(数字或字母)对应库房、货架、排次(层次)、货位(垛位)进行统一编号。如图 3-10 所示,图中编号"4233"表示 4 号库房 2 号货架 3 排 3 号货位。

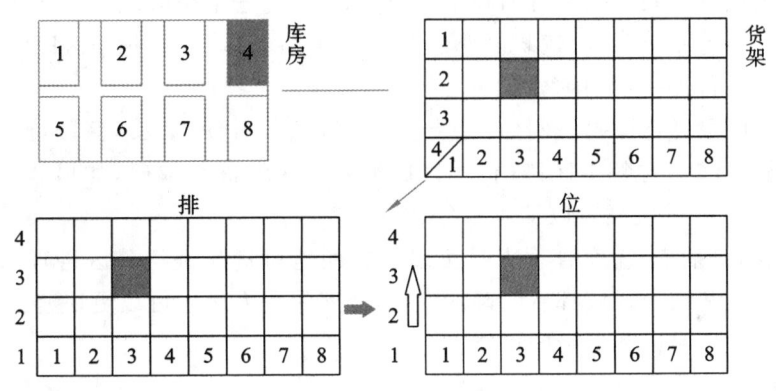

图 3-10　四号定位法示例

【例】某仓库有 8 个库房,库房是单层建筑,每个库房有 4 个货架,每个货架有 8 排,每排可容纳 4 个箱位。问:该仓库的货架储位如何编号?

在题干中,某仓库货架储位的编号要素有 4 个层次,这 4 个层次由大到小分别是库房位、货架位、货架排位、货架箱位,因此在进行储位编号时可以采用四号定位法。第 1 个"号"是库房号,第 2 个"号"是货架号,第 3 个"号"是货架排号,第 4 个"号"是货架箱号。

为"四号"中的每一个号选择合适的符号和位数,并填入编号规则表中(表 3-4)。

表 3-4　某仓库储位编号规则表

序号	1	2	3	4
名称	库房号	货架号	货架排号	货架箱号
符号	数字	数字	数字	数字
位数	1	1	1	1

货架储位编号中使用的符号一般为阿拉伯数字、英文字母(大小写均可)或两者的组合;位数则要看每一个"号"的长度,原则上是要能完整表达"号",位数越少越好。

2. 区段法

区段法是一种将保管区域分成不同的区段,并对每个区段进行编码的储位规划方法。这种方法以区段为单位,每个号码代表的储位相对较大,通常适用于容易单位化的货品,以及大批量或保管期较短的货品。通过区段法,可以更方便地对货品进行分区管理,提高仓库的作业效率。

在具体实施时,首先需要根据仓库的实际结构和货品的特性,将仓库划分为若干个区段。这些区段可以按照货品的种类、流通频率、尺寸等因素进行划分,也可以根据仓库的物理结构(如货架的布局)进行划分。每个区段都应该具有明确的界线和标识,以便于仓库作业人员进行识别和管理。接下来,对每个区段进行编码。编码可以采用数字、字母或它们的组合形式,要求简洁、易记、具有唯一性。通过编码,可以实现对每个区段的快速定位和识别,方便仓库作业人员进行货品的上架、拣选、盘点等操作。

假设一个仓库主要存储服装类货品,且货品种类繁多、流通频率较高。为了优化储位管理、提高作业效率,仓库管理人员决定采用区段法进行储位规划。

首先,他们根据货品的种类和流通频率,将仓库划分为若干个区段。例如,将男装划分为一个区段,女装划分为另一个区段,童装再划分为一个独立的区段。在每个区段内,再根据货品的尺寸、颜色等因素进行进一步的细分。

然后,对每个区段进行编码。例如,男装区段可以编码为"A",女装区段可以编码为"B",童装区段可以编码为"C"。在每个区段内,再根据细分的区域进行编码,如男装区段内的衬衫区域可以编码为"A1",裤子区域可以编码为"A2"等。

通过这样的编码系统,仓库管理人员可以更方便地对货品进行分区管理,提高作业效率。同时,由于每个区段和细分区域都有明确的编码,仓库作业人员也可以更快速、准确地找到货品的存放位置,减少发生错误和混淆的可能性。

3. 品类群法

品类群法是一种将相关性强的商品集合后,分成几个品项群,并对每个品项群进行编码的储位规划方法。这种方法的核心在于将具有相似属性或关联性的商品归类到同一个品项群中,以便进行统一管理和优化储位布局。

在实施品类群法时,首先需要对仓库中的所有商品进行全面的分析,了解它们的属性、销售频率、流通速度等关键信息。然后,基于这些信息,将具有相似属性或关联性的商品集合到一起,形成不同的品项群。这些品项群可以根据商品的种类、用途、品牌等因素进行划分,以确保每个品项群内的商品具有相对一致的特征。接下来,对每个品项群进行编码。编码的目的是实现对品项群的快速识别和定位,方便仓库作业人员进行货品的上架、拣选、盘点等操作。编码可以采用数字、字母或它们的组合形式,要求简洁、易记、具有唯一性。

假设一个仓库主要存储日用品类货品,包括洗发水、沐浴露、牙膏、牙刷等多种商品。为了优化储位规划、提高作业效率,仓库管理人员决定采用品类群法进行储位规划。

首先,他们根据商品的种类和用途,将仓库中的日用品划分为几个品项群。例如,将洗发水和沐浴露划分为"洗浴用品"品项群,将牙膏和牙刷划分为"口腔护理"品项群。

然后,对每个品项群进行编码。例如,"洗浴用品"品项群可以编码为"A","口腔护理"品项群可以编码为"B"。通过这样的编码系统,仓库管理人员可以更方便地对不同品项群的货品进行分区管理。

在实际操作中,当仓库作业人员需要上架或拣选货品时,他们根据货品的品类群编码就能快速找到对应的储位区域,从而提高了作业效率。同时,每个品项群都有明确的编码和界线,减少了货品混淆的可能性。

任务检测

一、单项题

1. 库房或仓间编号的标记位置一般在(　　)。

A. 地面上　　　　　　B. 库门上　　　　　　C. 竖立标牌上　　　　D. 吊牌上

2. 储位管理的核心目的是(　　)。

A. 增加仓库的存储空间　　　　　　　　B. 提升仓库作业效率和商品安全性

C. 减少仓库人员的工作量　　　　　　　D. 增加仓库的通风和照明

3. 以下不属于储位管理原则的是(　　)。

A. 明确标识储位　　　　　　　　　　　B. 有效定位商品

C. 及时更新变动和记录　　　　　　　　D. 降低库存量

4. 储位编码的作用不包括(　　)。

A. 易于管理　　　　　B. 提高效率　　　　　C. 便于控制库存　　　D. 增加仓库面积

5. 某公司有 6 栋库房,每栋库房有 2 层,共 12 间库房。每间库房放置有 16 个货架,每个货架高 5 层,每层有 12 个箱位。那么,该公司的货架货位编号适合用(　　)定位法,其中第三号是(　　)。

A. 四号,货架号　　　B. 四号,货架层号　　C. 五号,货架号　　　D. 五号,货架层号

二、多选题

1. 下列各项属于储位管理对象的是(　　)。

A. 空托盘　　　　　　B. 周转箱　　　　　　C. 保管商品　　　　　D. 空纸箱

2. 库房编号的方法,一般是进入公司仓库正门的方向,根据距离远近,按(　　)的顺序编号。

A. 左单右双　　　　　B. 左双右单　　　　　C. 自左而右　　　　　D. 自右而左

3. 货架货位编号方法一般包括(　　)。

A. 三号定位法　　　　B. 四号定位法　　　　C. 五号定位法　　　C. 六号定位法

三、判断题

1. 货架货位编号的标记一般都设置在地坪上。(　　)

2. 在储位管理中,仓库的过道可以作为储位使用,以提高存储效率。(　　)

四、学以致用

某电商公司的仓库有 500 个储位,每个储位的容量为 200 件商品。该公司想分析储位的利用情况,以优化仓库管理。请根据表 3-5 中给定的数据,分析该仓库的储位利用率情况,并回答相关问题。

表3-5　仓库相关数据

项目	内容
储位编号	1 至 500
当前储位占用情况	每个储位的占用件数（0 至 200 件）具体情况是：存储 0～50 件的有 100 个储位；存储 51～100 件的有 150 个储位；存储 101～150 件的有 180 个储位；存储 151～200 件的有 70 个储位
热销商品占用情况	占用 80 个储位，平均每个储位存储 180 件
滞销商品占用情况	占用 120 个储位，平均每个储位存储 30 件

思考与讨论：(1)计算整个仓库的平均储位利用率。(2)找出利用率最高和最低的储位类型。(3)分析热销商品和滞销商品对储位利用的影响。

 任务评价

储位管理任务评价表

班级：		姓名：		学号：	
评价项目	评价标准			分值	得分
任务准备（15%）	考勤情况（无迟到、早退、旷课等现象）			5	
	能积极参与小组任务，做好学习准备			5	
	能正确理解任务指令，并接受任务要求			5	
任务过程（70%）	能全面把握储位管理的原则			20	
	能准确理解储位管理的对象			10	
	能科学设计储位编码			20	
	能准确分享课程思政内容			20	
职业素养（15%）	态度端正，认真主动，能与小组成员合作			10	
	关注任务完成情况			5	
合计				100	
综合评价	自评(20%)	小组互评(30%)	教师评价(50%)		综合得分

任务三　智能仓配设备规划

 情景导入

李林在成功助力益乘集团完成储位管理后，一个新的任务出现在了他的工作清单上——智能仓配设备规划。李林深知，虽然单纯的储位优化能够提升仓库的空间利用率和订单处理效率，但若没有与之匹配的智能仓配设备，那么仓库整体的运营效率仍然会受到限制。他开始思

考："在智慧仓库中,我们应该如何选择和配置智能化的仓配设备,以便进一步提高作业自动化水平,减少人工干预,从而确保更高的精准度和更快的响应速度?"带着这些新的思考,李林开始了对智能仓配设备规划的探索。他明白,合理的设备规划不仅能够提升仓库的作业效率,还能降低人工成本、减少错误率,为益乘集团打造更加高效、智能的仓储配送体系。这也是与之前的仓库平面布局和储位管理工作相辅相成的关键一环。

李林开始研究各种智能仓配设备,如自动化立体仓库、AGV、智能分拣系统等,并考虑如何将它们融入现有的仓储管理体系中。他知道,这不仅仅是技术选型的问题,还涉及如何将这些技术与实际运营需求相结合,以实现仓库整体运营效能的最大化。随着研究的深入,李林逐渐明确了自己的目标:构建一个集自动化、智能化于一体的现代仓储配送中心,使益乘集团在未来的物流竞争中占据有利地位。而这一切,都从智能仓配设备的精心规划开始。

 任务目标

知识目标:

1.了解智能仓配设备规划的注意事项;

2.理解和掌握智能仓配设备的用途;

3.掌握智慧仓配设备规划的步骤。

技能目标:

1.能够判断智慧仓储硬件系统的用途;

2.能够根据仓库作业的具体情况选择合理的仓配设备;

3.能够根据仓库的作业流程优化仓配设备规划。

素质目标:

1.树立敬业精神、成本意识、节约意识和劳动意识;

2.培养团队协作能力和沟通意识;

3.培养精益求精的工匠精神、吃苦耐劳的优良品质;

4.培养物流作业优化意识。

 **任务分工**

智能仓配设备规划任务分配表

班级		授课老师	
小组名称		组长	
组员	姓名	学号	分工

 任务实施

第一步：了解智能仓配设备规划的注意事项

引导问题1

在规划智能仓配设备时，我们需要考虑哪些关键因素以确保其高效、安全和经济运行？

智能仓配设备规划是一个综合性的过程，旨在通过引入先进的智能设备和技术，提高仓储和配送的效率和准确性。在进行智能仓配设备规划时应注意以下事项。

一、需求匹配

在选择设备之前，要对仓库的实际需求进行深入分析，包括货物的种类、尺寸、重量，以及仓库的日均吞吐量、作业效率要求等。确保所选设备能够满足这些具体需求，避免选购过于高端或不合适的设备，造成资源浪费。

【育心笃行】智能仓配设备规划的根基深植于现代科技与人类生产实践的紧密结合之中。我们应当积极拥抱智能科技浪潮，投身于智能仓配系统建设的实践中，以满腔的热情投身于劳动之中，勇于面对挑战，不断探索与创新。

二、设备性能与稳定性

考察设备的性能指标，如搬运能力、运行速度、定位精度等，确保其符合仓库作业的要求。设备的稳定性也非常重要，应选择经过市场验证、故障率低的设备，以减少维修成本。

三、可扩展性与兼容性

考虑未来仓库可能的扩展需求，选择具有良好可扩展性的设备，以便在未来能够轻松升级或增加设备。确保新设备能够与现有的仓储管理系统和其他设备兼容，实现数据的无缝对接和流程的顺畅执行。

四、成本效益分析

在选购设备时，要进行全面的成本效益分析，包括设备的购置成本、运行成本、维护成本以及可能带来的效率提升和成本节约。选择性价比高的设备，避免盲目追求高端设备而增加不必要的成本。

五、安全性考虑

确保所选设备符合相关的安全标准和规定，如电气安全、机械安全等。对于自动化设备，应考虑其安全防护措施是否完善，以避免对人员造成伤害。

六、技术更新与前瞻性

考虑设备所采用的技术是否先进且具有前瞻性、能否适应未来技术的发展趋势。选择能够支持未来技术升级的设备，以延长设备的使用寿命并保持其竞争力。

综上所述，在选择智能仓配设备时，应综合考虑需求匹配、设备性能与稳定性、可扩展性与兼容性、成本效益、安全性以及技术更新等多个方面，以确保选购到符合仓库实际需求的优质设备。

第二步:认识智能仓配设备

引导问题 2

与传统的仓配设备相比,智能仓配设备有哪些先进的特性和优势可以帮助提高物流效率和降低成本?

随着智能化设备的普及,越来越多的企业开始打造智能化标杆仓库。智能仓库中有哪些常见的智能仓配设备呢?

【育心笃行】在实践中,我们不仅要深入理解智能仓配设备的运行原理与技术特性,更要学会如何根据实际需求进行科学合理的设备布局。通过不断的试错与优化,我们将从实践中汲取宝贵的经验,积累真知灼见,为智能仓配系统的高效运行与持续优化贡献力量。最终,我们将以智能仓配设备为基石,用劳动与智慧共同编织出物流行业的美好未来,推动社会经济的高质量发展。

一、AGV 拣选机器人

AGV 是一种自动导引运输车,集声、光、电和计算机技术于一体,应用了自控理论和机器人技术,装配有电磁或光学等自动导引装置,能够按照设定好的导引路径行驶,具有目标识别、避让障碍物和各种移载功能。

基于"货到人"模式的智慧仓库一般会采用 AGV 拣选机器人作为自动化搬运设备。AGV 拣选机器人是装备有电磁、光学或其他自动导引装置,能够沿规定的导引路径行驶的无人驾驶运输车。AGV 拣选机器人有行动快捷、工作效率高、结构简单、可控性强、安全等优势,在自动化物流系统中能充分体现其自动性和柔性,实现高效、经济、灵活的无人化物流作业,如图 3-11 所示。

图 3-11　AGV 拣选机器人

按照导引方式,AGV 可分为电磁导引、磁带导引、光学导引、激光导引、惯性导引、图像识别导引等,可根据实际需要进行应用。

按照取货方式,AGV 可分为:夹抱式,取货工具为夹爪,主要用于直接夹抱外形、包装规则的货物;叉取式,取货工具为货叉,主要用于搬运有托盘装载的货物。

按照货物接驳的方式,AGV可分为辊道移载搬运型 AGV、叉式搬运型 AGV、推挽移载搬运型 AGV、夹抱搬运型 AGV、升降接载搬运型 AGV 等,可根据需要搬运的货物的种类及接驳方式选择不同的 AGV 产品。

1. AGV 拣选机器人的主要技术参数

AGV 拣选机器人是自动化仓库中的关键设备,用于自动完成拣选、搬运、分拣等工作,可提高物流效率。其主要技术参数如表 3-6 所示。

表 3-6　AGV 拣选机器人的主要技术参数

技术参数	内容	备注
额定载重量	AGV 拣选机器人所能承载货物的最大重量	根据行业内的统计,AGV 拣选机器人的载重量范围广泛,从 50 kg 到 20000 kg 不等,但以中小型吨位居多。具体来说,载重量在 100 kg 以下的占 19%,为 100～300 kg 的占 22%,为 300～500 kg 的占 9%,为 500～1000 kg 的占 18%,为 1000～2000 kg 的占 21%,为 2000～5000 kg 的占 8%,而在 5000 kg 以上的数量极少
自重	AGV 拣选机器人与电池加起来的总重量	自重会影响 AGV 拣选机器人的运输和部署便利性,以及对地面承重的要求
车体尺寸	AGV 拣选机器人的长、宽、高等外形尺寸	车体尺寸应与所承载货物的尺寸和通道宽度相适应,以确保顺利通行和作业
停位精度	AGV 拣选机器人到达目的地址处并准备自动移载时,实际位置与程序设定位置之间的偏差值	高精度停位有助于提高作业效率和准确性
运行速度	AGV 拣选机器人在额定载重量下行驶时所能达到的最大速度	运行速度是确定车辆作业周期和搬运效率的重要参数,较快的运行速度可以缩短作业周期、提高搬运效率
工作周期	AGV 拣选机器人完成一次工作循环所需的时间	工作周期反映了 AGV 拣选机器人的工作效率,对于评估 AGV 拣选机器人的性能和选择合适的 AGV 拣选机器人型号具有重要意义
导引方式	常见类型有激光导引、磁导引、视觉导引等	导引方式决定了 AGV 拣选机器人的定位精度和路径规划能力,对于复杂环境下的作业尤为重要
驱动形式	常见类型有差速驱动、舵轮驱动等	驱动形式影响 AGV 拣选机器人的行驶稳定性和灵活性,对于确保作业顺利进行至关重要
充电方式	常见类型有自动充电、手动更换电池等	自动充电方式可以提高 AGV 拣选机器人的连续作业能力和减少人工干预,提高作业效率
通信方式	常见类型有无线局域网、蓝牙、ZigBee 等	通信方式决定了 AGV 拣选机器人与中央控制系统或其他设备之间的信息交换能力,对于实现远程监控和调度具有重要意义

2. AGV 拣选机器人的确定

在智慧仓储系统中,AGV 拣选机器人型号的确定通常与机器人自身的物理性质相关,如机器人的尺寸、载重量、运行速度等要素;机器人的尺寸需要与货架的尺寸相适应,机器人的高度要与货架的底层高度相适应。在确定 AGV 拣选机器人型号时,若成本相差不大,则综合考虑上述要素,判断哪种型号更能满足需求;若各个型号之间的成本相差过大,则可重点考虑某一要素择优选取。

AGV 拣选机器人在执行任务过程中所采取的作业方式为双指令循环方式,其在仓库内的路径主要有往返于货架与工作站的路程、拣选区域的行走路程、去往下一个货架的路程。通过对 AGV 拣选机器人在仓库内行走路程的分析,可以依据不同的计算标准来计算仓库所需的 AGV 拣选机器人数量。

在 AGV 拣选机器人进行作业时,一般会将作业区域分为入库区域和出库区域,且两个区域的 AGV 拣选机器人通常不会混用,即出库区域的机器人只适用于出库作业。因此需要分别计算用于出库和入库的机器人的数量。

智慧仓库内所需机器人的数量可依据仓内工作站数量和工作站所需的机器人数量综合确定。

$$单个工作站所需要机器人的数量 = \frac{货架单次作业往返时间}{站点单次作业耗时} + 1$$

上式中,货架单次作业往返时间通过对货架单次作业的流程进行动作拆解综合得出,即

$$货架单次作业往返时间 = 机器人到达货架时间 + 顶举货架时间 + 放下货架时间 \\ + 到达站点时间 + 返回货架区时间$$

$$站点单次作业耗时 = 旋转货架时间 + 站点切换时间 + 单件拣货时间 \times 命中件数$$

因此,智慧仓库内机器人总数 = 入库 AGV 拣选机器人数量 + 出库 AGV 拣选机器人数量 + 充电桩备用 AGV 拣选机器人数量。

【例】请根据表 3-7 中的信息,计算 3 个入库工作站需要的入库 AGV 拣选机器人数量。

表 3-7　AGV 拣选机器人运行相关参数一栏表

参数名称	数值	参数名称	数值
AGV 行驶速度/(m/s)	1	AGV 步长/m	1.2
AGV 充电时长(0~100%)/h	1	AGV 续航时间/h	4
AGV 到达货架平均时间/s	11	站点切换平均时间/s	18
AGV 顶举货架平均时间/s	3	旋转货架平均时间/s	10
AGV 放下货架平均时间/s	3	单件拣货时间/s	5
到达站点时间/s	28	单次命中件数/件	45
返回货架区时间/s	3		

根据上表信息分析得知:

货架单次作业往返时间 = (11+3+3+28+3)s = 48 s。

站点单次作业耗时 = (10+18+5×45)s = 253 s。

3 个入库工作站所需入库 AGV 拣选机器人数量 = 3×(48/253+1)台 = 3.5692 台 ≈ 4 台

（向上取整）。

综合以上分析得知，入库工作站一共需要 4 台入库 AGV 拣选机器人。

二、可移动式货架

可移动式货架也称 AGV 拣选机器人货架，是配合 AGV 拣选机器人实现低成本自动化的仓储货架。它具有结构简单、价格低廉、使用方便等特点，在作业过程中可以大幅减少重复多余的步骤、减少不必要的岗位设置、实现产品质量可追溯等，并可以提高货物存储、分拣等方面的工作效率。

在"货到人"拣选系统中，仓储区域中所存储的商品一般为小件商品，具有体积较小、重量较轻的特点。货架是可移动的，且分为多层，每一层又分了多个货格，可以实现在每一层存放不同类别的商品。当货架上的某类商品数量不足时，系统会安排可移动式货架到补货站点进行补货操作。但是，在这样的仓储环境下，为了满足众多 SKU 的存储要求，每个种类的商品在货架上的存储数量一般不多。由于消费者的需求呈现出"小批量、多频次"的特点，商品的存储也呈现出少量多类的特点，因此，采用可移动式货架实现自动化物流系统是大势所趋。

可移动式货架借助 AGV 拣选机器人在仓库内实现自由穿梭，可以减少占地面积，提高观赏度及企业形象。因为可移动式货架成本不高，所以可以根据不同企业的不同需求进行定制，选择范围比较大。

在进行规划时，可移动式货架的尺寸不仅要参考货品的尺寸、重量，还需要考虑 AGV 拣选机器人的尺寸和顶升高度等参数，确保在机器人行走过程中货架能够平稳行进。

【例】某智慧仓库有 28994 件商品，商品的平均体积为 1189992 mm^3，请根据可移动式货架的基本情况（见表 3-8）确定可移动式货架的数量。

表 3-8　可移动式货架基本情况

项目	数值	项目	数值
货架规格/(mm×mm×mm)	1200×1200×1900	货架底层高度/mm	500
货格规格/(mm×mm×mm)	600×400×350	货架其余层高度/mm	350
货格数量	24	货架层数	4
货架存储空间系数	71%	货格有效使用空间	80%
成本/元	3000		

根据上表信息分析得知：

单个货格有效使用空间为 600×400×350×0.8 mm^3＝67200000 mm^3。

单个货架的存储空间为 1200×1200×1900×0.71 mm^3＝1942560000 mm^3。

单个货架所有货格的有效使用空间为 67200000×24 mm^3＝1612800000 mm^3。

因为 1612800000 mm^3＜1942560000 mm^3，所以，单个货架的最大有效使用空间为 1612800000 mm^3。

单个货架的最大存储能力为 1612800000/1189992 件＝1355.30322893 件≈1355 件。

所需要的货架数量为 28994/1355 个＝21.3977859779 个≈22 个。

综合以上分析，得知可移动式货架的数量为 22 个。

三、工作站

工作站是拣选人员进行拣选、扫描的操作区域,拣选区域需设计拣选人员的操作空间、AGV 拣选机器人在拣选台的排队区域和拣选区域。一般每个拣选台安装一个显示屏、货架及扫描装置,拣选人员根据显示屏提示的拣选信息进行拣选作业,将拣选出来的货品进行扫描,系统提示拣选完成。

1. 工作站规划

智慧仓库内工作站的规划,需要根据具体的出库量等信息进行。智慧仓库内工作站可以依据历史订单数据进行规划,也可以根据预测的业务量(出库量)进行规划。

在以历史数据为依据进行工作站的规划时,需要根据相应的规则在历史订单数据中选取某一天的数据作为基准,即确定基准天;若规划以预测的业务量为基准,则需要根据历史数据对未来趋势进行合理预测。

在进行工作站的规划计算时,企业通常会假定出库量=入库量。根据考虑要素的不同,一般有以下 3 种确定基准天的方式。

(1)着重考虑成本。在这种情况下,在剔除订单峰值后,以历史订单的均值为基准进行规划。

(2)着重考虑效率。在这种情况下,以历史订单峰值前后几天的均值为基准进行规划。

(3)综合考虑成本和效率。此时,可对历史出库量进行降序排列,取序列表中的前 20%～30%,选取其中一天的订单数据作为基准进行规划。采用这种方式确定基准天可保证基准天处于订单峰值和订单均值之间,较好满足日常订单处理情况。

在智慧仓库内的作业人员,只需要在工作站等待货架被运送至工作站,随后进行商品拣选,而且拣选方式都是采用播种式,以 B2B 业务为主。因为 B2B 业务 SKU 少、批量出库,且出库量大,机器人只需将货架搬运至工作站,由人工完成批量下架和数量清点,确认拣选完成。B2C 业务 SKU 多、出库量小,相对 B2B 业务需要增加"播种墙",在工作站完成最小订单的拣选作业。AGV 拣选机器人通常在 B2C 业务中处理订单数量相对较少、SKU 多、拣选难度大的作业。

2. 工作站数量的确定

在智慧仓库内,主要是在工作站处完成订单的拣选作业,工作站数量的确定与其自身的作业效率息息相关。在确定工作站数量时,需要根据基准天的订单出库数量与工作站的拣选效率,推测所需的工作站数量。

工作站效率与 AGV 拣选机器人在工作站单次作业耗时相关,可以依据选定基准天的日出库量(入库量)与日工作时间计算出每日工作站最大效率,初步判断工作站效率。

$$行件数=出库量/订单行数$$

$$工作站点每分钟可拣选(入库)数量=(60\ s/单个机器人在工作站耗时)×行件数$$

$$单个机器人在工作站耗时=旋转货架时间+站点切换时间+单件拣货时间×行件数$$

$$站点作业效率(h)=每分钟可拣选(入库)的数量×60\ min$$

因此,可以得到拣选工作站的数量计算方式:

$$拣选工作站的数量=\frac{出库数量}{拣选效率×每日工作时间}$$

$$入库工作站的数量 = \frac{入库数量}{入库效率 \times 每日工作时间}$$

行件数即平均每行订单所包含的件数,若件数数值为1,说明每行订单大约包含一件商品,每次拣选动作只需完成一件商品的拣选。行件数可反映拣选效率的高低。

四、穿梭车

穿梭车(见图3-12、图3-13)是一种智能机器人,可以通过编程执行拣选、搬运、放置等任务,并能与上位机或WMS系统进行通信;结合RFID、条码等识别技术,可实现自动识别、访问等功能。在仓储物流设备中,穿梭车主要有穿梭车式出入库系统和穿梭车式仓储系统两种形式,以往复或回环方式,在固定轨道上运行或连接设备。其配备有智能感应系统(能自动记忆原点位置)和自动减速系统。

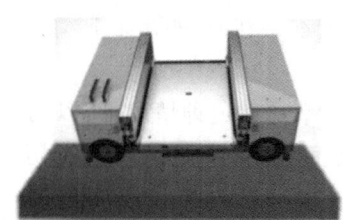

图3-12　穿梭车1

图3-13　穿梭车2

穿梭车不同于提升机(垂直运输)、AGV小车(自动导引、无轨)和堆垛机(托盘AS/RS和箱型微载、立体运输)。由于具有较好的灵活性,穿梭车系统被广泛应用于物流配送仓库和企业生产仓库当中。穿梭车根据货物输送单元的类型可分为托盘式穿梭车和料箱式穿梭车,根据功能的不同可分为两向穿梭车、子母穿梭车以及四向穿梭车。

穿梭车解决了两大问题:一是密集存储的问题;二是快速存取的问题。它是物流装备技术的重大创新。穿梭车的出现改变了自动化立体仓库AS/RS系统长期垄断市场的格局,使得密集自动化存取有了更多的选择。

五、智能拆垛机械手

智能拆垛机械手（见图 3-14）又称拆垛机器人，是一种用于解垛操作的机械设备，能够自动识别物品的位置、尺寸和姿态，高效地完成拆垛作业。拆垛作业是将转运托盘上码放的货物一箱箱搬运到传送带上。企业收到的同一托盘上的货物箱型不一，且码垛无固定规则，传统机器人手臂难以操作。智能拆垛机械手借助 3D 视觉和深度学习算法，可实现机器人手臂作业的自我训练、自我校正，无须箱型和垛型的数据库维护。机器人通过 3D 深度摄像头识别顶层货物轮廓，当首次拾起一个箱子时，它就建立了一个关于箱子外形的模型，并基于这个模型加快对下一个箱子的识别。

图 3-14　智能拆垛机械手

六、自动输送设备

自动输送设备是一种能够自动完成物料或货物输送任务的机械设备。它通过集成多种技术和设备，替代了传统的人力搬运方式，大大提高了物流效率和生产能力。这类设备不仅能够实现物料的快速、连续、准确输送，还能与各种工业企业的生产流程相配合，形成有节奏的流水作业线。自动输送设备主要包括以下两种类型。

（1）滚筒式输送机（见图 3-15）分为动力式和无动力式。无动力式呈一定坡度，使货物靠自身重力从高端移动到低端；动力式由一系列排列整齐的具有一定间隔的辊子组成，驱动装置将动力传给滚筒，使其旋转，通过滚筒表面与输送物品表面间的摩擦力输送物品。

（2）链条式输送机（见图 3-16）以链条作为牵引和承载体输送物料。链条式输送机的输送能力大，主要输送托盘、大型周转箱等。输送链条结构形式多样，并且有多种附件，易于实现积放输送，可用于装配生产线或作为物料的储存输送。

七、AR 设备

AR 设备（见图 3-17）即增强现实（augmented reality）设备，是一种通过计算机技术将虚拟信息叠加到现实世界中，为用户提供增强现实体验的硬件工具。AR 设备通过摄像头、传感器、显示屏和计算单元等组件，捕捉现实世界的信息并与虚拟内容相结合，从而为用户提供一种全新的视觉和交互体验。它能够在现实世界中叠加虚拟信息，如图像、文字、视频等，使用户能够在不离开现实环境的情况下，获得额外的信息和交互体验。拣货员根据货架上的指示灯或者手持 RF 枪以及可穿戴设备中的提示，拣取货架中的货物。虽然作业准确率较传统的人工拣选方

图 3-15　滚筒式输送机

图 3-16　链条式输送机

式有所提高,但是要求拣货员熟悉库房的布局。AR 技术将真实世界和虚拟世界的信息进行"无缝"集成,通过 AR 眼镜自动识别库房环境,定位待拣货物位置,并自动规划拣选路径,建立线路导航,作业人员能以最短的时间到达目标拣选货位。另外,通过 AR 眼镜自动扫描货物条码,作业人员能准确获取商品、解放双手,大幅提高拣选作业效率。

图 3-17　AR 设备

第三步:掌握智能仓配设备规划的步骤

引导问题 3

面对日益增长的仓储和配送需求,企业如何科学、系统地规划智能仓配设备,以确保仓储和配送的高效、顺畅进行?

智能仓配设备规划是一个系统化的过程,旨在通过科学的方法和技术应用,构建高效、智能的仓储和配送体系。以下是智能仓配设备规划的主要步骤。

一、需求分析与目标设定

1. 明确需求

在智能仓配设备规划的初期,深入了解企业的仓储和配送需求是至关重要的。这包括对企业的存储容量、货物类型、出入库频率、订单处理速度等进行全面的调研和分析。例如,对于一家电商企业来说,其仓储需求可能包括存储大量的小件商品,如书籍、电子产品等,同时需要快速处理大量的在线订单。

2. 设定目标

基于需求分析的结果,企业可以设定智能仓配设备规划的具体目标。这些目标应该与企业的业务需求紧密相联,并具有可衡量性。例如,对于上述电商企业,其目标可能包括提高存储效率、加快订单处理速度以及降低错误率。

二、技术选型与方案制订

1. 技术选型

在技术选型阶段,企业需要对市场上可用的智能仓配技术进行全面的调研。这包括了解各种技术的原理、性能、成本以及在实际应用中的效果。例如,自动化立体仓库能够实现货物的高效存储和检索,适用于存储量大、货物类型多的企业;AGV 小车则可以在仓库内自主行驶,完成货物的搬运任务,提高仓库的物流效率;机器人拣选系统能够快速准确地完成订单的拣选工作,适用于订单量大、对处理速度要求高的企业;而 RFID 技术则可以实现货物的实时跟踪和管理,提高仓库的库存准确性。

2. 方案制订

基于技术选型的结果和企业的实际需求,企业可以制订智能仓配设备规划的整体方案。这个方案应该包括设备的选型、系统架构的设计以及功能模块的划分等。例如,如果企业决定引入自动化立体仓库,那么就需要选择合适的仓库类型、货架结构以及搬运设备等;同时,还需要设计仓库管理系统与自动化立体仓库的接口,实现数据的实时传输和共享。此外,还需要考虑如何划分功能模块,如入库管理、出库管理、库存管理等,以确保系统的整体性和可扩展性。

三、设备配置

设备配置是根据智能仓配设备规划方案的要求,选择和配置适当的智能仓配设备。这些设备应能够满足企业的仓储和配送需求,并提高整体效率。

在设备配置阶段,需要考虑以下几个因素。

(1)设备选型:根据技术调研结果和企业需求,选择合适的智能仓配设备。例如,自动化立体仓库适用于存储量大、货物类型多的企业;AGV 小车适用于需要自主搬运货物的场景;机器人拣选系统适用于订单量大、对处理速度要求高的企业。

(2)设备布局:在仓储空间内合理布局所选设备,以确保其顺畅运行和高效作业。例如,自动化立体仓库应放置在存储区内,并与货架布局相协调;AGV 小车应有足够的通道和转弯半径以进行自主行驶;机器人拣选系统应放置在拣选区内,并与包装区和发货区相连。

(3)系统集成:确保所选设备与仓库管理系统等软件的集成。这可以实现数据的实时传输和共享,提高系统的整体性能和可管理性。例如,自动化立体仓库应与仓库管理系统集成,以便实时更新库存信息;AGV 小车和机器人拣选系统也应与仓库管理系统集成,以便接收和处理订单信息。

(3)维护与保养:考虑设备的维护和保养需求。选择易于维护和保养的设备,并制订定期维护计划,以确保设备的长期稳定运行。

四、系统集成与数据交互

系统集成涉及将智能仓配设备与仓库管理系统、仓库控制系统（WCS）等核心系统进行无缝连接。这一步骤要求技术团队具备深厚的专业知识，以确保各个系统组件能够协同工作，实现整体效能的最大化。在实际操作中，系统集成不仅关乎硬件设备的物理连接，更涉及软件层面的数据通信与指令传输。技术团队需精心配置接口，确保不同系统间的数据能够准确无误地流动，从而支撑起整个智能仓配体系的顺畅运行。

数据交互是系统集成的核心环节，它确保了智能仓配设备与系统之间数据的实时、准确传输与共享。这一环节的实现，依赖于稳定可靠的数据通信协议和高效的数据处理机制。通过数据交互，智能仓配设备能够实时接收来自WMS的指令，执行相应的仓储和配送任务，并将执行结果及时反馈给系统。同时，系统也能够实时监控设备的运行状态，确保整个智能仓配体系的稳定性和可靠性。

五、测试与优化

系统测试涵盖功能测试、性能测试、稳定性测试等多个方面，旨在确保系统在实际运行中能够满足企业的各项需求。在测试过程中，测试团队将模拟各种实际场景，对系统进行严格的测试，以发现可能存在的问题和隐患。同时，他们还将对系统的性能指标进行全面评估，确保系统在实际运行中能够达到预期效果。

根据测试结果，技术团队将对智能仓配系统进行必要的优化和调整。他们将针对发现的问题和隐患进行修复和改进，以提高系统的稳定性和可靠性。同时，他们还将根据企业的实际需求，对系统的功能和性能进行进一步的优化和提升。

六、人员培训与运维计划

人员培训是确保智能仓配设备顺利投入运行的重要环节。培训内容包括设备的基本操作、日常维护、常见故障排除等，旨在使仓库操作人员能够熟练掌握设备的使用方法，并能够在设备出现故障时迅速进行排查和处理。通过人员培训，企业可以确保仓库操作人员具备必要的技能和知识，以应对智能仓配设备在日常运行中的各种情况。这将有助于提高设备的运行效率和延长设备的使用寿命，降低企业的运营成本。

运维计划是确保智能仓配系统长期稳定运行的重要保障。它包括日常巡检、定期保养、故障应急处理等多个方面，旨在确保设备在运行过程中始终保持最佳状态。通过制订完善的运维计划，企业可以及时发现并解决设备在运行过程中出现的问题和隐患，避免设备因长期运行而出现故障或损坏。同时，定期的保养和维护也可以延长设备的使用寿命，提高设备的运行效率。

七、实施与持续改进

制订实施计划是智能仓配设备规划的最后一步，也是至关重要的一步。实施计划包括详细的时间表、资源分配、风险管理等内容，旨在确保整个规划方案的顺利实施。在制订实施计划时，企业需要充分考虑各种可能的风险和挑战，并制定相应的应对措施。同时，企业还需要合理分配资源，确保整个规划方案能够在预定的时间内顺利完成。

智能仓配设备的投入运行并不意味着规划工作的结束，相反，这是一个新的开始。企业需要持续监测设备的性能，并根据实际情况进行改进和优化。通过持续改进，企业可以不断优化智能仓配系统的性能和功能，提高仓储和配送的效率和质量。同时，企业还可以根据市场的变化和客户的需求,灵活调整智能仓配系统的配置和布局,以满足企业的长期发展需求。

任务检测

一、单选题

1.在智能仓配设备规划中,首先应进行(　　)步骤。

A.设备配置　　　　　　　　　　B.技术选型与方案制订

C.需求分析与目标设定　　　　　D.系统集成与数据交互

2.AGV拣选机器人按照导引方式分类,不包括(　　)。

A.电磁导引　　　　B.光学导引　　　　C.手动导引　　　　D.激光导引

3.以下主要用于解决密集存储和快速存取问题的设备是(　　)。

A.可移动式货架　　　B.穿梭车　　　　C.AGV小车　　　　D.工作站

4.在智能仓配设备规划中,(　　)涉及将设备与WMS集成。

A.需求分析与目标设定　　　　　B.设备配置

C.系统集成与数据交互　　　　　D.测试与优化

5.(　　)不是智能仓配设备规划时需要考虑的关键因素。

A.设备性能与稳定性　　　　　　B.仓库的地理位置

C.成本效益分析　　　　　　　　D.可扩展性与兼容性

二、多选题

1.在智能仓配设备规划的需求分析环节,通常需要考虑(　　)。

A.货物种类与尺寸　　　　　　　B.仓库日均吞吐量

C.未来仓库扩展需求　　　　　　D.现有设备兼容性

2.AGV拣选机器人根据取货方式可分为(　　)。

A.夹抱式　　　　　B.叉取式　　　　C.升降式　　　　D.辊道移载搬运型

3.在制订智能仓配设备规划方案时,应考虑的因素有(　　)。

A.设备选型　　　B.系统架构设计　　　C.成本预算　　　D.功能模块划分

4.系统集成与数据交互阶段的主要任务包括(　　)。

A.将智能仓配设备与WMS集成　　B.实现设备与系统间数据的实时传输

C.对设备进行物理连接　　　　　D.测试系统的整体性能

5.人员培训通常包括的内容有(　　)。

A.设备基本操作　　B.设备日常维护　　C.常见故障排除　　D.系统架构设计

三、学以致用

1.某零售巨头计划升级其仓储配送体系,引入智能仓配设备。在规划过程中,公司面临以下挑战:一是选择合适的智能设备组合,做到既满足当前业务需求,又考虑未来扩展性;二是确保新设备与现有仓库管理系统无缝集成,实现数据实时共享。

思考与讨论:(1)在选择智能仓配设备时,应考虑哪些关键因素以确保规划的科学性和合理性?(2)如何制定有效的集成策略,确保新设备与现有仓库管理系统的顺利对接和数据实时同步?

2.请根据表3-9中提供的AGV运行相关参数,计算5个出库工作站需要的出库AGV拣选机器人数量。

表 3-9 AGV 运行相关参数一览表

参数名称	数值	参数名称	数值
AGV 行驶速度/(m/s)	1.2	旋转货架平均时间/s	12
AGV 步长/m	1.5	AGV 放下货架平均时间/s	4
AGV 充电时长(0～100%)/h	1.5	单件拣货时间/s	6
AGV 续航时间/h	5	到达站点时间/s	30
AGV 到达货架平均时间/s	12	单次命中件数/件	50
站点切换平均时间/s	20	返回货架区时间/s	4
AGV 顶举货架平均时间/s	4		

 任务评价

智能仓配设备规划任务评价表

班级：		姓名：		学号：	
评价项目	评价标准			分值	得分
任务准备 （15%）	考勤情况（无迟到、早退、旷课等现象）			5	
	能积极参与小组任务，做好学习准备			5	
	能正确理解任务指令，并接受任务要求			5	
任务过程 （70%）	能全面把握智能仓配设备规划的注意事项			20	
	能准确计算 AGV 拣选机器人的数量			10	
	能掌握智能仓配设备规划的步骤			20	
	能准确分享课程思政内容			20	
职业素养 （15%）	态度端正，认真主动，能与小组成员合作			10	
	关注任务完成情况			5	
合计				100	
综合评价	自评(20%)	小组互评(30%)	教师评价(50%)	综合得分	

• 社会责任思政小故事：储位管理与优化中的社会责任实践

社会责任思政小故事

 项目四 智能入库管理 ▌▌▌▌▌▌

任务一 入 库 准 备

情景导入

盛通物流有限公司 1 号库房仓管员李胜文 2023 年 8 月 22 日接到客服文员陈嘉玲提供的

入库通知单(表 4-1)。此批货物入库后采取就地码垛堆存,垛型为采用重叠式堆垛法的平台垛,存储区域宽度为 4.5 m;该库房高度为 5.6 m,地坪荷载为 2000 kg/m²,货垛的顶距≥0.6 m、灯距≥0.5 m。

表 4-1　盛通物流有限公司入库通知单

客户:振兴木业有限公司　　　　到货日期:2023 年 8 月 23 日　　　　单号:RT2023082202

序号	编号	品名	包装规格 /(mm×mm×mm)	单位	数量	单体毛重 /kg	备注
1	SM-336	实木椅子	300×800×1000	箱	2500	50	包装标识:堆码层数极限 $n=6$

制表:陈嘉玲　　　　审核:黄锦华　　　　承运:梁志键　　　　日期:2023 年 8 月 22 日

 任务目标

知识目标:

1.知晓储位存储策略;

2.熟悉入库预约环节;

3.掌握平置库储位安排的方法。

技能目标:

1.会计算平置库入库货物最小储位面积;

2.会根据入库通知单(任务单)安排合适的储位。

素质目标:

1.培养有计划、有恒心的做事风格;

2.培养独立思考的意识。

 任务分工

入库准备任务分配表

班级			授课老师	
小组名称			组长	
组员		姓名	学号	分工

 **任务实施**

入库准备是提高入库作业质量和效率的重要环节,但往往被工作人员所忽视,因此有必要

在实际工作中加强入库准备工作。入库准备主要是指仓储作业人员根据提前接收到的入库通知单证,按照货物的入库时间和到货数量,按计划预先做好货位安排、装卸搬运器械准备、苫垫材料准备、人员及单证准备等工作,以备货物入库时使用。

第一步　入库预约

引导问题 1

盛通物流有限公司 1 号库房因客户振兴木业有限公司未按预约时间准点到仓,造成仓管员的工作效能不达标且入库时效未达成。谁之过?

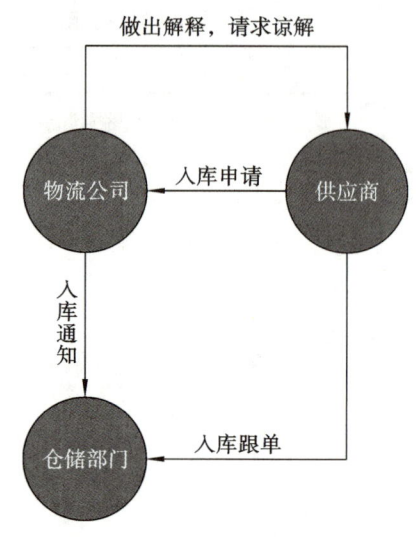

图 4-1　入库预约流程

入库预约是指物流公司为了规范库房的入库管理,提高供应商商品入库效率、规范相关流程,在商品到达仓库前所采取的一系列活动,主要包括入库申请、入库通知和入库跟单三个环节(见图 4-1)。

一、入库申请

入库申请是生成入库通知的基础和依据,是存货人(供应商)对仓储服务产生需求,并向物流企业发出需求申请。仓储企业接到入库申请后,对此项业务进行评估并结合物流企业自身业务状况做出反应:或接受此项业务,填制入库通知单,并分别传递给存货人和仓储部门,做好各项准备工作;或拒绝该项业务,并做出合理解释,以求客户谅解。

案例 1:

益达物流有限公司客服部 2023 年 8 月 22 日收到客户宏兴超市有限公司的入库申请单,客服文员会同仓管员对入库商品进行了分析评估,包括到货日期、物品属性(本案例中主要是食品)、包装规格、入库数量、存储时间及本企业的接卸货能力、存储空间、温湿度控制能力等方面,接受了此项业务。

入库申请单

益达物流有限公司:

根据贵我双方签署的仓配合同(合同号 CP2023053006),我公司计划有一批货物于 2023 年 8 月 23 日运送至贵公司进行存储配送,请尽快审核批准。入库货物明细如下表所示。联系人:梁权。电话:0750—372××××。

宏兴超市有限公司

2023 年 8 月 22 日

入库货物明细表

序号	商品名称	包装规格 /(mm×mm×mm)	单重 /kg	单位	数量	批次
1	休闲黑瓜子	595×395×375	21	箱	10	0822
2	小师傅方便面	595×325×330	3	箱	18	0823

续表

序号	商品名称	包装规格 /(mm×mm×mm)	单重 /kg	单位	数量	批次
3	大王牌大豆酶解蛋白粉	495×395×320	35	箱	36	0820
4	蜂圣牌蜂王浆冻干粉片	395×295×275	16	箱	30	0819
5	诚诚油炸花生仁	395×245×265	30	箱	24	0821

二、入库通知

入库通知通过入库通知单体现,一般由物流公司客服部门或业务部门根据存货人(供应商)的入库申请单填制,其内容根据用途不同,可包括编号、日期、供应商、存货人、物品编号、物品名称、物品数量、物品重量、包装材质及规格、存放要求等信息。入库通知单在一批货物由司机送达仓库前下达给仓配部门,仅起到预报入库信息和进行入库准备的作用。

案例 2:

在案例 1 中,益达物流有限公司同意宏兴超市有限公司的入库申请后,客服文员陈志丽填制了入库通知单(见表 4-2)一式三份,分别送给宏兴超市有限公司、本公司仓配中心及本部门留存。公司仓配中心将依入库通知单进行入库准备。

表 4-2 益达物流有限公司入库通知单

客户:宏兴超市有限公司　　　　　　　到货日期:2023 年 8 月 23 日　　　　　　单号:RT2023082202

序号	商品名称	包装规格 /(mm×mm×mm)	单重 /kg	单位	数量	批次	备注
1	休闲黑瓜子	595×395×375	21	箱	10	0822	
2	小师傅方便面	595×325×330	3	箱	18	0823	
3	大王牌大豆酶解蛋白粉	495×395×320	35	箱	36	0820	
4	蜂圣牌蜂王浆冻干粉片	395×295×275	16	箱	30	0819	
5	诚诚油炸花生仁	395×245×265	30	箱	24	0821	

制表:陈志丽　　　　审核:孙大中　　　　承运:王伟忠　　　　日期:2023 年 8 月 22 日

三、入库跟单

一般情况下,由物流公司客服部门或业务部门指定经办人员负责入库跟单。入库跟单时,应注意做好如下几点。

(1)与客户明确入库预计时间,避免出现人等货、货等人的情况。

(2)根据预约到货的 SKU 数量、箱数(或件数等)、车辆信息合理安排入库人员,以免出现入库不及时或人员浪费。

(3)根据商品生产厂家卸货要求,与客户明确卸货方及收费方式。

【育心笃行】入库预约是物流管理中的一个重要环节,它确保了货物能够按照计划顺利地入库。入库预约可以帮助企业提高效率、减少延误,并在面对突发情况时保持灵活应对的能力。我们做事要有计划、有耐心。

▌➡ 小提示 ┃

(1)跟单时要收集到货 SKU 号、货物数量、车辆信息(车牌及司机电话号码)、到货时间,提前做好人员安排。

(2)在车辆到达前三个小时,每隔一个小时要与司机确认到货时间,提前做好应对异常情况的准备工作。

(3)入库时应按客户 SOP 进行清点及系统操作。

(4)入库上架要遵循时效优先的原则,紧急到货优先处理。

(5)对于新客户的货物,需提前做好入库准备,即提前在场地、人员、工具等方面做好准备。

第二步　储位安排

引导问题 2

由于振兴木业有限公司是新客户,仓管员李胜文需要为货物入库提前做好储位准备,请问该批货物至少需要多大面积的储位?货垛的垛长、垛宽及垛高各为多少?

▌➡ 小知识 ┃

平置库也称为平面仓库,是仓储系统中常见的一种形式,其主要特点是货物在单层设计的基础上进行平面存储(货物就地存储,不用货架)。立体库也称为货架库或高架库,一般是指采用几层、十几层乃至几十层高的货架存储单元货物,用相应的物料搬运设备进行货物入库和出库作业的仓库。

一、储位储存策略

储位储存策略是指决定货物在储存区域存放位置的方法或原则。良好的储位储存策略可以减少出入库移动的距离,缩短作业时间,充分利用储存空间。常见的储位储存策略有定位储存、随机储存、分类储存、分类随机储存、共同储存等。

1.定位储存

定位储存是指每一项货物都有固定储位,货物之间不能互用储位。要注意的是,每一项货物的储位容量不能小于其可能的最大储存量。

2.随机储存

随机储存是指每一个货物被分配的储存位置都是随机的,而且可以经常改变。也就是说,任何货物都可以被存放在任何可利用的位置。

3.分类储存

分类储存是指将所有货物按照一定特性进行分类,每一类货物都有固定的存放位置,而同属一类的不同货物又按一定的规则来分配储位。分类储存通常按货物的相关性、流动性、尺寸、重量、特性等来分类。

4.分类随机储存

分类随机储存是指每一类货物都有固定存放的储区,但在各储区内每个储位的分配是随机的。

5.共同储存

共同储存是指在可以确定各货物进出库时间的情况下,不同的货物可共用相同储位的方式。

五种储位储存策略优缺点及其适用情形见表 4-3。

表 4-3   五种储位储存策略对比

策略	优点	缺点	适用情形
定位储存	方便拣货人员熟悉货物储位;货物的储位可按周转率大小安排,以缩短出入库搬运距离;可针对各种货物的特性调整储位,将不同货物特性间的相互影响减至最小;容易管理,所需要的总搬运时间较少	储位容量必须按各项货物的最大在库量设计,需要较多的储存空间,储区空间平时的使用率较低	库房空间大,储存货物品种较少、批量较大
随机储存	由于储位共用,因此只需要按照所有货物的最大在库量设计即可,储区的空间利用率较高	货物出入库管理及盘点工作较困难;周转率高的货物可能被存放在离出入口较远的位置;相互影响的货物可能放在相邻位置上,造成货物损坏变质或发生危险	库房空间有限,储存货物品种较少、批量较大
分类储存	便于存取畅销货物,具有定位储存的各项优点;各分类储存区域可根据货物特性重新设计,有助于货物的在库管理	储位必须按各类货物最大在库量设计,储区空间的平均利用率较低	常用,适用于大多数库房
分类随机储存	具备分类储存的部分优点,又可节省储位数量,提高储位的利用率	货物出入库管理及盘点工作的难度较高	最常用,适用于大多数库房
共同储存	能提高储位的利用率	管理上比较复杂	能确定出入库时间的货物

二、储位安排的方法

为新客户的入库货物安排平置库储位时,先要计算最小储位面积,再根据计算出的最小储位面积和库房储位现状选择合适的储位,进而确定货物堆码时的垛长、垛宽和垛高。

▶ 小提示

影响平置库入库货物最小储位面积(占地面积)的关键因素是入库货物可堆高层数。而入库货物可堆高层数的计算要综合考虑如下三个因素。

• 地坪不超重

地坪是指使用特定材料和工艺对原有地面进行施工处理并呈现出一定装饰性和功能性的地面,这里是指库房地坪。地坪不超重就是库房地坪上堆存货物的重量不超过该库房地坪的核定载重量(地坪荷载)。

- 货垛不超高

货垛不超高是指库房地坪上堆存货物的高度不能超过该库房的可用高度。

- 堆码层数极限

堆码层数极限是中国制定的运输包装指示性标志（包装标识）名称之一，描述"相同包装的最大堆码层数，状表示层数极限"。所用图形与国际上通用的图形基本一致。常见包装标识如图 4-2 所示。

图 4-2　常见包装标识

1. 计算最小储位面积

①地坪不超重可堆高层数 a。

$$a=地坪荷载×单件货物底面积/单件货物毛重，下取整$$

②货垛不超高可堆高层数 b。

$$b=库房可用高度/单件货物高度，下取整$$

③入库货物可堆高层数 H。

$$H=\min(a,b,n)$$

④第一层货物码放箱数 D。

$$D=入库货物总数/H，上取整$$

⑤最小储位面积 S。

$$S=D×单件货物底面积$$

2. 计算垛长、垛宽及垛高

①垛高。

$$垛高=H$$

②正向堆垛方式下（宽宽相对）垛宽和垛长。

$$垛宽=储位宽度/单件货物宽度，下取整$$
$$垛长=D/垛宽，上取整$$

③反向堆垛方式下（宽长相对）垛宽和垛长。

$$垛宽=储位宽度/单件货物长度，下取整$$
$$垛长=D/垛宽，上取整$$

④比较正向堆垛方式下和反向堆垛方式下储位占地面积的大小，较小者对应的垛长、垛宽及垛高就是要计算的货垛的垛长、垛宽及垛高。

3.选择合适的储位

综合考虑库房的储位储存策略、储位空缺情况和计算出的最小储位面积,选择合适的储位,做好入库准备。

【育心笃行】入库准备是保证整个入库过程流畅、高效、准确的重要环节,平凡而又充满挑战。即使面临困难和挑战,只要有决心和勇气,我们总能找到解决问题的方法。物流不仅仅是一个行业,它也是连接人与人、心与心的桥梁。

🛢 任务检测

一、单选题

1.下图为铃木摩托车外包装箱标示图片,据此判断该货物堆码层数极限是( )层。

A. 2   B. 3   C. 4   D. 5

2.某库房采用重叠式堆垛法,计划就地堆码一批包装规格为 300 mm×800 mm×1000 mm($L×W×H$)、单件毛重为 50 kg 的实木椅子。如果该地坪荷载为 2000 kg/m²,在不考虑其他因素的情况下,椅子可堆高层数是( )层。

A. 8   B. 9   C. 10   D. 11

3.( )策略一般适用于库房空间大,货物种类少、批量较大的情形。

A. 定位储存   B. 随机储存   C. 分类储存   D. 分类随机储存

二、多选题

1.在平置库储位安排中,影响入库货物可堆高层数 H 的因素有( )。

A. 地坪核定载重量   B. 储位储存策略   C. 堆码层数极限   D. 库房可用高度

2.关于入库预约流程,( )环节是物流公司为了规范库房入库管理所要采取的。

A. 入库申请   B. 入库跟单   C. 入库验收   D. 入库通知

3.在入库跟单过程中,以下做法正确的是( )。

A. 仅根据入库通知单上的信息安排入库人员,无须进一步确认

B. 与客户明确入库预计时间,避免人等货或货等人

C. 根据预约到货的 SKU 数量、箱数合理安排入库人员

D. 入库时应按客户 SOP 进行清点及系统操作

三、判断题

1. 入库申请是存货人（供应商）向仓储企业发出的正式需求通知，仓储企业只能接受不能拒绝。（　　）

2. 入库跟单时，物流公司应与客户明确入库预计时间，并根据预约到货的 SKU 数量、箱数等信息合理安排入库人员，确保入库效率。（　　）

四、学以致用

作为全球轮胎行业的领导者，普利司通公司（Bridgestone Corporation）一直注重创新和技术发展，公司在不断投资于研发和设计的同时，也致力于物流的转型升级。在各行各业数字化转型的大趋势下，传统生产制造业也在有条不紊地进行着转化工作。普利司通公司首先选择将仓储管理数字化，却没有考虑到材料入厂卸货时间安排的均衡性，导致入库作业流程效率低下。

· 不精确的预约导致公司无法统计一天会来多少辆车，也不确定一天准备多少人力合适。

· 如果车辆扎堆前来，就会导致员工在某阶段工作过度饱和，造成了"工作时间都在等，加班努力几小时"的状况。单纯靠人来进行精确的预约安排是非常耗时耗力的。

· 许多供货商都靠电话联系，由企业的员工将相关信息记录下来。若时间不合适，还要进行多方协商，巨大的沟通成本大大降低了工作的效率。

思考与讨论：（1）产生这些问题的原因是什么？（2）如何才能提高材料入库的效率？

 任务评价

入库准备任务评价表

班级		姓名		学号	
评价项目	评价标准			分值	得分
任务准备 （20%）	考勤情况（无迟到、早退、旷课等现象）			5	
	能积极参与小组任务，做好学习准备			5	
	能正确理解任务指令，并接受任务要求			10	
任务过程 （60%）	能全面把握入库预约的内涵			10	
	能准确理解入库预约各环节			10	
	能系统了解储存策略			10	
	会计算平置库入库货物最小储位面积			10	
	能准确分享课程思政内容			20	
职业素养 （20%）	态度端正，认真主动，能与小组成员合作			10	
	关注任务完成情况			10	
合计				100	
综合 评价	自评（20%）	小组互评（30%）	教师评价（50%）		综合得分

任务二　接运与验收

情景导入

　　顺盈物流有限公司仓管员袁明权 2023 年 9 月 9 日接到客服文员王丹推送的一票入库通知单(见表 4-4),2023 年 9 月 10 日上午 9:10 该票货按时到达顺盈物流有限公司 1 号库月台。

表 4-4　顺盈物流有限公司入库通知单

客户:大通摩托车有限公司　　　　到货日期:2023 年 9 月 10 日　　　　单号:RT2023090906

序号	货号	品名	包装	单位	数量	单重/kg	备注
1	YS1002	蓄电池总成	2 个/套,10 套/箱,40 cm×31 cm×26 cm	箱	50	31.7	
2	ZC2013	减震器	2 个/套,10 套/箱,38 cm×33 cm×20 cm	箱	100	15.9	
3	CT2026	护杠	5 个/箱,69 cm×38 cm×40 cm	箱	30	13.8	
4	CT3015	后右踏板	12 个/箱,80 cm×43 cm×35 cm	箱	60	23.5	
5	CT3016	后左踏板	10 个/箱,80 cm×43 cm×35 cm	箱	60	19.8	
6	CT6031	消声器	2 个/箱,120 cm×35 cm×14 cm	箱	30	11.5	
7	YS6025	车圈	8 个/箱,52 cm×52 cm×42 cm	箱	45	21.1	
8	DL5022	曲轴	6 个/箱,44 cm×35 cm×30 cm	箱	20	18.2	

制表:王丹　　　仓管员:　　　　承运:张桂庆　　　　车牌:粤 J37660　2023 年 9 月 9 日

任务目标

知识目标:

1.知晓货物接运时审核、登记和接单的要领;

2.熟悉货物验收时发现问题的处理方法;

3.掌握数量检验和外观检验的方法。

技能目标:

1.会填写入库验收单和入库货物异常报告单;

2.会对入库货物异常情况进行处理。

素质目标:

1.培养耐心、细心做事的职业习惯;

2.培养团队协作精神。

任务分工

接运与验收任务分配表

班级		授课老师	
小组名称		组长	

续表

	姓名	学号	分工
组员			

货物接运是入库作业流程的第一道环节,也是仓库直接与外部发生的经济联系。它的主要任务是及时而准确地从供货单位提取入库货物,要求手续清楚、责任分明,为仓库验收工作创造有利条件。而货物验收是指仓库在货物正式入库储存前,按照一定的程序和手续,对到库货物进行数量、质量、包装等的检查,以验证它是否符合仓储合同规定的一项工作。货物接运和验收是货物入库保管保养的前提,其工作完成的质量直接影响货物入库后的保管保养和仓储公司的经济效益。

第一步:及时接运

引导问题 1

在情景导入中,2023 年 9 月 10 日上午 9:10 该票货到达顺盈物流有限公司 1 号库月台后,仓管员袁明权首先要做什么事?如何才能做好?

一、接运方式

1. 车站、码头提货

这是由外地托运单位委托铁路、水运、民航等运输部门或邮局代运或邮递货物到达本埠车站、码头、民航站、邮局后,仓库依据货物通知单提运货物的作业活动。此外,在接受货主的委托,代理完成提货、末端送货活动的情况下也会发生到车站、码头提货的作业活动。这种接运方式大多用于零担托运和到货批量较小的货物。

提货人员应了解所提取货物的品名、型号、特性和一般保管知识以及装卸搬运注意事项等,在提货前应做好接运货物的准备工作。提货时应根据运单以及有关资料详细核对品名、规格、数量,并要注意检查商品外观,查看包装、封印是否完好,有无沾污、受潮、水渍、油渍等异状。若发现问题,应当场要求运输部门检查。对于短缺损坏情况,凡属于运输方面责任的,应做好商务记录;属于其他方面责任而需要运输部门证明的,应做好普通记录,由运输员签字。注意,记录内容与实际情况要相符。

【育心笃行】接运工作要求细心核对、精准对接,确保货物信息准确无误。我们应怀着责任心对待每一次接运,快速响应,确保货物安全、及时地进入仓库。每一步操作都承载着责任,要努力为客户提供高效、准确的服务。

2. 自提货

这是仓库受托运方的委托,直接到供货单位提货的一种接运方式。其作业内容和程序主要是,仓库接到托运通知单(托运单)后,做好一切提货准备,并将提货与货物的初步验收工作结合在一起进行。最好在供货人员在场的情况下,当场进行验收。因此,接运人员要按照验收注意事项提货,必要时可由验收人员参与提货。

3.送货到库

这是供货单位或其委托单位将货物直接送达仓库的一种接运方式,通常是供货单位或其委托单位与仓库在同一城市或附近地区,不需要长途运输时被采用。其作业内容和程序是,当货物到仓库后,接货人员根据送货单当场办理接货验收手续,检查外包装,清点数量,做好验收记录。如有质量和数量问题,送货方应在验收记录上签证。

4.铁路专用线接运

这是指仓库备有铁路专用线,大批整车或零担到货接运的形式。一般铁路专线都与公路干线联合,在这种联合运输形式下,铁路承担主干线长距离的货物运输,汽车承担直接面向收货方的短距离货物运输。

接到专用线到货通知后,应立即确定卸货货位,力求缩短场内搬运距离,组织好卸车所需要的机械、人员以及有关资料,做好卸车准备。

车皮到达后,引导对位,进行检查。看车皮封闭情况是否良好(即卡车、车窗、铅封、苫布等有无异状),根据货运单和有关资料核对到货品名、规格、标志和清点件数,检查包装是否有损坏或有无散包,检查是否有进水、受潮或其他损坏现象。若在检查中发现异常情况,应请铁路部门派员复查,做出普通或商务记录,记录内容应与实际情况相符,以便交涉。卸车时要注意为货物验收和入库保管提供便利条件,分清车号、品名、规格,不混不乱,保证包装完好,不碰坏,不压伤,更不得自行打开包装。应根据货物的性质合理堆放,以免混淆。卸车后在货物上应标明车号和卸车日期,编制卸车记录,记明卸车货位规格、数量,连同有关证件和资料,尽快向保管员交代清楚,办好内部交接手续。

二、接运要点

1.核对

货物到库后,仓库收货人员一方面要检查货物入库凭证,另一方面要根据入库凭证开列的收货单位和货物名称与送交的货物内容和标记进行核对。

2.接单

如果在以上作业中无异常情况出现,收货人员在送货回单上盖章表示货物收讫,并与送货人员办理交接手续。

3.登记

如发现有异常情况,必须在送货单上详细注明并由送货人员签字,或由送货人员出具差错、异常情况记录等书面材料,作为事后处理的依据。

第二步:精准验收

引导问题2

仓管员袁明权验收时发现:"减震器"多了5箱(补单号 PK2023090703 缺少的货),"蓄电池总成"有3箱外包装箱破了,"后左踏板"少了1箱,"后右踏板"多了1箱。作为仓管员,验收后要填写什么单证?这次验收发现了几类问题?如何解决?

▌▌➤ 小知识]

凡货物进入仓库储存,必须经过检查验收,验收合格的货物方可入库保管。货物入库验收是仓库把好货物入库质量关的第一项核心作业。把好货物入库质量关,能防止劣质商品流入流通领域,划清仓库与生产部门、运输部门以及销售部门的责任界限,也为货物在库场中的保管提供第一手资料。

一、货物的验收流程与内容

一般情况下,入库验收的流程如图 4-3 所示。

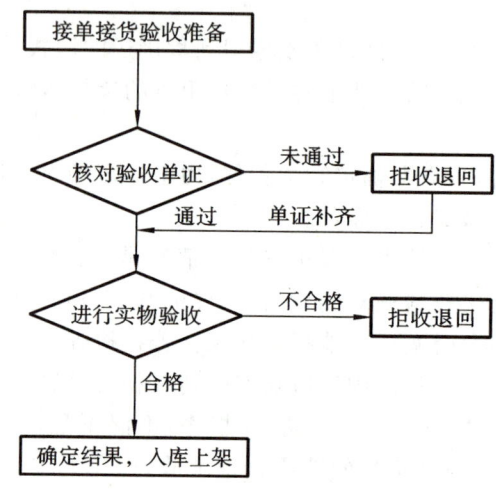

图 4-3　入库验收流程

1. 验收准备

验收准备是货物入库验收的第一道程序。仓库接到到货通知后,应根据货物的性质和批量提前做好验收的准备工作,包括以下内容。

(1)全面了解验收货物的性能、特点和数量,据此确定堆码和保管方法。

(2)准备苫垫所需材料和装卸搬运机械、设备及人力,以便使验收后的货物能及时入库存放,减少货物停顿时间。若是危险品,则需要准备防护设施。

(3)准备相应的检验工具,并做好事前检查,以便保证验收数量的准确性和质量的可靠性。

(4)收集和熟悉验收凭证及有关资料。

(5)进口货物或上级业务主管部门指定需要检验质量者,应通知有关检验部门会同验收。

如果前期已进行了入库准备,可以忽略这一步。

【育心笃行】验收工作需严格把关,以专业态度对待每项检查,确保货物数量、质量和规格符合要求,无遗漏、无差错。以专业精神、严谨态度,守护企业资产安全,为仓储管理树立高标准典范。

2. 核对凭证

入库货物一般应具备下列凭证。

(1)货主提供的入库通知单和订货合同副本,这是仓库接收货物的凭证。

(2)供货单位提供的验收凭证,包括材质证明书、装箱单、磅码单、发货明细表、说明书、保修卡及合格证等。

（3）承运单位提供的运输单证,包括送货单(见表 4-5)、提货通知单和登记货物残损情况的货运记录、普通记录以及公路运输交接单等,作为向责任方进行交涉的依据。

表 4-5 送货单(范本)

NO.

送货单位：　　　　　　　　　　　　　　　　　　　　送货日期：　年　月　日

序号	品名	规格	单位	数量	包装

送货单位：(盖章)　　　　　　　　　　　　送货人：

收货单位：(盖章)　　　　　　　　　　　　收货人：

核对凭证,就是将上述凭证加以整理后全面核对。要将入库通知单、订货合同与供货单位提供的所有凭证逐一核对,相符后才可以进入下一步的实物检验;如果发现有单证不齐或不符等情况,要与供货单位及承运单位和有关业务部门及时联系解决。

核对凭证的要点:单单相符。

3.实物检验

实物检验是仓储业务中的一个重要环节,包括数量检验、外观检验和包装检验三方面的内容,即复核货物数量是否与入库凭证相符,外观质量是否符合规定的要求,货物包装能否保证货物在储存和运输过程中的安全。

1)数量检验

数量检验是保证货物数量准确所不可缺少的措施,要求货物入库时一次检验完毕。一般在质量验收之前,由仓库保管职能机构组织仓管员进行数量检验。按货物性质和包装情况,数量检验分为三种形式,即计件、检斤、检尺求积。

①计件。

计件是对按件数供货或以件数为计量单位的货物,在做数量检验时的清点件数。计件货物应全部清查件数(带有附件和成套的机电设备须清查主件、部件、零件和工具等)。固定包装的小件货物,如包装完好,打开包装对保管不利,一般不开箱检验。如需要开箱检验,国内货物可采用抽验法,按一定比例开箱点件验收,可抽验内包装 5％～15％;其他只检查外包装,不拆包检查;贵重物品应酌情提高检验比例或全部检验;进口货物则按合同或惯例办理。

②检斤。

检斤是对按重量供货或以重量为计量单位的货物,做数量检验时的称重。货物的重量一般有毛重、皮重、净重之分。毛重是指货物重量包括包装重量在内的实重;净重是指商品本身的重量,即毛重减去皮重。我们通常所说的货物重量多指货物的净重。金属材料、化工产品多半是检斤验收。按理论换算重量供应的货物,先要通过检尺,例如金属材料中的板材、型材等,然后按规定的换算方法换算成重量进行验收。对于进口货物,原则上应全部检斤,但如果订货合同规定按理论换算重量交货,则按合同规定办理。所有检斤的货物,都应填写磅码单。

③检尺求积。

检尺求积是对以体积为计量单位的货物,例如木材、竹材、沙石等,先检尺后求体积所做的数量检验。

凡经过数量检验的货物,都应该填写磅码单。在进行数量验收之前,还应根据货物来源、包装好坏或有关部门规定,确定对到库货物采取抽验还是全验方式。

2)质量检验

质量检验包括外观检验、包装检验、机械物理性能检验和化学成分检验四种形式。仓库一般只做外观检验和包装检验,后两种检验如果有必要,则由仓库技术管理职能机构取样,委托专门检验机构进行。

①外观检验。

外观检验是指通过人的感觉器官检查货物外观质量的过程。外观检验主要检查货物的自然属性是否因物理及化学反应而造成负面的改变,是否受潮、沾污、腐蚀、霉烂等;检查货物包装的牢固程度;检查货物有无损伤,例如撞击、变形、破碎等。对于外观有严重缺陷的货物,要单独存放,防止混杂,等待处理。凡经过外观检验的货物,都应该填写检验记录单。

外观检验的基本要求是:凡通过人的感觉器官检验货物后,就可确定货物质量的,由仓储业务部门自行组织检验,检验后做好货物的检验记录;对于一些特殊货物,则由专门的检验部门进行化验和技术测定。验收完毕后,应尽快签返验收入库凭证,不能无故积压单据。

②包装检验。

货物包装的好坏、干潮直接关系着货物的安全储存和运输,所以对货物的包装要进行严格验收。凡是合同对包装有具体规定的,要严格按规定验收,如箱板的厚度,纸箱、麻包的质量等。对于包装的干潮程度,一般是用眼看、手摸等方法进行检查验收。

此外,还要对货物的标签、标志进行检查,主要检查货物是否具备标签、标志,标签和标志是否完整、清晰,标签、标志的内容与货物内容是否一致等。

实物检验的要点:单货相符。

上述验收工作完成后,要填写货物入库单(见表4-6,也称为入库验收单)。

表4-6　入库单(样本)

编号:　　　　　　日期:　　　　　　对应入库通知单号:

序号	货号	品名	规格(包装)	单位	应收数量	实收数量	备注
合计							
验收记录	客户: 经办人(签名):				验收部门: 验收员(签名):		

制表:　　　　　　审核:　　　　　　打印日期:

三、验收时发现问题的处理

验收时发现
问题的处理

1. 破损

(1)货物本身的破损,影响其价值或使用价值,甚至导致货物报废。

(2)包装的破损,影响货物的储存保管。

造成破损的原因主要是接运前或接运中装卸不当。破损责任如属于生产厂商、发货单位或承运单位,提运员或接运员应向承运部门索取有关的事故记录,并交给保管员,作为向供应商或承运单位进行索赔的依据。若是接运过程中的装卸不当等原因造成的破损,签收时应写明原因、数量等,报仓库主管处理,一般由接运人员负责赔偿。

2. 短少

短少也分接运前和接运中两种情况。对于接运前短少的,可按上述办法处理。如接运中的装载不牢或无人押运等原因造成货物丢失,在签收时应报告保卫部门进行追查处理。

3. 变质

(1)生产或保管不善、存期过长等原因导致货物变质,责任在供货方,可退货、换货或索赔。保管员在签收时应详细说明数量和变质程度。

(2)承运中因受污染、水渍等原因导致货物变质,责任在承运方。保管员在签收时应索取有关记录,交货主处理。

(3)提运中,因货物混放、雨淋等原因造成货物变质,是接运人员的责任。

4. 错到

(1)因发运方的过错,如错发、错装等导致错到,应通知发运方处理。

(2)因提运、接运中的过错,如错卸、错装等导致错到,保管员在签收时应详细注明,并报仓库主管负责追查处理。

(3)因承运方过错,如错运、错送等导致错到,应索取承运方记录,交货主交涉处理。

(4)对于无合同、无计划的到货,应及时通知货主查询,经批准后,才能办理入库手续。同时,货主要及时将订货合同、到货计划送交仓库。

凡入库验收中发现问题,应由验收人填写入库货物异常报告单(见表4-7)。

表 4-7   入库货物异常报告单(样本)

单号:　　　　　　　　日期:　　　　　　　　对应入库通知单号:

序号	货号	品名	规格	单位	数量	异常情况

送货人:　　　　　　　　　　　　　　　　验收人:

任务检测

一、单选题

1.在对散装且不规则的货物进行数量检验时,一般应采用( )检验形式。

A.计件　　　　　　　　　　　　　B.检尺求积

C.检斤　　　　　　　　　　　　　D.装箱后再验收

2.验收时因货物错装、错发导致的错到应该交给( )处理。

A.仓储方　　　　B.承运方　　　　C.货主　　　　D.运输方

2.在数量检验中,如果货物有固定包装,以下情况一般不开箱检验的是( )。

A.包装完好且对保管不利　　　　　B.货物是贵重物品

C.需要提高检验比例或全部检验　　D.货物包装破损

二、多选题

1.入库验收的要点是( )。

A.实物检验　　　　　　　　　　　B.核对凭证

C.单货相符　　　　　　　　　　　D.单单相符

2.康明仓储有限公司仓管员张明接到客服文员李颖开来的一张入库通知单,该票货到库验收时,仓管员发现有 2 箱嘉士利饼干的外包装受潮,且饼干已受损;统一冰红茶多出 3 箱。

(1)该票货物验收时,仓管员发现了( )问题。

A.破损　　　　B.短少　　　　C.变质　　　　D.错到

(2)该票货物验收时,仓管员用到了( )检验方式。

A.计件　　　　B.外观　　　　C.化学成分　　　　D.检斤

(3)该票货物验收后,仓管员需填写( )。

A.入库通知单　　B.入库单　　　C.送货单　　　D.入库异常报告单

三、判断题

1.货物接运是入库作业流程的第一道环节,也是仓储部门直接与外部发生的经济联系。( )

2.在入库验收过程中,如果发现货物残损或与单据不符,应由仓库保管员自行解决问题。( )

3.在货物验收中,如果发现货物外观有严重缺陷,应单独存放,防止混杂,等待处理。( )

四、学以致用

现有 100 箱型号 XQG50-D809、外包装规格 60 cm×58 cm×80 cm 的洗衣机装载在福建盛辉物流公司的车辆上,从安徽海尔公司芜湖仓库运到福建盛辉物流公司福州仓库,于 2023 年 8 月 1 号上午 9 点到达。发货人是安徽海尔公司。

思考与讨论:根据上述信息,作为福建盛辉物流公司的一名仓管员,要如何完成相应的操作?

 任务评价

接运与验收任务评价表

班级		姓名		学号	
评价项目	评价标准			分值	得分
任务准备 （15%）	考勤情况（无迟到、早退、旷课等现象）			5	
	能积极参与小组任务，做好学习准备			5	
	能正确理解任务指令，并接受任务要求			5	
任务过程 （70%）	能全面把握接运的内涵			10	
	能准确理解接运的要点			10	
	能系统掌握验收流程			10	
	能合理选择实物检验的方式方法			10	
	会处理验收过程中出现的问题			10	
	能准确分享课程思政内容			20	
职业素养 （15%）	态度端正，认真主动，能与小组成员合作			10	
	关注任务完成情况			5	
合计				100	
综合 评价	自评（20%）	小组互评（30%）		教师评价（50%）	综合得分

任务三　堆码作业

　　货物的堆码是入库货物储存中一项重要的技术工作。它对维护货物质量、充分利用库房容积、提高装卸作业效率、保证货物安全等具有重大影响。堆码形式要根据货物的种类、性能、数量和包装情况以及库房高度、储存季节等条件决定，不同货物的堆码方法也应有所不同。

 情景导入

　　顺盈物流有限公司2023年9月15日接到湖东商贸有限公司发来的一批货物（见表4-8），顺盈公司托盘尺寸是1200 mm×1000 mm×150 mm，就地堆码储位尺寸是2000 mm×3500 mm。

表4-8　湖东商贸有限公司入库货物信息表

序号	品名	规格	单位	数量	外包装尺寸 /(cm×cm×cm)	单重/kg
1	洗衣机	VHD 714/1-84	箱	80	100×85×120	16.0
2	电视机	GO 126/1-36S	箱	60	96×67×25	8.2
3	电饭煲	OZ 106-16S	箱	70	58×45×36	2.3

 **任务目标**

知识目标:

1.能判断货物的垛形;

2.熟悉货垛堆码的常见方法;

3.掌握托盘堆码法和五五化堆码法。

技能目标:

1.能判断货物的组托方式;

2.会根据货物特性、包装尺寸等条件选择合适的堆码方法和垛形进行堆码。

素质目标:

1.培养安全作业的职业意识;

2.培养规范做事的职业习惯。

 **任务分工**

堆码作业任务分配表

班级		授课老师	
小组名称		组长	
组员	姓名	学号	分工

 **任务实施**

第一步:堆码合理

堆码是指将物品整齐、规则地摆放成货垛的作业,也就是根据货物的包装、外形、重量、数量、性能和特点,结合地坪荷载、储存时间,将货物分别堆成各种垛形。堆码可以借助于托盘,也可以不使用托盘(如码放在地上或层架上等)。堆码的主要目的是便于对物品进行维护、查点、搬运等,同时也可以提高仓容利用率。

引导问题1

图4-4是威盛物流有限公司1号库货物堆码的一角。请问这样的堆码有问题吗?为什么?

一、堆码的原则

1.面向通道

货垛以及存放货物的正面尽可能面向通道,以便查看;同时,所有货垛、货位都应有一面与

堆码的原则

图 4-4　现场堆码图

通道相连,处于通道旁,以便能对货物进行直接作业。只有在所有的货位都与通道相通时,才能保证不围不堵。

2. 尽可能向高处码放

为使堆码在符合安全、方便的前提下实现多储(节约仓容),货物应按层堆放,且尽可能码放至最大高度。

3. 标识明确

对货物的品种、数量、存放位置等应清楚、明晰地进行标识,如商品标识朝外,这样可使作业人员容易找到商品存放位置,提高作业效率。

4. 不越界

堆码的货物不超出托盘或储位的尺寸,做到受力均匀平衡、不落空,也能防止碰撞和损坏货物。

5. 不倒放、侧放货物

货物外包装上有箭头指示方向的,按箭头指向堆放;货物外包装上没有箭头指示方向的,按标识正面朝向堆放。目的是防止箱内物料受到挤压。

【育心笃行】货物堆码时,意味着注重细节,遵循安全、稳固、有序的原则,确保货物堆放合理,便于存取。我们应细心规划堆码方式,注意货物特性和堆码高度,预防货物损坏或倒塌,保持对细节的关注和认真的态度。

二、堆码的基本要求

堆码的基本要求

1. 合理

垛形必须符合商品的性能特点,不同品种、型号、规格、牌号、等级、批次、产地、单价的商品,均应该分开堆码,以便保管。

2. 牢固

货垛必须不偏不斜,不歪不倒,不压坏底层的商品和地坪,与屋顶、梁柱、墙壁保持一定距离,确保堆码牢固安全。

3. 定量

计件商品每层数量应尽可能做到相等;过秤商品每行每层数量力求达到整数,且尽量相等,不成整数时,每层应该有明显分隔。

4. 整齐

货垛应按一定的规格、尺寸叠放,排列整齐、规范。商品包装标志应一律朝外,便于查找。

5. 节省

堆码时应注意节省空间位置,适当、合理地安排货位,提高仓容利用率,减少劳动消耗。

6. 方便

堆垛时必须考虑到检查、拆垛、分拣和发货等作业的方便,保证装卸作业的安全,并有利于提高堆码作业的机械化水平。

第二步:选择堆码方法

堆码是仓配管理中的一个重要环节,正确的堆码方法可以提高空间利用率、保护货物安全、方便存取和管理。常见的堆码方法包括托盘堆码法、就地堆垛法、五五化堆码法、货架堆码法、散堆法五种。

引导问题 2

威盛物流有限公司 2023 年 3 月 23 日收到供应商发来的一批货物(见表 4-9),货物已通过验收,入库单号 RK2023032306。该批货物全部用托盘堆码,托盘规格为 1200 mm×1000 mm×150 mm。请为该批货物选择合适的堆码方法。

表 4-9　入库货物信息表

序号	品名	规格	单位	数量	外包装/(mm×mm×mm)	单重/kg
1	养果人冰糖黄桃罐头	1010g	箱	30	600×300×260	18
2	万宝电饭煲	BZJP101	箱	27	600×395×310	6
3	甘竹鱼罐头	227g	箱	44	450×250×200	25
4	趣多多脆香饼干	510g	箱	40	460×260×230	13

一、托盘堆码法

用托盘对货物直接进行堆码是现代仓储使用最多的一种堆码方法。货物从装卸、搬运入库,直到出库运输均不离开托盘,这可以大大提高机械作业的效率。托盘堆码也叫组托、码盘。装盘码垛的方式主要有以下 4 种。

1. 重叠式组托

重叠式组托(见图 4-5)即各层货物码放方式相同,上下对应,各层之间不交错堆垛。这种方式的优点是,工人操作速度快,包装物四个角和边重叠垂直,承载力大;缺点是各层之间缺少咬合作用,稳定性差,容易发生塌垛。在货垛底面积较大的情况下,采用这种方式可保证足够的稳定性。重叠式组托再配以各种紧固方式,不但能保持货物的稳固,而且具有装卸操作省力的优点。

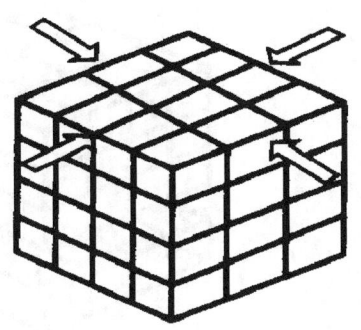

图 4-5　重叠式组托

目前,重叠式组托货物紧固方法有如下 10 种。

(1)捆扎。

用绳索、打包带等对托盘货物进行捆扎以保证货物稳固,捆扎方式有水平、垂直和对角等,如图 4-6 所示。捆扎打结的方法有扎结、黏合、热融、加卡箍等。捆扎可用于多种货物的托盘集合包装。

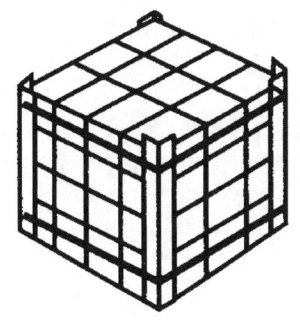

图 4-6　捆扎

(2)网罩紧固。

网罩紧固主要用于装有同类货物托盘的紧固,如图 4-7 所示。在航空运输中,多将网罩套在航空专用托盘码垛的货物上,再将网罩下端的金属配件挂在托盘周围的固定金属片上,以防形状不整齐的货物发生倒塌。为了防水,可在网罩之下用防水层加以覆盖。

(3)加框架紧固。

加框架紧固是将框架加在托盘货物相对的两面或四面以至顶部,再用打包带或绳索捆紧以起到紧固货物的作用,如图 4-8 所示。框架的材料以木板、胶合板为主。

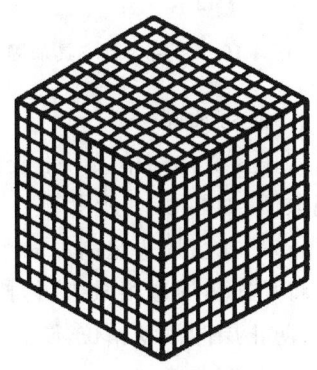

图 4-7　网罩紧固

(4)中间夹摩擦材料紧固。

将具有防滑性的纸板、纸片或软性塑料片夹在各层容器之间,以增加摩擦力,防止货物水平滑移,如图 4-9 所示。摩擦材料除纸板外,还有软性聚氨酯泡沫塑料等片状物。

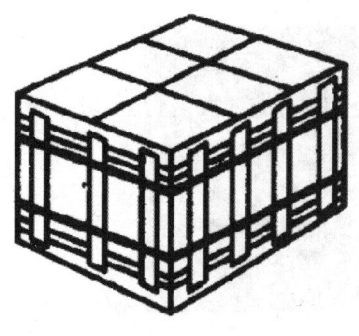

图 4-8　加框架紧固

图 4-9　中间夹摩擦材料紧固

（5）专用金属卡具加固。

对于某些托盘货物，最上部如可伸入金属夹卡，则可用专用夹卡将相邻的包装物卡住，以便各层货物通过金属卡具形成一个整体，防止个别货物分离滑落，如图 4-10 所示。

（6）黏合加固。

在每层货箱之间贴上双面胶条，可将两层货箱通过胶条黏合在一起，这样便可防止托盘上货物从层间发生滑落，如图 4-11 所示。

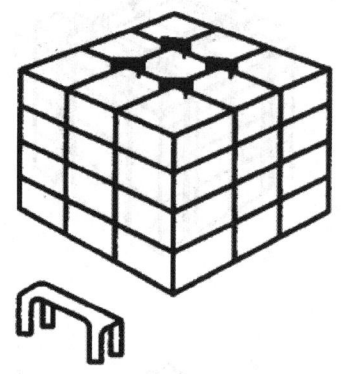

图 4-10　专用金属卡具加固

图 4-11　黏合加固

（7）胶带加固。

将托盘货体用单面不干胶包装带粘捆，由于胶带全部贴于货物表面，即使部分损坏也不会出现散捆，如图 4-12 所示。

（8）平托盘周边垫高加固。

将平托盘周边稍微垫高，托盘上的货物会向中心互相靠拢，在物流过程中发生摇摆、振动时，可防止层间滑动错位，防止货垛外倾，因而能起到稳固作用，如图 4-13 所示。

（9）收缩薄膜加固。

将热缩塑料薄膜套于托盘货体之上，然后进行热缩处理，塑料薄膜收缩后，便将托盘与货体紧箍成一体。这种紧固方法不但能起到紧固、防塌垛的作用，而且由于塑料薄膜不透水，还可起到防水的作用，如图 4-14 所示。这有利于克服托盘货体不能露天放置、需要仓库的缺点，可大大扩展托盘的应用领域。

图 4-12 胶带加固

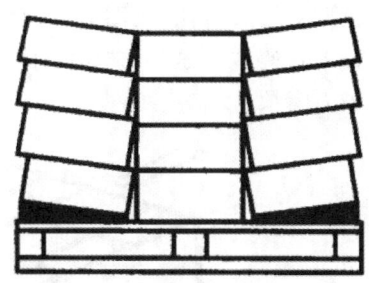

图 4-13 平托盘周边垫高加固

（10）拉伸薄膜加固。

用拉伸薄膜将货物和托盘一起缠绕包裹形成集合包装件，如图 4-15 所示。拉伸包装顶部不加塑料薄膜时，形成四面封；顶部加塑料薄膜时，形成五面封。拉伸包装不能完成六面封，因此不能防潮。此外，拉伸薄膜比收缩薄膜捆缚力差，只能用于轻量的集装包装。

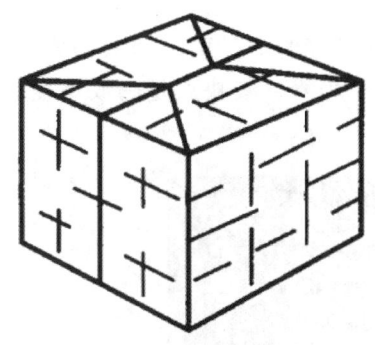

图 4-14 收缩薄膜加固

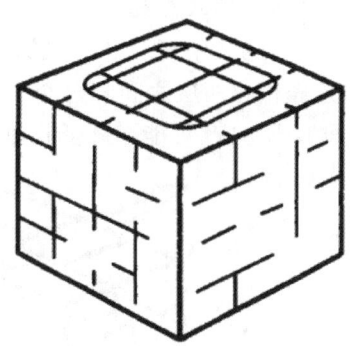

图 4-15 拉伸薄膜加固

2. 纵横交错式组托

纵横交错式组托（见图 4-16）就是指相邻两层货物的摆放旋转 90°，一层呈横向放置，另一层呈纵向放置，层间纵横交错堆垛。这种方式层次之间有一定的咬合效果，但咬合强度不高。重叠式组托和纵横交错式组托较适合自动装盘操作。

图 4-16 纵横交错式组托

3. 正反交错式组托

正反交错式组托(见图4-17)就是指同一层中不同列的货物以90°垂直码放,相邻两层的货物旋转180°码放。这种方式不同层间咬合强度较高,相邻层之间不重缝,码放后稳定性很高,但操作较为麻烦。

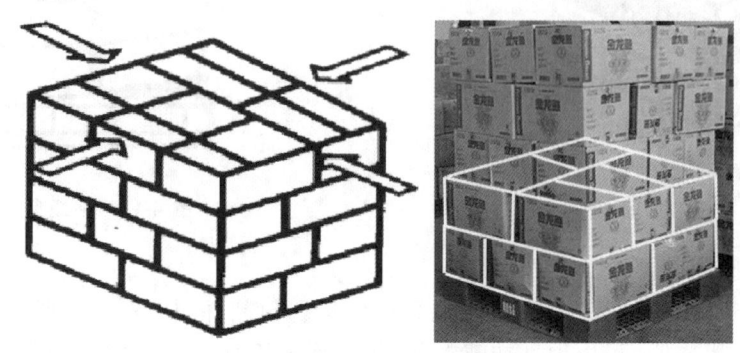

图4-17 正反交错式组托

4. 旋转交错式组托

旋转交错式组托(见图4-18)是第一层相邻的两个包装体都互为90°,两层间的码放又相差180°,这样相邻两层之间咬合交叉,托盘货体稳定性较高,不易塌垛。其缺点是码放难度大,而且中间形成空穴,可能会降低托盘承载能力。

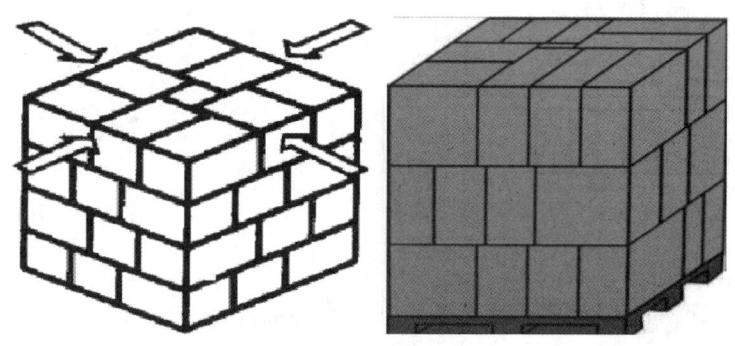

图4-18 旋转交错式组托

二、就地堆垛法

当货物入库后不适合托盘堆码时,可以采取就地堆垛。就地堆垛能充分利用仓容,做到堆垛整齐,方便作业和保管。这一方法主要适用于有外包装的大件物品,如箱、包、桶和袋等,或不需要包装的大宗物品,如钢材等。常见的就地堆垛有以下几种方式。

1. 重叠式堆垛

重叠式堆垛(见图4-19)也称直堆法,是逐件、逐层向上重叠堆码,一件压一件的堆码方式。为了保证货垛稳定,可在一定层数后改变方向继续向上堆放,或者长、宽方向各减少一件继续向上堆放(俗称四面收半件)。该方法方便作业、计数,但稳定性较差,容易倒垛,适用于袋装货物、箱装货物以及平板、片式货物等。

2. 纵横交错式堆垛

纵横交错式堆垛(见图 4-20)是指每层货物都改变方向向上堆放。这种方法堆垛稳固,不易倒垛,但操作不便,每层堆码都需要转换方向,适用于管材以及捆装、长箱装等包装形式的货物。

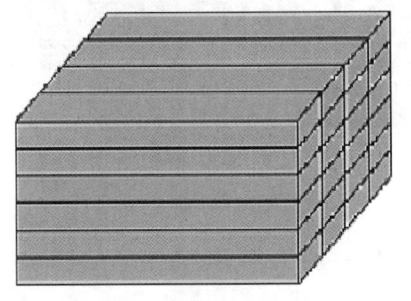

图 4-19　重叠式堆垛

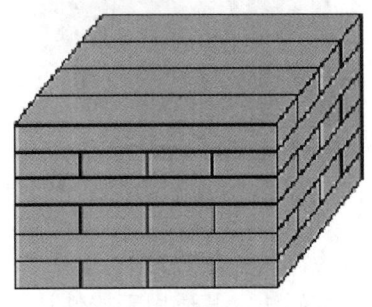

图 4-20　纵横交错式堆垛

3. 仰伏相间式堆垛

仰伏相间式堆垛(见图 4-21)是将上下两面有大小差别或凹凸的货物(如槽钢、钢轨、箩筐等),先仰放一层,再反一面伏放一层,仰伏相间相扣。该方法堆垛极为稳定,但操作不便。

4. 压缝式堆垛

压缝式堆垛(见图 4-22)是指将底层货物并排摆放,上层货物放在下层的两件货物之间。如果每层货物都不改变方向,则形成梯形形状;如果每层都改变方向,则类似于纵横交错式堆垛。上下层件数的关系分为"2 顶 1""3 顶 2""4 顶 3""5 顶 4"等。该方法堆垛稳固,不易倒垛,但每层货物的数量不一致,不易计数,适用于圆桶形、长条形的货物。

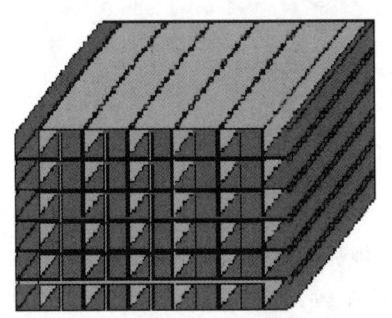

图 4-21　仰伏相间式堆垛

图 4-22　压缝式堆垛

5. 通风式堆垛

采用通风式堆垛(见图 4-23)时,相邻的货物之间都留有空隙,以便通风。该方法层与层之间采用压缝式或者纵横交叉式,有利于通风散热,但垛堆占的面积较大。

6. 栽柱式堆垛

栽柱式堆垛(见图 4-24)是指码放货物前在货垛两侧栽上木桩或者钢柱(如 U 形货架),然后将货物平码在桩与柱之间,码了几层后用铁丝将两边相对的桩、柱拴连,再往上摆放货物。此法适用于棒材、管材等长条状货物。

三、五五化堆码法

五五化堆码法(见图 4-25)是指以五为基本计量单位,根据货物的不同形状和尺寸,码成各

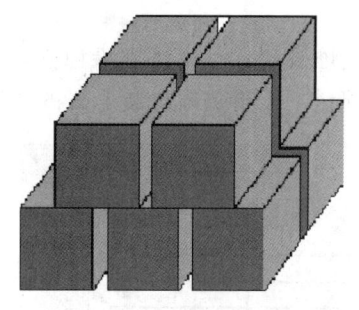

图 4-23 通风式堆垛

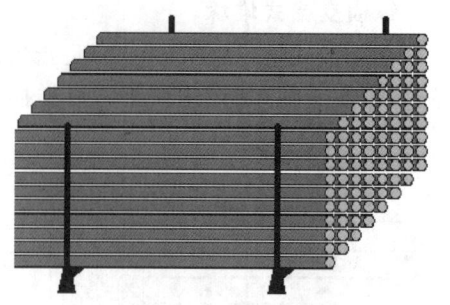

图 4-24 栽柱式堆垛

种总数为五的倍数的货垛,包括二三五堆码法、一四五堆码法、平行五堆码法、直立五堆码法等。五五化堆码法尤其适用于按件计量物资的堆码摆放。

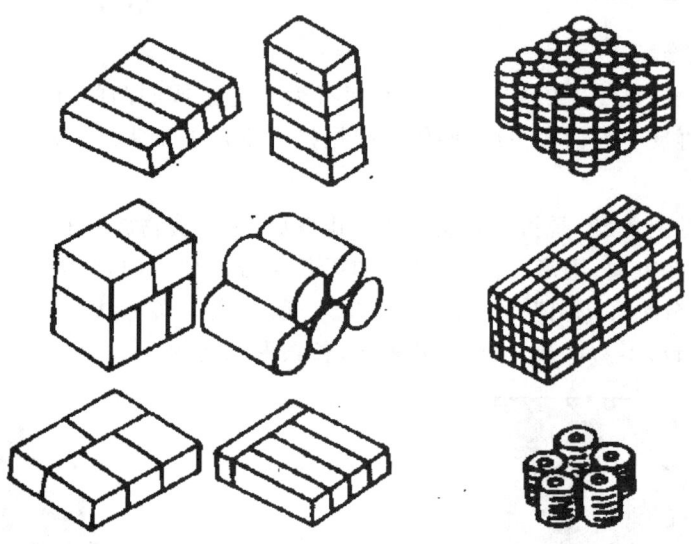

图 4-25 五五化堆码法

五五化堆码法的优点是:可以把大小不一、形状各异、无规则的物资,变成比较有规则的各种定形定量的货垛,做到横看成行、竖看成列、美观整洁、过目知数;有利于物资的保管、养护、盘点和发放,可减少差错,提高收发货效率,便于实现帐、卡、物相符。

五五化堆码法不是在所有情况下都能使用的,在实际仓库管理工作中要根据具体情况确定,不能为追求形式上的五五化,而不顾客观情况,多占货位,多耗费劳动力,影响仓储的机械化作业和物资保管。

四、货架堆码法

货架堆码法(见图 4-26)即使用除托盘货架以外的货架进行堆码,适用于小五金、小百货等小件货物。常用的货架有层架、U 形货架、橱格架、悬臂货架、橱柜货架等。

五、散堆法

散堆法(见图 4-27)适用于露天存放的、没有或不需要包装的大宗货物,如煤炭、生铁等。采用该方法,堆码场地要夯实平整,道路畅通;堆码要整齐划一,做到分堆储存,按品种、规格成形,

图 4-26 货架堆码法

循环清底,账物相符;货垛要保持规定的温度、湿度,做到热天不自燃、下雨不流失、刮风不飞扬、损耗不超过国家标准。

图 4-27 散堆法

第三步:设计垛形

　　垛形是指仓库货垛的外部轮廓形状。垛形按垛底的平面形状可分为矩形、正方形、三角形、圆形、环形等;按货垛立面的形状可分为矩形、正方形、三角形、梯形、半圆形,还可以组成矩形-三角形、矩形-梯形等复合形状。

　　矩形垛、正方形垛易于堆码,盘点计数方便,库容整齐,能充分利用仓库空间,但稳定性较差。梯形垛、三角形垛、半圆形垛的稳定性好、易苫盖、排水性能好,但不易堆码,不便于计数,不能充分利用仓库空间。矩形-三角形、矩形-梯形等复合形货垛兼有两者的优点,多用于露天存货的堆码。垛形的确定应考虑商品的特性及保管的需要,并遵循实施作业方便、迅速和充分利用仓容的原则。仓库常用的垛形有平台垛、立体梯形垛、行列垛、起脊垛、梅花形垛、井形垛等。

　　引导问题 3

　　如果情景导入中的电饭煲采用托盘堆码,洗衣机和电视机采用就地堆垛,请为这三种货物分别设计合适的垛形,并说明理由。

一、平台垛

　　平台垛是指先在底层以同一个方向平铺摆放一层货物,然后垂直向上继续堆积,每层货物的件数、方向相同,垛顶呈平面,垛形呈长方体(见图 4-28)。当然,在实际堆垛时并不都是采用层层加码的方式,往往是从一端开始,逐步后移。平台垛适用于同一包装规格、能够垂直叠放的方形箱装货物、大袋货物、规则的成组货物、托盘成组货物等。平台垛可以用于仓库内和无须遮盖的堆场存放的货物码垛。

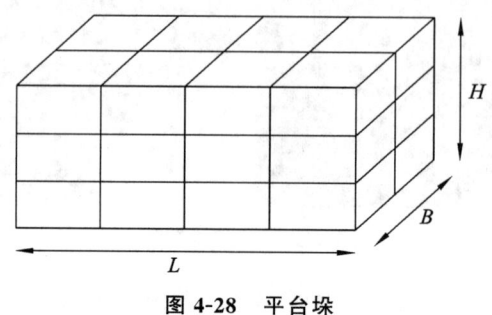

图 4-28　平台垛

平台垛具有整齐、便于清点、占地面积小、方便堆码操作的优点。但该垛形的稳定性较差,特别是硬包装、小包装的货物可能存在货垛端头倒塌的危险,所以在必要时(如货垛太高、长期堆存、端头位于主要通道等情况),要在货垛两端采取一定的加固措施。对于堆放很高的轻质货物,往往在堆码到一定高度后,向内收半件货物后再向上堆码,以保证货垛稳固。

标准平台垛的货物件数为

$$A = L \times B \times H$$

式中:A——总件数;

　　L——长度方向件数;

　　B——宽度方向件数;

　　H——高度方向件数(层数)。

二、立体梯形垛

立体梯形垛是在最底层以同一方向排放货物的基础上,向上逐层同方向减数压缝堆垛,垛顶呈平面,整个货垛呈下大上小的立体梯形形状(见图 4-29)。立体梯形垛用于包装松软的袋装货物和上层面非平面而无法垂直叠码的货物的堆码,如横放的桶装、卷形、捆装货物。立体梯形垛极为稳固,可以堆放得较高。在露天堆放的货物可采用立体梯形垛,为了排水需要,也可以在顶部起脊变形。

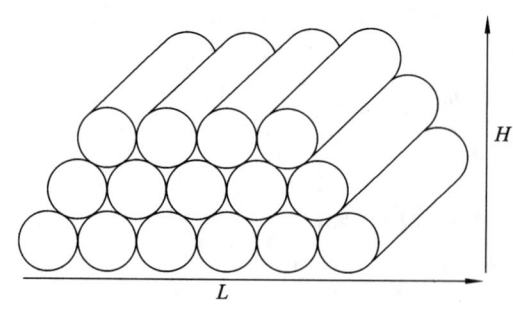

图 4-29　梯形垛

为了提高立体梯形垛的空间利用率,在堆放可以直立的筐装、矮桶装货物时,底部数层可以采用平台垛的方式堆放,在码放一定高度后再采用立体梯形垛。

每层两侧面(长度方向)收半件(压缝)的立体梯形垛件数为

$$A=(2L-H+1)\times H\times B/2$$

三、行列垛

行列垛(见图 4-30)是将每票货物按件排成行或列,每行或列为一层或数层高,垛形呈长条形。

行列垛适用于存放批量较小货物的库场码垛,如零担货物。为了避免混货,每批独立开堆码放。长条形的货垛使每个货垛的端头都延伸到通道边,可以直接作业而不受其他货物的影响。但每垛货量较少,垛与垛之间都需要留空,垛基小而不能堆高,使得行列垛占用库场面积大,库场利用率较低。

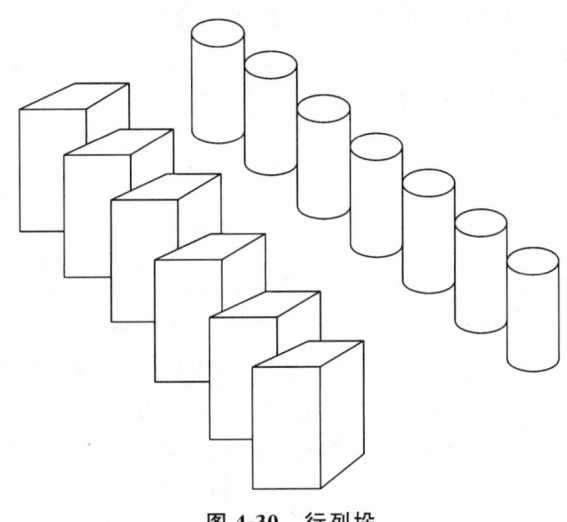

图 4-30　行列垛

四、起脊垛

起脊垛是先按平台垛的方法码垛到一定的高度,以卡缝的方式逐层收小,将顶部收尖成屋脊形(见图 4-31)。起脊垛是用于堆场堆货的主要垛形,货垛表面的防雨遮盖从中间起向下倾斜,便于雨水排泄,可防止雨水淋湿货物。有些仓库由于陈旧或建筑简陋有漏水现象,仓内货物特别是怕水货物也应采用起脊垛堆码并遮盖。

起脊垛是平台垛为了遮盖、排水的需要而产生的变形,具有平台垛操作方便、占地面积小的优点,适用平台垛的货物都可以采用起脊垛堆垛。但是起脊垛由于顶部压缝缩小,形状不规则,无法在垛堆上清点货物,顶部货物的清点需要在堆垛前以其他方式进行。另外,由于起脊的高度使货垛中间的压力大于两边,因而采用起脊垛时库场使用定额要以脊顶的高度来确定,以免中间底层货物或库场被压坏。

五、梅花形垛

对于需要直立存放的大桶装货物,将第一排(列)货物排成单排(列),第二排(列)的每件货物靠在第一排(列)的两件货物之间卡位,第三排(列)同第一排(列)一样,然后每排(列)依次卡

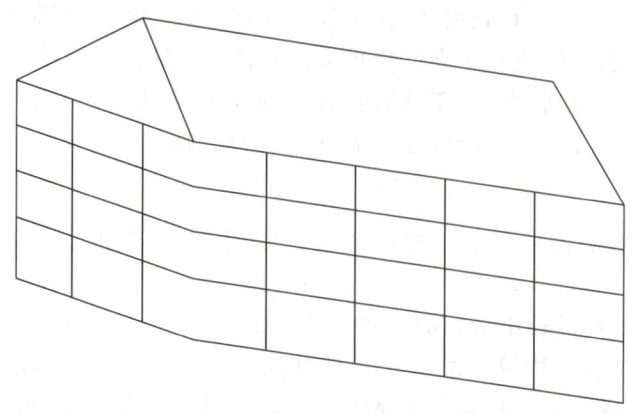

图 4-31　起脊垛

缝排放,形成梅花形垛(见图 4-32)。梅花形垛货物堆放紧凑,充分利用了货件之间的空隙,可节约库场面积。对于能够多层堆码的桶装货物,在堆放第二层以上的货物时,将每件货物压放在下层的三件货物之间,四边各收半件,形成立体梅花形垛。

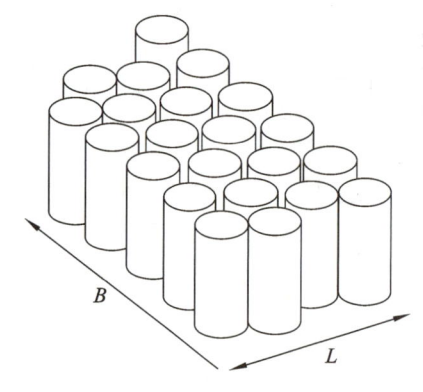

图 4-32　梅花形垛

单层梅花形货垛的货物件数为

$$A = (2B - 1) \times L/2$$

六、井形垛

井形垛用于长形的钢材、钢管及木方等的堆码。它是在以一个方向铺放一层货物后,再以垂直的方向铺放第二层货物,货物横竖交错逐层堆放,垛顶呈平面(见图 4-33)。井形垛垛形稳固,但每垛边上的货物容易滚落,需要捆绑或者收进。井形垛的作业较为不便,需要不断改变作业方向。

井形垛的货物件数为

$$A = (L + B) \times H/2$$

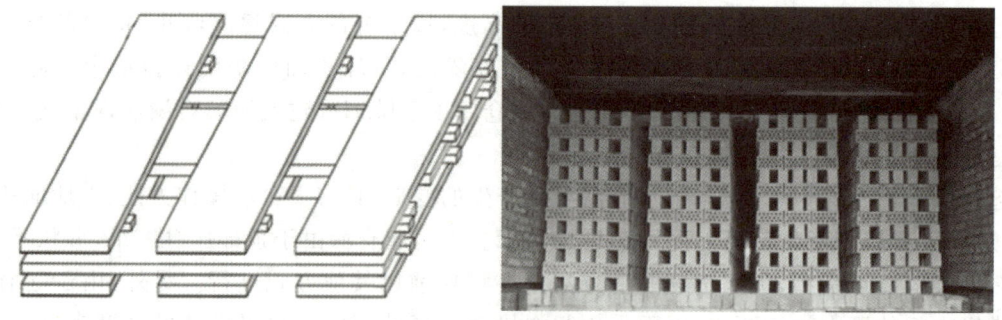

图 4-33　井形垛

第四步:设计五距

在堆叠货垛时,不能依墙、靠柱、碰顶和贴灯,也不能紧挨旁边的货垛,货垛之间必须留有一定的间距,这就产生了货垛的"五距",即垛距、墙距、柱距、顶距和灯距(见图4-34)。

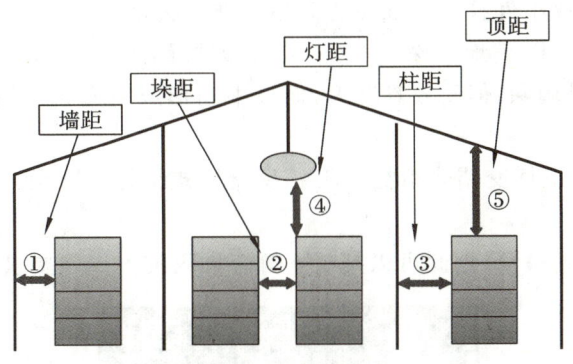

图 4-34　五距示意图

一、垛距

垛距是指货垛与货垛之间的必要距离。常以支道作为垛距。垛距能方便存取作业,起通风、散热的作用,还可方便消防工作。库房垛距一般为 0.3～0.5 m,货场垛距一般不小于 0.5 m。

二、墙距

为了防止库房墙壁和货场围墙上的潮气对货物的影响,也为了开窗通风,方便消防工作、收发作业,货垛必须留有墙距。墙距一般为 0.1～0.5 m。

三、柱距

为了防止库房柱子的潮气影响货物,也为了保护仓库建筑物的安全,货垛必须留有柱距。柱距一般为 0.1～0.3 m。

四、顶距

顶距是指货垛堆放的最大高度与库房、货棚屋顶横梁间的距离。顶距的合理设置有助于装卸搬运作业,有利于通风散热和消防工作,还有利于收发、查点。顶距一般为 0.5 m。

五、灯距

灯距是指货垛与照明灯之间的必要距离。为了防止照明灯发出的热量引起附近货物燃烧而发生火灾,货垛必须留有足够的安全灯距。灯距应不少于 0.5 m。

 任务检测

一、单选题

1.下图是某库房堆码一角,据此可以判断不符合堆码的(　　　)原则。

A. 面向通道　　　　B. 尽可能向高处码放　　　　C. 明确表示　　　D. 不越界

2. 下列最适用于存放小件且不易堆高的商品的堆码法是(　　)。

A. 托盘堆码法　　　B. 就地堆垛法　　　C. 货架堆码法　　　D. 散堆法

3. 稳定性较高,不易塌垛,但码放难度大,而且中间形成空穴,会降低托盘承载能力的组托方式是(　　)。

A. 重叠式组托　　B. 纵横交错式组托　　C. 正反交错式组托　　D. 旋转交错式组托

二、多选题

1. 下图是某库房堆码一角,据此可以判断不符合堆码的(　　)要求。

A. 合理　　　　B. 牢固　　　　C. 定量　　　　D. 方便

2. 五五化堆码法是以五为基本计量单位,根据货物的不同形状和尺寸,码成各种总数为五的倍数的货垛。下列各项属于五五化堆码法优点的是(　　)。

A. 快速清点货物　　B. 扩大应用领域　　C. 减少差错　　　D. 提高利用率

3. 堆叠货垛时需要考虑"五距",主要原因是(　　)。

A. 散热　　　　B. 防潮　　　　C. 方便消防作业　　　D. 方便出入库作业

三、判断题

1. 圆桶装的货物适合堆成梅花形垛或梯形垛。(　　)

2. 组托常用的方法有四种,分别是重叠式、纵横交错式、旋转交错式、正反交错式。其中纵横交错式组托各层之间缺少咬合作用,稳定性差,容易塌垛。(　　)

3. "五距"是指顶距、灯距、墙距、柱距和垛距,为了节省仓库空间,五距的距离应尽量小,只要保留 10～20 cm 就可以。(　　)

四、学以致用

顺盈物流有限公司接到供应商发来的一批货物(入库单号 RK2023121503),货物已通过验收并完成单据交接,现在需要进行组托、上架入库至重型货架(托盘规格为 1200 mm×1000 mm×150 mm,货架高度每层为 1000 mm)。入库货物信息表见表 4-10。

表 4-10　入库货物信息表

序号	商品条码	商品名称	包装规格/ (mm×mm×mm)	数量 /箱	单重 /kg	批次
1	6907992507385	金典纯牛奶	395×490×265	36	30	1215
2	6920174700787	长城干红葡萄酒	330×245×235	42	20	1213

思考与讨论:根据给定的信息,选择合适的方式完成每种商品的组托和垛形设计。

 **任务评价**

堆码作业任务评价表

班级			姓名		学号	
评价项目		评价标准			分值	得分
任务准备 (20%)		考勤情况(无迟到、早退、旷课等现象)			5	
		能积极参与小组任务,做好学习准备			5	
		能正确理解任务指令,并接受任务要求			10	
任务过程 (60%)		能全面把握堆码的内涵			10	
		能准确理解堆码的原则和要求			10	
		能选择合适的堆码方法			10	
		会设计堆码的垛形			10	
		能准确分享课程思政内容			20	
职业素养 (20%)		态度端正,认真主动,能与小组成员合作			10	
		关注任务完成情况			10	
合计					100	
综合 评价	自评(20%)		小组互评(30%)	教师评价(50%)		综合得分

任务四　智能上架

 **情景导入**

2023 年 12 月 15 日,顺盈物流有限公司仓配中心收到东威实业有限公司发来的一批货物(见表 4-16),在仓管员范鹏辉、冯丽琼、龚俊杰三人的协同配合下,完成了货物验收(入库单号 RK2023121503)和单据交接工作。下一步,他们需要对待入库的两种货物进行上架设计(托盘规格为 1200 mm×1000 mm×150 mm,货架高度每层为 1000 mm)。

表 4-11　入库货物信息表

序号	商品条码	商品名称	包装规格/ (mm×mm×mm)	数量 /箱	单重 /kg	批次
1	6907992507385	金典纯牛奶	395×490×265	36	30	1215
2	6920174700787	长城干红葡萄酒	330×245×235	42	20	1213

任务目标

知识目标：

1.了解 ABC 分类法的原理和基础；

2.理解 ABC 分类标准和管理措施；

3.掌握 ABC 分类的步骤和储位选择的方法。

技能目标：

1.能运用 Excel 对库存物进行 ABC 分类；

2.能根据物动量 ABC 分类结果选择储位。

素质目标：

1.形成良好的成本和效率意识；

2.培养细致、诚信、信息处理快速准确的职业素养。

 任务分工

智能上架任务分配表

班级		授课老师	
小组名称		组长	
组员	姓名	学号	分工

 任务实施

第一步：编制物动量 ABC 分类

引导问题 1

在情景导入中，仓管员范鹏辉要同时面对两种货物的上架设计，存在先后顺序和储位选择的问题。这时，范鹏辉该怎么做？

一、ABC 分类法

ABC 分类法（activity based classification）的全称为 ABC 分类库存控制法，又称帕累托分析法，是根据事物在技术或经济方面的主要特征进行分类排队，分清重点和一般，从而有区别地确定管理方式的一种分析方法。它因把被分析的对象分成 A、B、C 三类而得名。

1. ABC 分类法原理

1879 年，意大利经济学家帕累托在研究个人收入的分布状态时，发现少数人的收入占全部

人收入的大部分,而多数人的收入却只占一小部分。他将这一关系用图表示出来,就是著名的帕累托图。帕累托分析法的核心思想是在决定一个事物的众多因素中分清主次,识别出少数但对事物起决定作用的关键因素和多数但对事物影响较少的次要因素(关键的少数和次要的多数)。后来,帕累托分析法被不断应用于管理的各个方面。1951 年,美国通用电气(GE)公司经理戴克将其应用于库存管理,诞生了 ABC 分类法。1956 年,约瑟夫·朱兰将 ABC 分类法引入质量管理,用于质量问题的分析,称为排列图法。1963 年,彼得·德鲁克将这一方法推广到社会管理中,使 ABC 分类法成为企业提高效益的普遍应用的管理方法。

【育心笃行】ABC 分类法以数据为基础,分清主次,聚焦关键。通过科学分类,可优化资源配置,提升管理效能。我们应秉持匠心,精准施策,确保仓配管理高效有序,助力企业稳健前行。

2. ABC 分类法基础

80/20 原则是 ABC 分类法的基础。所谓 80/20 原则,简单地说,就是 20% 的因素带来了80% 的结果,关键因素占少数。当然,这里所说的 20% 和 80% 并不是绝对的,可以是 23% 和77%,26% 和 74% 等。在资源有限的情况下,注意力显然应该放在起着关键性作用的因素上,ABC 分类法正是在这个原则的指导下,试图对库存货物进行分类,以找出物动量(或资金占比)大的少数库存货物,将其放置于便于装卸搬运的仓位;而对于那些物动量(或资金占比)小的大多数货物,则将其放置于其他仓位。

二、物动量 ABC 分类法

一般来说,仓库所保管的货物品种繁多,有些货物的价值、物动量较高,对仓储管理影响较大,或者对保管的要求较高。而多数被保管的货物价值、物动量较低,对保管的要求不是很高。如果对每一种货物采用相同的保管管理方法,则可能投入的人力、资金很多,效果却很一般。在管理中突出重点,做到事半功倍,是应用 ABC 分类法的目的。

库存管理运用 ABC 分类法因选用参数不同,一般分为物动量 ABC 分类法和价值 ABC 分类法两种。这里介绍物流公司常用的物动量 ABC 分类法。

▶ 小知识

物动量是库存货物动量的简称,是指库存物一定时期内重量和吞吐量的乘积,常用单位为千克·箱或吨·箱。

1. 物动量 ABC 分类标准

根据企业库存物等因素的不同,物动量 ABC 分类标准会有一定差别。一般将物动量累计百分比在 0~70%、品项累计百分比在 0~20% 的物品划为 A 类;将物动量累计百分比在 70%~90%、品项累计百分比在 20%~50% 的物品划为 B 类;其余的就是 C 类物品(见表 4-12)。

表 4-12　物动量 ABC 分类标准

类别	物动量累计百分比/(%)	品项累计百分比/(%)
A	0~70	0~20
B	70~90	20~50
C	90~100	50~100

2. 物动量 ABC 分类步骤

▶ 小知识

WMS(warehouse management system,仓储管理系统)是以先进的信息技术作为支撑,以信息共享为手段建立的通用信息系统。WMS 根据企业的实际需求定制研发,该系统的应用推广使得仓配作业的效率得以大幅度提升。例如,以前需要进行某种货品的库存查询,常规的做法是找到货物盘存单,再从一堆盘存单中找到需要查询的货品库存量。有了 WMS 后,直接在系统中点开库存查询页面,输入条码或货品名称即能直接查到需要的信息,大大简化了工作流程,提高了工作效率。图 4-35 为一个简单的 WMS 结构图。

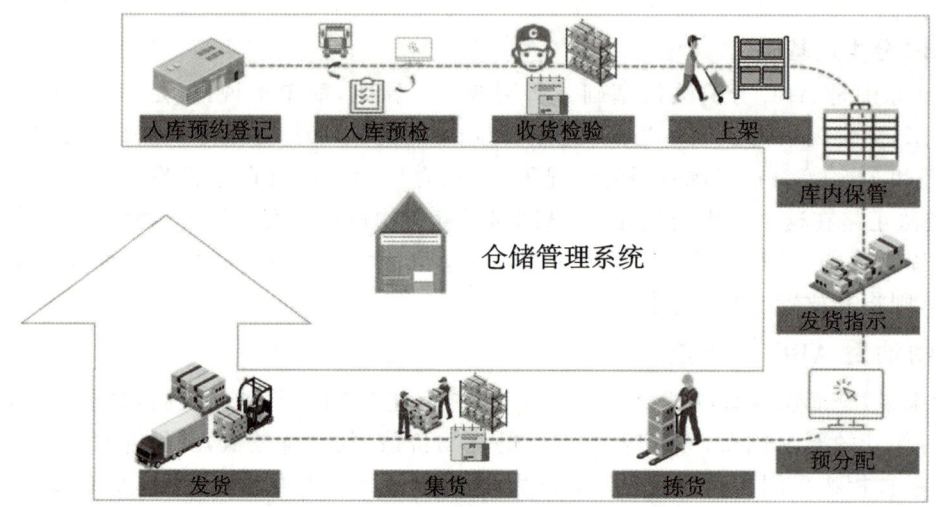

图 4-35 WMS 结构图

WMS 在我国的应用还处于起步阶段,目前可以归纳为以下三种类型。

第一类,配送中心业务的服务系统,如连锁超市的配送中心、生产企业的零配件配送中心。该类系统一般包括进货管理、库存管理、订单管理、拣选、复核、配送、RF 终端管理、商品与货位基本信息管理等功能模块,通过网络化和数字化方式,提高库内作业控制水平和任务编排水平。该类系统一般能把配送时间缩短一半以上,订单管理能力大约能提高 2 倍,多用于制造业或分销业的供应链管理,也是仓储管理系统中最常见的一类。

第二类,仓储作业信息的整合系统,主要解决各种自动化设备的信息系统之间的整合与优化问题。各种专用设备均有自己的信息系统,WMS 不仅要整合设备系统,还要融入更大范围的企业 ERP 系统中去。该类系统多出现在大型生产制造企业中,成为 ERP 系统的一个重要组成部分。

第三类,仓储经营决策的辅助系统,该类系统具有非常灵活的计费系统、准确及时的核算系统和功能完善的客户管理系统,为仓储业经营提供决策支持信息。该类系统多用于一些提供公共仓储服务的企业,由于流程管理、仓储作业的技术相似性高,因此适合对多数客户提供通用的服务。

仓管员范鹏辉打开 WMS,查询了自己负责的 30 种货物近 6 周的出入库作业周报,对每一种货物进行统计汇总,得出结果如表 4-13 所示。

表 4-13　物动量统计汇总表　　　　　　　　　　　　单位：千克·箱

序号	条码	货品名称	1 周	2 周	3 周	4 周	5 周	6 周	合计
1	6901521103123	诚诚油炸花生仁	60	0	50	50	50	50	260
2	6902774003017	金多多婴儿营养米粉	0	25	25	0	20	0	70
3	6920174700787	长城干红葡萄酒	150	20	0	60	60	50	340
4	6907992507385	金典纯牛奶	900	150	259	380	63	458	2210
5	6918010061360	脆香饼干	146	42	67	100	97	48	500
6	6918163010887	黄桃水果罐头	180	237	100	126	320	227	1190
7	6920855052068	利鑫达板栗	88	30	32	50	0	0	200
8	6920855784129	小师傅方便面	750	265	270	276	297	217	2075
9	6920907800173	休闲黑瓜子	37	7	25	0	27	4	100
10	6931528109163	玫瑰红酒	0	37	94	18	46	45	240
11	6932010061808	神奇松花蛋	80	47	59	0	40	44	270
12	6932010061815	兴华苦杏仁	400	96	380	269	882	1243	3270
13	6932010061822	爱牧云南优质小粒咖啡	397	106	87	0	200	100	890
14	6932010061839	联广酶解可可豆	342	56	0	100	17	165	680
15	6932010061846	隆达葡萄籽油	100	61	0	639	400	400	1600
16	6932010061853	乐纳可茄汁沙丁鱼罐头	30	30	39	25	54	12	190
17	6932010061860	金谷精品杂粮营养粥	37	38	25	36	27	17	180
18	6932010061877	华冠芝士微波炉爆米花	21	0	0	227	43	39	330
19	6932010061884	早苗栗子西点蛋糕	12	36	25	327	0	20	420
20	6932010061891	轩广章鱼小丸子	60	0	20	0	15	115	210
21	6932010061907	大嫂什锦水果罐头	13	0	0	112	5	0	130
22	6932010061914	雅比沙拉酱	10	0	0	0	20	0	30
23	6932010061921	山地玫瑰蒸馏果酒	0	20	0	0	0	0	20
24	6932010061938	梦阳奶粉	260	138	126	13	13	0	550
25	6932010061945	统一牛肉面	30	0	30	0	30	0	90
26	6932010061952	日月腐乳	50	0	0	20	20	0	90
27	6932010061969	鹏泽海鲜锅底	31	37	0	0	11	11	90
28	6932010061976	万盛牌瓷砖	70	20	25	0	10	0	125
29	6916168616554	鲁花 5S 压榨一级花生油	1576	669	570	820	1064	451	5150
30	6939261900108	好娃娃薯片	36	0	26	0	28	0	90

物动量 ABC 分类一般包括如下四个步骤。

（1）搜集数据。搜集有关货物的物动量资料，包括各种货物的入库量、出库量及货物重量等。为了保证物动量 ABC 分类的准确性，一般应在较长一段时间内连续搜集资料。

（2）汇总排序。用 Excel 汇总各种库存货物物动量，并按从大到小的顺序进行排序，制作成表格。

（3）数据处理。用 Excel 计算库存货物物动量和数量的百分比，并进一步计算累计百分比。

（4）ABC 分类。根据物动量 ABC 分类标准，确定库存货物的 ABC 分类结果。

运用 Excel 软件，经过计算分析，表 4-13 中 30 种货物的 ABC 分类结果如表 4-14 所示。

表 4-14 物动量 ABC 分类结果

序号	货物条码	货物名称	数量合计		百分比/（%）		累计百分比/（%）		ABC分类
			物动量/（千克·箱）	品项/个	物动量	品项	物动量	品项	
1	6916168616554	鲁花 5S 压榨一级花生油	5150	1	23.85	3.33	23.85	3.33	A
2	6932010061815	兴华苦杏仁	3270	1	15.15	3.33	39.00	6.67	
3	6907992507385	金典纯牛奶	2210	1	10.24	3.33	49.24	10.00	
4	6920855784129	小师傅方便面	2075	1	9.61	3.33	58.85	13.33	
5	6932010061846	隆达葡萄籽油	1600	1	7.41	3.33	66.26	16.67	
6	6918163010887	黄桃水果罐头	1190	1	5.51	3.33	71.77	20.00	B
7	6932010061822	爱牧云南优质小粒咖啡	890	1	4.12	3.33	75.89	23.33	
8	6932010061839	联广酶解可可豆	680	1	3.15	3.33	79.04	26.67	
9	6932010061938	梦阳奶粉	550	1	2.55	3.33	81.59	30.00	
10	6918010061360	脆香饼干	500	1	2.32	3.33	83.90	33.33	
11	6932010061884	早苗栗子西点蛋糕	420	1	1.95	3.33	85.85	36.67	
12	6920174700787	长城干红葡萄酒	340	1	1.57	3.33	87.42	40.00	
13	6932010061877	华冠芝士微波炉爆米花	330	1	1.53	3.33	88.95	43.33	
14	6932010061808	神奇松花蛋	270	1	1.25	3.33	90.20	46.67	C
15	6901521103123	诚诚油炸花生仁	260	1	1.20	3.33	91.41	50.00	
16	6931528109163	玫瑰红酒	240	1	1.11	3.33	92.52	53.33	
17	6932010061891	轩广章鱼小丸子	210	1	0.97	3.33	93.49	56.67	
18	6920855052068	利鑫达板栗	200	1	0.93	3.33	94.42	60.00	
19	6932010061853	乐纳可茄汁沙丁鱼罐头	190	1	0.88	3.33	95.30	63.33	
20	6932010061860	金谷精品杂粮营养粥	180	1	0.83	3.33	96.13	66.67	
21	6932010061907	大嫂什锦水果罐头	130	1	0.60	3.33	96.73	70.00	
22	6932010061976	万盛牌瓷砖	125	1	0.58	3.33	97.31	73.33	
23	6920907800173	休闲黑瓜子	100	1	0.46	3.33	97.78	76.67	
24	6932010061945	统一牛肉面	90	1	0.42	3.33	98.19	80.00	
25	6932010061952	日月腐乳	90	1	0.42	3.33	98.61	83.33	
26	6932010061969	鹏泽海鲜锅底	90	1	0.42	3.33	99.03	86.67	
27	6939261900108	好娃娃薯片	90	1	0.42	3.33	99.44	90.00	

续表

序号	货物条码	货物名称	数量合计		百分比/（%）		累计百分比/（%）		ABC分类
			物动量/（千克·箱）	品项/个	物动量	品项	物动量	品项	
28	6902774003017	金多多婴儿营养米粉	70	1	0.32	3.33	99.77	93.33	
29	6932010061914	雅比沙拉酱	30	1	0.14	3.33	99.91	96.67	C
30	6932010061921	山地玫瑰蒸馏果酒	20	1	0.09	3.33	100.00	100.00	

由此可知待入库的两种货物的类别：金典纯牛奶是 A 类货物，长城干红葡萄酒是 B 类货物。

3. 物动量 ABC 分类管理措施

按物动量 ABC 分类法将库存货物分成 A、B、C 三类后，采用有针对性的管理措施，才能达到降低成本、提高效率的目的。物动量 ABC 分类管理措施具体如表 4-15 所示。

表 4-15　物动量 ABC 分类管理措施

类别	总体管理方法	储位选择方法	其他管理方法
A	严格控制	最好的储存位置（货架第一层）	最高的仓配作业优先权，精准记录，实行日盘，库存时间最短，精确控制仓配成本
B	常规控制	较好的储存位置（货架第二层）	一般的仓配作业优先权，常规记录，实行周盘，库存时间较短，采用一般的仓配成本控制方法
C	简单控制	较差的储存位置（货架第三层及以上）	没有仓储作业优先权，记录较松，实行月盘，库存时间最长，仓配成本控制较粗放

第二步：精准上架

引导问题 2

仓管员范鹏辉通过 WMS 查看库存，发现 H1 库房 02 货架可以满足金典纯牛奶和长城干红葡萄酒两种货物的上架要求。这时，范鹏辉该怎么为它们选择合适的储位？

根据物动量 ABC 分类管理的储位选择办法，A 类货物一般放置于货架第一层，因为物动量大，第一层最容易上下架，C 类货物一般放置于第三层及以上，因为物动量比较小，出入库频率比较低，不需要经常移动，可放置在上下架相对较难的位置；B 类货物一般放置于第二层，它的移动频率位于 A 类和 B 类之间，上下架难度也居于两者之间。

【育心笃行】精准上架要求我们细心规划、合理布局，确保每件物品都能准确、安全地放置在合适的位置。这不仅提高了存取效率，也保障了库存的准确性和安全性，有助于实现高效、精准的库存控制。

根据以往托盘堆码的经验，金典纯牛奶 1 个托盘可以堆码 18（即 6×3）箱，入库 36 箱需要 2 个托盘；长城干红葡萄酒 1 个托盘可以堆码 42（即 14×3）箱，入库 42 箱只需要 1 个托盘。因此,储位选择结果为,金典纯牛奶为 A 类货物,放置于货架第一层,因为需要 2 个托盘堆码,也就需要 2 个储位,放入 H1-02-03-01 和 H1-02-04-01;长城干红葡萄酒为 B 类货物,放置于货架第二层,只需要 1 个储位,可放入 H1-02-01-02 或 H1-02-02-02。

入库货物储位选择结果如图 4-36 所示。

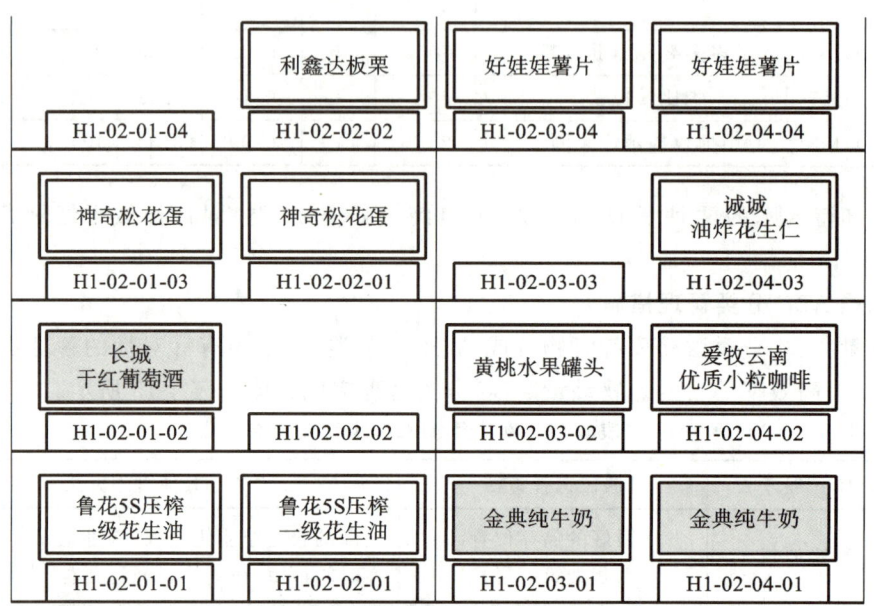

图 4-36 入库货物储位选择结果

任务检测

一、单选题

1.2024 年 1 月 4 日,天成商贸公司电告德瑞物流公司客服文员李颖,明天将有一批电视机、洗衣机、电饭煲入库,李颖通知了仓管员赵新。次日,该批货物验收后,赵新一般应依据(   )的先后顺序选择储位。

A.ABC 分类   B.方便吞吐发运   C.易于装卸搬运   D.物动量

2.(   )最早将帕累托分析法应用到库存管理中,从而诞生了 ABC 分类法。

A.帕累托   B.朱兰   C.戴克   D.德鲁克

3.以下关于 ABC 分类法的描述,不正确的是(   )。

A.ABC 分类法是基于帕累托分析法的库存管理方法

B.物动量 ABC 分类标准是固定不变的

C.ABC 分类法可以帮助企业管理库存,突出管理重点

D.应当对 ABC 分类法中的 A 类货物进行严格控制,并给予最优的储存位置

二、多选题

1.ABC 分类法在(   )领域得到了应用。

A.库存管理   B.质量管理   C.社会管理   D.财务管理

2.根据物动量 ABC 分类法,以下管理措施适用于 A 类货物的是( )。

A.最好的储存位置   B.最高的仓配作业优先权

C.库存时间最长   D.经常检查和紧密跟踪

三、判断题

1.按照物动量 ABC 分类法,对 C 类货物采取的总体管理方法是常规控制。( )

2.ABC 分类法的基础是 20/80 原则。( )

四、学以致用

某公司 H1 库房保持有 10 种货物的库存,2024 年第二季度 1～6 周物动量有关资料如表 4-16 所示。现在有 1 托盘金龙鱼花生油需要入库,在完成验收后,仓管员李崇辉利用 WMS 查询库存及空余储位后发现,H1 库房现有的该类货物已全部出库,没有库存,目前储位也较为紧张,只有 01 货架的第一层、第二层和第三层各有一个空余储位,如图 4-37 所示。

表 4-16   H1 库房货物 2024 年第二季度 1～6 周物动量资料

单位:千克·箱

序号	货物条码	货物名称	第 1 周	第 2 周	第 3 周	第 4 周	第 5 周	第 6 周
1	6932010061969	小师傅方便面	70	20	25	0	10	0
2	6932010061976	日月腐乳	50	0	0	20	20	0
3	6932010062065	脆香饼干	0	25	25	0	20	0
4	6939261900108	金多多营养米粉	0	20	0	0	0	0
5	6942015122501	海天牌酱油	30	30	39	25	54	12
6	6942015122502	镇江陈醋	1576	769	670	920	1164	551
7	6942015122503	金龙鱼调和油	342	56	0	100	17	165
8	6942015122504	王致和料酒	60	0	50	50	50	50
9	6942015122505	金龙鱼花生油	0	37	94	18	46	45
10	6942015122506	百威啤酒	397	106	87	0	200	100

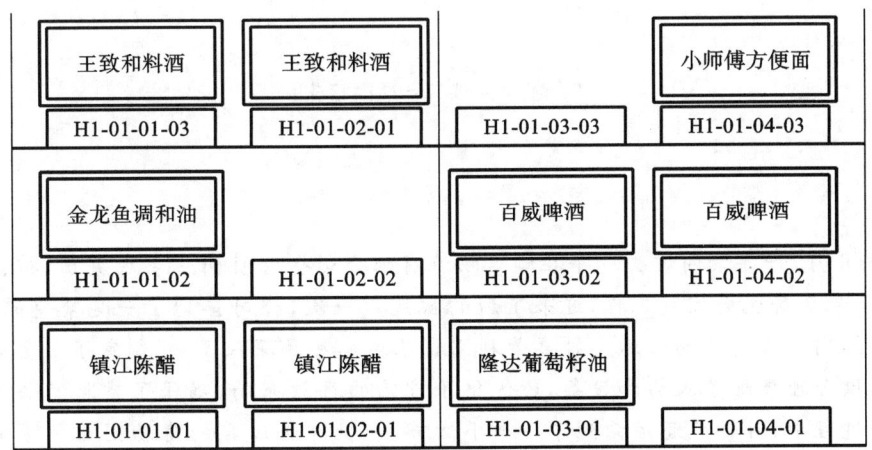

图 4-37   H1 库房 01 货架第 1～3 层储位情况

思考与讨论:为了提高库存货物的出入库效率,请结合物动量资料选择最适合存放金龙鱼花生油的储位。

任务评价

智能上架任务评价表

班级		姓名		学号	
评价项目	评价标准			分值	得分
任务准备 (20%)	考勤情况(无迟到、早退、旷课等现象)			5	
	能积极参与小组任务,做好学习准备			5	
	能正确理解任务指令,并接受任务要求			10	
任务过程 (60%)	能全面把握 ABC 分类法的内涵			10	
	能准确理解 ABC 分类法的原理和基础			10	
	会运用 Excel 对库存物进行 ABC 分类			10	
	能选择合适的储位			10	
	能准确分享课程思政内容			20	
职业素养 (20%)	态度端正,认真主动,能与小组成员合作			10	
	关注任务完成情况			10	
合计				100	
综合 评价	自评(20%)	小组互评(30%)	教师评价(50%)	综合得分	

• 勤于反思思政小故事:货运路上的坚守与梦想

勤于反思思政小故事

项目五　智能在库管理

任务一　库内控制

情景导入

2024 年 6 月,钟嘉荣因过去一年在顺盈物流有限公司仓管员岗位表现突出,被提拔为库控专员,负责 1 号库房现场控制工作,迎来了新的挑战。一次,公司接到了一笔紧急的大宗订单,需要在短时间内完成货物的配送。钟嘉荣利用自己对库房的深入了解,制定了一套高效的调配方案。他不仅合理调配了人力和设备,还优化了货物的存放布局,确保了货物的快速出库。在紧张的调配过程中,钟嘉荣还注意到了一个小细节:一批即将过期的货物因为位置偏僻而被忽视。他立即调整了这批货物的存放位置,并及时通知供应商进行促销,成功避免了损失。他的这一举措不仅提高了库存周转率,也提升了客户满意度。

任务目标

知识目标：

1. 了解货位调整优化的内涵与作用；
2. 理解换季时常见问题、滞销品的分类、温湿度的测量方法；
3. 掌握货位调整优化的方法、换季管理的方法、库内异常情况的处理方法。

技能目标：

1. 能运用货位调整优化的方法合理优化货位；
2. 能及时做好换季品和滞销品管理；
3. 能准确控制库内温湿度。

素质目标：

1. 培养对数据敏感的职业素养和合规意识；
2. 培养责任心与敬业精神。

 任务分工

库内控制任务分配表

班级		授课老师	
小组名称		组长	
组员	姓名	学号	分工

 小知识

　　库内控制，简称库控，是指在仓库或存储设施内部实施的一系列管理措施和程序，以确保仓库的准确、安全和高效运作。它通常包括对库内现场优化、温湿度控制、补货等各个环节的管理。

 任务实施

第一步：精心优化

引导问题1

　　在情景导入中，根据给定的信息，钟嘉荣为什么能在短时间内完成一笔紧急大宗订单的快速出库工作？

一、货位调整优化

1. 货位调整优化的内涵

货位调整优化指的是在货物当前位置的基础上,基于货架和货物的特性需要和难以控制的变化因素而动态地再配置仓库中货物的位置,以保证货位分布处在合理的状态,达到提高出入库效率和降低仓库操作成本的目的。

2. 货位调整优化的作用

货位调整优化用来确定每一品项货物的恰当储存方式,以及在恰当的储存方式下的空间储位分配。货位调整优化考虑不同设备和货架类型特征、货品分组、货位规划、人工成本等因素以实现最佳的货位布局,能有效掌握商品变化,最大化节约成本。同时,通过货位调整优化,仓库可以更快速、准确地满足客户的订单需求。这不仅可以减少客户等待的时间,还可以避免因订单处理错误而引起的客户不满。满意的客户将更愿意与公司合作,从而带来更多的商机。

【育心笃行】库内控制工作是仓储管理的核心,它要求我们精心优化货位,合理控制温湿度,及时处理异常情况,以确保货物安全、高效地储存与流通。我们要有责任感、有担当,以严谨细致的态度做好库内控制工作。

3. 货位调整优化方法

周期流通性的货位调整优化:根据商品在某段时间内的流通性来确定储存模式和储位,优化库存管理。这种方法考虑了商品的销售速度和储存需求,有助于更合理地分配储存空间。

出库量的货位调整优化:根据每段时间内的出库量来确定储存模式和空间分配,这种方法直接反映了市场需求,有助于更好地管理库存和优化储存空间。

单位体积的货位调整优化:根据商品的单位体积来划分和整合储存空间,这种方法适用于不同体积的商品,有助于更有效地利用储存空间。

分拣密度的货位调整优化:将高分拣密度的商品放置在易于拣选的区域,这种方法可以提高拣选效率,减少拣选时间。

定期盘点的货位调整优化:通过定期的货位盘点和清理,可以清除过期和损坏的货物,保持货位整洁有序。这不仅有助于维持仓库的良好秩序,还能及时发现并处理存在的问题,确保仓库运作的高效性。

智能平台的货位调整优化:通过仓库管理软件 WMS,可以实现货位的电子化管理,提高货位信息的准确性和实时性,提升货位利用率,减少错位和堆积。同时,WMS 还能对货位的使用情况进行实时监控,帮助企业及时调整货位布局,优化货物摆放位置,提高仓库的作业效率。

总之,货位调整优化的关键在于库控员日常对仓库库存数据、动销数据进行分析,进行库存的整理,同时整理动销、滞销货位。特别是针对一品多位、一位多品的货位进行集中优化导移。导移是指根据货物存储策略或拣选策略的需要,而人为地把货物从仓库的一个库位搬移到另一个库位的作业,一般通过库存移动单或移库申请单来处理。导移的方式有一步导移、二步导移等。

二、换季与滞销管理

换季与滞销管理是库控的一个重要环节,它涉及库存的调整、存储条件的变更以及进出库控制等环节。

换季与滞销管理

1. 换季时常见问题

(1)旧季商品积压。

换季时,旧季商品库存积压严重,快速有效地清理库存,避免滞销商品占用仓库空间,是仓库管理的一大挑战。

(2)新季商品入库不及时。

确保大量的新季商品快速、准确地入库,并按照客户计划和市场需求进行储存,是换季时仓库工作的重点。

(3)商品损坏与丢失。

在搬运、存储和分拣过程中,容易出现商品损坏和丢失的情况,影响出库和客户满意度。

(4)信息管理不准确。

换季时,商品信息更新频繁,如不及时更新,容易导致库存管理混乱,影响仓配运营决策。

(5)人力资源不足。

换季期间,工作量剧增,仓库人力资源可能无法满足需求,导致工作效率下降。

2. 换季管理方法

(1)制订详细的换季计划。

在换季前,根据客户需求和吞吐量数据,制订详细的换季计划,包括库存清理目标、新季商品入库与储存上架时间表等。通过合理的计划安排,确保各环节工作有序进行,避免工作积压。

(2)优化库存清理流程。

对库存积压商品进行分类管理,根据商品特性制订不同的清理策略,如提醒、警告、导移、退货等。利用吞吐量数据和市场趋势,精准预测滞销商品,提前进行清理,减少库存积压。

(3)引入先进的仓库管理系统。

引入 WMS,实现商品信息的实时更新和共享,提高信息管理效率。通过系统分析,优化新季商品的入库与上架流程,提高工作效率。

(4)合理配置人力资源。

根据换季期间的工作量,合理调整员工班次和工作时间,确保人力资源的充分利用。

(5)加强跨部门协作。

加强与运营、行政、配送等部门的沟通协作,确保商品信息的及时传递和更新,为换季决策和库存调整提供有力支持。定期组织跨部门会议,分享工作进展和问题,共同商讨解决方案,提升整体工作效率。

3. 滞销品的分类

滞销品其实就是企业在一段时间内交易极少的或是没有交易的商品。这个时间周期根据商品属性而定,短则二三十天,长则五六十天。滞销品是成本的浪费,不仅占用企业资金,也占用仓库空间。之所以出现滞销品,原因是多方面的,也许是市场突然变化导致某些商品销量骤然下降,也可能是经销商从一开始选品时就出现失误,采购了一些冷门的商品导致滞销,还有可能是经销商自身存在经营问题,导致一些商品卖不出去等。

滞销品可以分为永久性滞销品、暂时性滞销品和不确定滞销品三种。永久性滞销品是指商品在所在地区已处于生命周期的衰退期,如商品过时、产品迭代升级等,多见于电子产品、服装类产品,如黑白电视机、单筒洗衣机等,虽然在城市无法销售,但在一些偏僻的农村还有一些市场。暂时性滞销品是指由季节、价格、供应量等因素变化造成的滞销品,如商品过季、过多、价格过高等。不确定性滞销品是指各种不确定因素造成的滞销品,如市场突然变化、客户选品失误等。不确定性滞销品的交易是不确定的,如果处理得当,可能变成畅销品;若处理不得当,可能变成永久性滞销品。

换季与滞销管理就是库控员根据货品的交易规律,将换季商品、滞销商品在拣选区域下架,导移至非动销区域存储。

三、异常处理

库控面临的异常处理主要包括货物漂移、冻结解冻、报损报溢三种。

1. 货物漂移

因库内作业原因导致货品漂移到其他库位,理库发现时应及时查询对应库位并进行归位。仓库可根据需要设置落地件筐(一般设在入库暂存区)放置落地货物,理库人员补货移库时再统一归位。

2. 冻结解冻

因客户需求或商品质量原因等不进行销售的商品,为避免发错货,需对库存进行冻结。反之,则进行解冻操作。

3. 报损报溢

因仓配管理人员操作不当等原因,造成库内商品增加或损失,需由仓库管理部门审批确认后,将相关情况反馈给客户并进行库存调整(增加库存或减少库存)。

第二步:合理控制温湿度

引导问题 2

钟嘉荣已经从事了一段时间的库控工作。他所在的顺盈物流有限公司 1 号库储存的是五金材料,对温湿度要求较高。7 月 12 日,他查看了 1 号库的温湿度自动监测系统的数据,温度是 32.2 ℃,湿度是 74%。这时,钟嘉荣该如何处理?

仓库温湿度管理规定

1. 目的

为加强物料及成品的温湿度储存条件管理,保证物料及成品的质量,特制定本规定。

2. 范围

成品库、原材料库、五金料库、包装材料库。

3. 职责

仓管员负责本制度的落实执行,库控员负责现场指导,仓配部经理负责督导。

4. 内容

4.1 仓库按温度范围分为常温库和普通库,其中五金料库属于常温库,其他仓库属于普通库,其温湿度应控制在一定范围内。普通库保持自然室温,相对湿度不超过 80%;常温库温度保持在 10～30 ℃,相对湿度不超过 75%。

4.2 物料或成品到库后,仓管员根据品种及储存要求,分别将其储存于不同的库房。

4.3 仓管员每天上午 9:00、下午 3:00 左右进行两次温湿度观察,梅雨季节及高温季节应加强巡视。

4.4 库控员对温湿度表每年校验一次,保证所有仪表均在校验期内。如果发现温湿度计读数可疑,应立即报告养护员,要求计量检定或更换。

4.5 温湿度偏离控制范围,仓管员应立即采取措施,在最短时间内将温湿度控制在规定范围内。

4.6 因库房或设备问题,导致温湿度偏离控制范围,仓管员应立即报告部门负责人,部门负责人应及时协调处理。

4.7 库控员应对仓库温湿度进行不定期的监督检查。

5.仓库温湿度的调控

5.1 温度过高应采取的措施:开空调降温。

5.2 湿度过高应采取的措施:开空调抽湿。湿度过低应采取的措施:拖地或洒少量水。

5.3 采取措施后应检查措施是否有效,温湿度是否回复到内控标准规定的范围内,并做好相应的记录。

6.本规定自发布之日起施行。

顺盈物流有限公司

2019 年 3 月 1 日

合理控制温湿度是库控的又一个重要环节,也是确保客户货物完好、提高客户满意度的关键所在。库内温度与湿度密切相关、相互影响。

一、温度与湿度

1.温度

库外露天的温度叫气温,库内的温度一般叫库温,货垛的温度叫作垛温。气温对库温有直接影响,对垛温有间接影响,库温除受气温影响外,还受仓库建筑材料和地势及仓库周围环境的影响;垛温除受库温的影响外,还受物品本身性质和堆码结构的影响。

垛温直接反映着物品安全储存的状况,而库温的变化又直接决定垛温的状态,气温又影响着库温的高低。气温具有不可控性,所以关键在于通过控制库温来实现对垛温的控制。

2.湿度

同理,湿度控制的关键在于控制库内湿度(库湿)。库湿是指库内空气中的水蒸气含量,通常以绝对湿度、饱和湿度、相对湿度等指标来衡量。

(1)绝对湿度是指单位体积空气中,实际所含水蒸气的重量,即每立方米的空气中含多少克的水蒸气。

(2)饱和湿度指在一定气压、气温的条件下,单位体积空气中所能含有的最大水蒸气重量。

(3)相对湿度指空气中实际含有的水蒸气量与当前温度下饱和水蒸汽量的百分比,即绝对湿度与饱和湿度的百分比。它表示在一定温度下,空气中的水蒸气量距离该温度下饱和水蒸气量的程度。相对湿度愈大,说明空气越潮湿;反之,空气越干燥。在库内温湿度控制中,检查仓库的湿度大小主要是观测相对湿度的大小。

三者之间的关系:相对湿度=(绝对湿度/饱和湿度)×100%。

在温度不变的情况下,空气绝对湿度越大,相对湿度越大;绝对湿度越小,相对湿度越小。在空气中的水蒸气含量不变的情况下,温度越高,相对湿度越小;温度越低,相对湿度越大。

物品在仓库储存过程中的各种变质现象,几乎都与库内温湿度有密切关系,库内控制的中心环节就是控制好库内温湿度。物品的性质不同,其对温湿度的要求也不同。库内温湿度的变化对储存物品的质量安全影响很大,而库内温湿度往往又受自然气候变化的影响,这就需要仓库管理人员依据仓储物的理化性质及生物特性正确地控制和调节库内温湿度,以确保储存物品的安全。

▶ 小知识

各类仓库温湿度标准

(1)档案储藏库房:温度 14～24 ℃,夏季不高于 24 ℃;相对湿度 45%～60%,夏季不大于 60%。

(2)烟叶仓库:一般季节库内温度控制在 30 ℃以下,相对湿度控制在 55%～65%;高温高湿季节库内温度控制在 32 ℃以下,相对湿度控制在 70%以下。

(3)电子元件仓库:敏感元器件,温度 10～28 ℃,相对湿度 30%～60%;普通电子元件,温度 10～35 ℃,相对湿度 30%～75%。

(4)纸箱储藏仓库:依照常温库要求,温度在 25～30 ℃,相对湿度在 45%～75%。

(5)粮食仓库:含水量少(12.5%以下),环境温度 15～20 ℃。

(6)塑胶仓库:塑胶原料在 23 ℃的环境中能保持性能最佳状态,料仓温度应保持在 23 ℃左右。

(7)五金仓库:温度控制范围在(20±5)℃,相对湿度控制范围在 50%±20%。

(8)化学仓库:库温不超过 30 ℃,相对湿度不超过 80%。

(9)危险品仓库:硝酸钾,库温不超过 30 ℃,相对湿度不超过 80%;硫酸,库温不超过 35 ℃,相对湿度不超过 85%。

(10)医药仓库:疫苗库,0～8 ℃,可用于储存疫苗等;药品库,2～8 ℃,可用于储存药品及生物制品等;血液储存库,2～6 ℃,可用于储存血液、生物制品等;低温保温库,-30～-20 ℃,可用于保存血浆、生物材料、疫苗、试剂等;超低温保存库,-80～-30 ℃,可用于保存胎盘、干细胞、血浆、骨髓、生物样品等。

(11)恒温仓库:高温库(恒温库),5～15 ℃,适合存放红酒、巧克力、药品、种子等;中温库(冷藏库),-5～5 ℃,适合存放冻结食品;低温库(冷冻库),-25～-18 ℃,适合存放猪牛羊肉、鱼、禽肉等;超低温库(深冷库),-60～-45 ℃,适合存放水饺、速冻食品等;速冻库(急冻库),-40～-35 ℃,适合存放金枪鱼、三文鱼等;气调库,-2～5 ℃,适合存放水果、蔬菜等。

二、库内温湿度的测量

库内温湿度的测量通常使用库房温湿度自动监测系统(见图 5-1)。库房温湿度自动监测系统通过集成传感器、数据采集器、传输设备和管理平台等硬件设备,实现对库房内温湿度的实时、自动监测。该系统在线实时采集库房内的温湿度数据,无线传输并汇总到仓库管理平台(WMS)上,进行储存、分析、报警等操作,随时查看库房内的温湿度情况,以便管理员及时调控库房环境,确保所储存物品处于适宜的存储环境。

库房温湿度自动监测系统通过实时、自动监测库房内的温湿度状况,推动仓储管理智能化、精准化、高效化,可提高管理效率、降低运营成本、保障物品安全、实现智能化管理,为库内控制

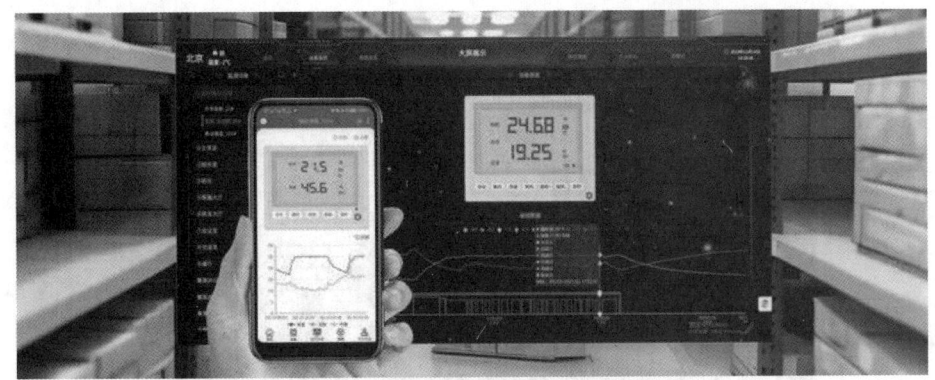

图 5-1　库房温湿度自动监测系统

带来更多便利。

三、温湿度控制方法

为了维护仓储商品的质量,要创造适宜商品储存的环境。当库内温湿度适宜商品储存时,就要设法防止库外气候对库内的不利影响;当库内温湿度不适宜商品储存时,就要及时采取有效措施调节库内的温湿度。实践证明,合理控制库内温湿度的方法很多,主要包括通风、密封、除湿、降温等。

1. 合理通风

通风是指采用自然或机械方法使风没有阻碍,可以到达库房或密封的环境内,以形成适宜的温湿度环境的技术。合理通风可以有效控制库内温湿度。物品储存过程中是否需要通风可参考以下标准:

(1)当库外空气的相对湿度和绝对湿度都低于库内时,可以通风;

(2)当库外温度和绝对湿度都低于库内,而相对湿度稍高时,也可以通风;

(3)当库内外温度接近,库外相对湿度比库内低,或库内外的相对湿度接近而库外温度较库内温度低时,都可以通风,因为在这两种情况下,库外的绝对湿度都比库内低。

2. 合理密封

密封(见图 5-2)就是把商品尽可能严密地封闭起来,减少外界不良气候条件的影响,以达到安全储存的目的。密封要和通风、除湿结合运用,如运用得法,可以收到防潮、防霉、防热、防溶化、防干裂、防冻、防锈蚀、防虫等多方面的效果。

密封储存应注意的事项有:在密封前要检查商品质量、温度和含水量是否正常,如发现生霉、生虫、发热、水凇等现象就不能进行密封。发现商品含水量超过安全范围或包装材料过潮,也不宜密封。要根据商品的性能和气候情况来决定密封的时间。怕潮、易霉、易溶化的商品,应选择在相对湿度较低的时节进行密封。

常用的密封材料有塑料薄膜、防潮纸、油毡、芦席等。这些密封材料必须干燥清洁,无异味。密封常用的方法有整库密封、小室密封、按垛密封以及按货架、按件密封等。

3. 合理使用空调和加湿器/除湿器

在梅雨季节或阴雨天,当库内湿度过高,不适宜商品保管,而库外湿度也过大,不宜进行通风散潮时,可以在密封库内用除湿的办法降低库内湿度。在夏季库温过高,冬季库温过低,不宜

图 5-2　货垛密封

通过通风控制温度时,可以用机械设备,如排风扇、鼓风机等排风。

空调是调节库内温度的主要设备,加湿器和除湿器则是调节库内湿度的利器。在使用空调时,我们应该根据实际需要设定合适的温度,避免过低或过高的温度。同时,空调的使用时间也应该适度,避免长时间连续使用,以免造成库内温湿度的不平衡。对于加湿器和除湿器的使用,我们需要根据库内湿度的实际情况来决定,如果库内湿度过低,可以使用加湿器增加湿度,但要注意保持适度,避免湿度过高引发细菌滋生和霉菌产生。如果室内湿度过高,可以使用除湿器降低湿度,但要注意不要过度除湿,以免引起干燥和不适感。

需要指出的是,温湿度控制方法的选择,要综合考虑货物的属性、库内外环境和使用成本,往往是多种方法综合使用才能更好地达到效果。如果仓库有相关温湿度管理制度,则按制度执行。

 **任务检测**

一、单选题

1.某货物进入 3 月份后吞吐量毫无预兆地不断增长,为了应对这种变化,理货员将其货位从货架 3 层调整至货架 1 层,这符合(　　)的货位调整优化方法。

A. 出库量　　　　　B. 周期流通性　　　　C. 单位体积　　　　D. 分拣密度

2.云朵泡泡洗发露是刚上市销售的新产品,由于知名度不高,复购率低,出现库存积压。对于库内控制来说,云朵泡泡洗发露属于(　　)。

A. 永久性滞销品　　B. 暂时性滞销品　　C. 不确定性滞销品　　D. 周期性滞销品

3.库内控制(库控)的主要目的是(　　)

A. 提高仓库的美观度　　　　　　　　B. 确保库存物的准确、安全和高效运作

C. 减少仓库的运营成本　　　　　　　D. 增加仓库的存储空间

二、多选题

1.同一时刻同一库房内外存在不同的温度,其中可控的是(　　)。

A. 气温　　　　　　B. 库温　　　　　　C. 垛温　　　　　　D. 室温

2.在换季管理中,以下措施有效的是(　　)。

A.制订详细的换季计划　　　　　　B.优化库存清理流程

C.引入 WMS 提高信息管理效率　　D.采用人工统计库存

3.对于库控专员来说,(　　)是库内控制可能采取的措施。

A.货位调整优化　　　B.换季与滞销管理　　　C.异常处理　　　D.温湿度控制

三、判断题

1.仓库温湿度自动监测系统的主要作用是实现对库房内温湿度的实时监控和管理,以便管理员及时调控库房环境,确保存储物品处于适宜的存储环境。(　　)

2.换季与滞销管理就是库控员将换季商品、滞销商品在拣选区域下架,导移至动销区域存储。(　　)

四、学以致用

吴刚是一家物流公司日用品库的库控员。2024 年 5 月发生了两件事:一件是吴刚在分析库存数据时发现某热门日用品存放在货架的最高层(第 4 层),这增加了拣选时间和搬运成本;另一件是有一批日用品在转运过程中错误地放置在了其他库位,吴刚未能及时发现并处理,幸好没有发错货,但导致库存数据不准确。这不仅延误了订单处理,还引起了客户投诉,最终影响了公司的声誉和销售业绩。

思考与讨论:根据给定的信息,从库内控制的角度分析 2024 年 5 月吴刚发现了哪些问题,又存在哪些不足,该怎么处理。

 **任务评价**

库内控制任务评价表

班级			姓名			学号	
评价项目	评价标准					分值	得分
任务准备 (20%)	考勤情况(无迟到、早退、旷课等现象)					5	
	能积极参与小组任务,做好学习准备					5	
	能正确理解任务指令,并接受任务要求					10	
任务过程 (60%)	能全面把握库内控制和货位调整优化的内涵					10	
	能准确理解滞销品的分类					10	
	会运用货位调整优化方法、换季管理方法					10	
	能合理控制库内温湿度					10	
	能准确分享课程思政内容					20	
职业素养 (20%)	态度端正,认真主动,能与小组成员合作					10	
	关注任务完成情况					10	
合计						100	
综合 评价	自评(20%)		小组互评(30%)		教师评价(50%)		综合得分

任务二 仓库 6S 管理

 **情景导入**

　　吴思东于 2023 年 3 月担任达通速运有限公司海沙仓经理后,通过一个月的深入调查,了解到仓库现场管理隐藏着四个方面的问题:①人的意识问题,托盘、叉车等设备使用后随处乱放;②物资储存问题,货架标识不全,物资随意存放;③工作环境问题,办公用品、公文杂乱无章,闲杂物资乱放;④作业安全问题,物资占用通道,违规取货,灭火器未划线定置。这些问题虽然还没有给仓库的管理带来明显的损害,但是个"雷区",随时可能发生事故。

 任务目标

　　知识目标:

　　1.了解仓库 6S 管理的含义;

　　2.理解仓库 6S 管理的实质;

　　3.掌握仓库 6S 管理实施的步骤。

　　技能目标:

　　1.会分析仓库现场存在的问题;

　　2.能有效实施仓库 6S 管理。

　　素质目标:

　　1.培养认真负责的工作态度;

　　2.培养遵守规则的职业精神。

 任务分工

仓库 6S 管理任务分配表

班级		授课老师	
小组名称		组长	
	姓名	学号	分工
组员			

第一步：认识仓库 6S 管理

引导问题 1

在情景导入中，吴经理一直在思考怎么才能拆掉这个"雷区"，这时，他想到了 6S 管理。但是，吴经理了解到大多数员工还不知道 6S 管理的作用，面对这样的现状，吴经理该怎么办？

一、6S 管理的含义

6S 管理是由 5S 管理衍生而来的。5S 管理起源于日本，是指在生产现场对人员、机器、材料、方法等生产要素进行有效管理。"5S"是整理（seiri）、整顿（seiton）、清扫（seiso）、清洁（seiketsu）和素养（shitsuke）5 个词（日语罗马拼音）的缩写。后来有些企业根据仓库现场管理的需要，在 5S 的基础上增加了安全（safety），即形成了 6S 管理。

【育心笃行】仓库 6S 管理包含整理、整顿、清扫、清洁、素养、安全六大要素。持续的教育与实践，使 6S 精神深入人心，使 6S 管理成为日常习惯，提升了仓库管理效率与安全。企业应以心为本，培养员工良好的职业素养。

1. 整理

整理是将工作现场内需要与不需要的物品分开，再对不需要的物品加以处理。

2. 整顿

整顿是通过前一步的整理后，对需要留下的物品进行科学合理的布置和摆放，并做好相应的标识，以便快速取得所需之物。

3. 清扫

清扫是在整理、整顿后，把工作现场所有的地方以及工作时使用的工具、仪器、设备、材料等打扫干净，杜绝污染源。

4. 清洁

清洁是将上面"3S"的做法制度化、规范化，维持整理、整顿、清扫工作的成果。一般要对上面的"3S"工作进行定期和不定期的检查监督，保持工作现场整洁。

5. 素养

素养是指每个员工都能够养成良好的工作和生活习惯，表现为积极向上、精神饱满、文明礼貌、遵守规则、积极主动、团结协作等。

6. 安全

安全是指重视全员安全教育和检查，时刻树立安全第一的意识，防患于未然，及时发现安全隐患并予以消除，保证人员、场地、物品等的安全。

5S 管理的起源和发展

5S 管理起源于日本，是日本企业独特的一种管理办法。1955 年，日本的现场管理的宣传口号为"安全始于整理，终于整顿"，其目的是确保作业空间和安全。后因生产和品质控制的需要又逐步提出了 3S,也就是清扫、清洁、素养,从而使应用空间及适用范围进一步拓展。到了 1986 年,日本有关 5S 管理的著作逐渐问世,从而对整个现场管理模式起到了巨大的冲击,并由此掀起了 5S 的热潮。

日本企业将 5S 运动作为管理工作的基础,推行各种质量管理手法。第二次世界大战后,日本的产品品质得以迅速提升,奠定了经济大国的地位。而在丰田公司等的倡导和推行下,5S 管理在塑造企业形象、降低成本、准时交货、安全生产、高度的标准化、创造令人心旷神怡的工作场所、现场改善等方面发挥了较大作用,逐渐被各国的管理界所认识。随着世界经济的发展,5S 管理已经成为工厂现场管理的一股新潮流,随后成为商场、仓库等场所的现场管理工具。

后来,有的企业增加了安全,形成了"6S";有的企业又增加了节约,形成了"7S";有的企业甚至推行"12S"。但是万变不离其宗,都是从"5S"衍生而来的。目前,在我国仓库现场管理中比较流行 6S 管理。

二、仓库 6S 管理的实质

仓库 6S 管理不是一个口号、一项运动,它的实质是一套科学的现场管理方法。仓库 6S 管理通过实施一系列规范化的管理活动,来优化仓库现场的环境和管理,从而提高工作效率和仓配质量,确保工作安全,并最终提升企业的整体竞争力。

三、仓库 6S 管理的作用

1.提高客户满意度

仓库 6S 管理的推行减少了人员、设备、时间的浪费,确保仓库管理顺畅进行,从而提高作业效率、降低配送失误率,进而提高客户满意度。

2.促成效率的提高

良好的仓库工作环境和工作氛围,使得员工可以集中精神,认认真真地干好本职工作,必然能大大提高工作效率。

3.提高作业品质

优良的品质来自优良的工作环境。只有进行经常性的整理、检查和清扫,不断地净化工作环境,才能有效地避免设备故障或损坏,确保设备高效运行,提高作业品质。

4.保障企业安全生产

通过整理、整顿和清扫等步骤,企业能够确保生产场所的安全、卫生,为员工提供健康、安全的工作环境,从而保障企业安全生产。

5.改善员工的精神面貌

良好的工作环境可以较明显地改善员工的精神面貌,使组织焕发出强大的活力。员工能尽心尽力地完成自己的工作,进而养成良好的职业素养。

第二步:有效实施 6S 管理

仓库 6S 管理

引导问题 2

当吴经理认识到仓库 6S 管理的内涵和重要作用后,决定在仓库推行 6S 管理。那么,吴经理怎样才能有效实施 6S 管理?

仓库要有效地推行 6S 管理工作,实现提高仓库的现场管理水平的目标,需要经过三个阶段的努力。

一、做足准备工作

想要成功推行仓库 6S 管理,必须完成前期的宣传造势等准备工作,主要包括以下三个方面。

1.宣传培训,统一认识

开展宣传和培训是实施 6S 管理的基础,目的是让全体员工都理解 6S 管理的目的、意义和要求,从而激发全体职工的参与热情。

由于管理者和基层员工的工作内容及关注点的差异,应组织实施分层级的 6S 管理培训,确保培训内容与员工实际需求紧密相连。同时,借助多元化手段,如研讨会、演讲比赛、黑板报、移动通信等形式进行宣传与动员,引导整个活动向更深层次和更广领域拓展。

▶ 小案例

2023 年 5—6 月,在吴经理的推动下,达通速运有限公司海沙仓从上到下分层级开展了形式多样的 6S 管理宣传活动。宣传活动取得了预期的效果,使全仓员工较为充分地认识到推行 6S 管理的必要性和可行性,员工参与热情高。

2.成立机构,制订方案

为确保仓库 6S 管理工作高效、有序地推进,可以召开全体职工动员大会,成立 6S 管理实施领导小组,最高领导担任组长,各部门负责人共同担任组员,全面负责 6S 现场管理的组织领导。另外设立 6S 检查小组,负责全公司 6S 管理工作的推进、情况汇总、检查评价以及督促整改工作。

此外,制订详细的工作方案和实施计划,定期召开部门会议,确保各项工作顺利开展。为更好地激发职工的积极性与创造性,可制定 6S 奖惩激励措施,每月进行 1～2 次检查评比,表彰优秀团队和个人,并将评比结果纳入绩效考核中,从而有效调动职工工作热情,增强其团队合作意识。

▶ 小案例

2023 年 6 月 12 日,达通速运有限公司海沙仓成立了以吴思东经理为组长的 6S 管理实施领导小组,以及以陈永志副经理为组长的 6S 管理检查小组,并于月底制订了达通速运有限公司海沙仓 6S 管理实施计划。

仓库 6S 管理实施计划

为保证仓库 6S 管理活动的顺利有效实施,结合实际,特制订本计划。

一、6S 管理推行的方针目标

(一)叫响三句话

(1)把最简单的事情做好就不简单,把最容易做的事情做好就不容易;

(2)每天的事情每天做,自己的事情自己做;

(3)做正确的事,正确地做事。

(二)实现一个目标

强化仓库基础管理,提升仓库的管理品质。

二、6S 管理推行的准备阶段

(1)表达实行 6S 管理活动的决心;

(2)建立 6S 管理活动的组织、策划、实施、检查、考评等制度。

三、6S 管理的实施评价阶段

(一)整理阶段(7 月 1 日至 7 月 10 日为实行阶段,以后为保持和循环改善阶段)

1.整理的推行要领

(1)对工作场所(范围)进行全面检查,包括看得到和看不到的地方;

(2)制定"要"和"不要"的判别基准;

(3)按照基准清除不要的物品;

(4)制定非必需品的处理方法,并按此方法清理非必需品;

(5)每日自我检查,循环整理。

2.整理的范围

(1)办公桌椅、文件柜、抽屉等的整理;

(2)电子文件夹的整理;

(3)货物、货架、储物间等的整理;

(4)托盘、叉车等仓储设备的整理。

3.整理的检查考核表

整理的检查考核表

项次	检查项目	检查内容	评分					不足之处
			1	2	3	4	5	
1	工作场所	必需品已整理好						
		没有非必需品						
2	办公桌	桌面及抽屉内均放置当日要使用的物品且摆放整齐						
		没有非必需品						
3	库房	无不用、废弃的物品						
		无货物凌乱、混装现象						
		无物品散乱地面						
		通道无阻碍物,整洁						
		货架、叉车等设备完好无损						
		货物分类存储						
	得分		责任人签名					

(二)整顿阶段(7 月 11 至 7 月 20 日为实行阶段,以后为保持和持续改善阶段)

1.整顿的推行要领

(1)对必需品进行分门别类;

(2)确定放置场所;

(3)规定摆放方法;

(4)进行标识。

2.整顿的要求

一目了然,取用快捷。

3.整顿的检查考核表

整顿的检查考核表

项次	检查项目	检查内容	评分					不足之处
			1	2	3	4	5	
1	工作场所	保管有定位,有图示,很清楚						
		整齐、美观						
2	办公桌	文件资料定位放置						
		办公用品采用目视管理						
3	库房	货物分类明确、规范						
		货物、货架有明确标识						
		货物定置摆放,无压线现象						
		货物码放合理、整齐、不超高						
		通道畅通,无阻塞现象						
		托盘、叉车等设备定位放置						
得分			责任人签名					

(三)清扫阶段(7月21日至7月31日为实行阶段,以后为保持和持续改善阶段)

1.清扫的推行要领

(1)建立清扫责任区;

(2)每个人在工作岗位及责任区范围内进行彻底的清扫(包括一切的物品与设备);

(3)对清扫过程中发现的问题及时进行整改;

(4)查明污垢的发生源,予以杜绝或隔离。

2.清扫的检查考核表

清扫的检查考核表

项次	检查项目	检查内容	评分					不足之处
			1	2	3	4	5	
1	工作场所	无水迹、污垢、灰尘、其他杂物						
		地面使用拖把清洁、很光亮						
2	办公桌	桌面及四周干净						
		无乱贴乱挂等现象						
3	库房	货架无积尘、杂物、脏污						
		污垢清扫及时彻底						
		包装物无破损及严重变形						
		通道使用拖把清洁、很光亮						
		长期不使用的物资封装防尘						
		无不要物、杂物和卫生死角						
得分			责任人签名					

（四）清洁阶段（在以上三个方面经过不断的实施、检查、总结、改善达到一定程度后，全面推行，达到标准化、制度化）

1.清洁的推行要领

（1）落实前面的 3S 工作；

（2）制定各种制度，加强执行；

（3）领导经常巡查，带动员工重视 6S 管理活动。

2.清洁的检查考核表

清洁的检查考核表

项次	检查内容	评分					不足之处
		2	4	6	8	10	
1	前面的 3S 管理标准明确、清晰						
2	正确悬挂及张贴各种 6S 管理标识						
3	有各种工作记录，且有相关人员确认						
4	有温湿度记录表，有值日表						
5	正确使用货卡，严格做到先进先出						
得分				责任人签名			

（五）素养阶段（长期不余遗力地推行）

1.素养的推行要领

（1）持续推行前面的 4S 工作，直到成为共有的习惯；

（2）仓库人员严格遵守规章制度。

2.素养的检查考核表

素养的检查考核表

项次	检查内容	评分					不足之处
		2	4	6	8	10	
1	仓库里无私人物品、无抽烟现象						
2	员工举止及用语文明						
3	员工无聊天、打瞌睡现象						
4	员工着工作衣，工作牌整齐端正						
5	员工明白标识、货卡的内容						
得分				责任人签名			

（六）安全阶段（长期坚持，防治结合）

1.安全的推行要领

（1）持续推行 4S 工作，直到成为共有的习惯；

（2）仓库人员严格遵守规章制度。

2.安全的检查考核表

安全的检查考核表

项次	检查内容	评分					不足之处
		2	4	6	8	10	
1	库房内无漏雨现象						
2	易燃、易爆物品定点放置						
3	所有的电源开关正常、安全,下班关闭办公照明,并断开电源						
4	所有安全隐患已记录并上报						
5	仓库门窗无损坏,可正常开关及上锁						
得分				责任人签名			

达通速运有限公司海沙仓

2023 年 6 月 29 日

3.分清责任,定点摄影

将场所按全体员工的工作范围和工作职责进行科学划分,做到分区不重叠、人人有责任。每个责任人从人、机、料、法、环五个方面对所负责区域的现状进行全面的了解和分析,找出存在的主要不足和问题,用定点摄影的方式记录下来。定点摄影是指站在同一地点,朝同一方向、同一高度,用相机(或摄像机)将改善前、后的情况拍摄下来,再将改善前、后的对比照片在目视板上体现出来。其作用是保存资料、便于宣传;同时,让员工看到改善前、后的对比效果,鼓励员工积极改善。

▶ 小案例

2023 年 6 月 29 日,在划分责任区的基础上,海沙仓全员行动起来,寻找不足、定点拍摄(见图 5-3),保存到 OA 系统,为下一步的行动打下基础。

图 5-3　达通速运有限公司海沙仓改善前定点摄影(节选)

二、持续推进前三个"S"

1. 1S——整理

整理,就是将工作场所的所有物品分为必需品与非必需品(必需品与非必需品一般是按使用频率来划分的,见表5-1);把必需品与非必需品明确地、严格地区分开来,现场只保留必需品,非必需品要尽快处理掉。目的是:腾出空间,空间活用;防止误用、误送;打造清爽的工作场所。

表 5-1 必需品与非必需品整理分类参照表

分类		使用频率	处理方法	备注
必需品	常用	每小时	随身携带/随手可得	每天检查
		每天	现场存放/距离近	每天检查
		每周	现场存放	定期检查
	不常用	每月	储存/悬挂	定期检查
		每季	打包封存	定期检查
		每半年	打包封存	定期检查
		每年	打包封存	定期检查
		每两年	打包封存	定期检查
非必需品	不确定	可能有用	另行判断/打包封存	定期检查
	确定	废品	报废/变卖	定期清理
		垃圾	丢弃/变卖	每天清理

整理的实施步骤如下。

(1)对仓库内的物品进行全面分类和筛选。将物品按照其性质、用途或属性进行分类,区分出必需品和非必需品。

(2)对非必需品进行处理。对于确定不再需要的物品,要及时进行清理和处置,以避免占用仓库空间并影响工作效率。

2. 2S——整顿

整顿是指将留下来的必需品按照规定位置摆放,放置整齐并加以标识。目的是消除过多的积压物品,使工作场所井井有条、一目了然,不用浪费"时间"找东西。整顿是前一步骤整理工作的落实。

整顿的实施步骤如下。

(1)分析现状:对仓库的当前状态进行全面的调查和分析,了解物品的存放情况、使用频率、标识清晰度等,以便为后续的分类和规划提供依据。

(2)物品分类:根据物品的性质、用途、使用频率等因素,对物品进行科学合理的分类,以便于后续的标识和摆放。

(3)区域规划:根据仓库的实际情况和物品的分类结果,合理规划物品的存放区域。确定不同区域的功能定位,如存储区、拣货区、暂存区等,并设置明显的标识,以便于员工快速定位。

(4)进行标识设计:为每个区域和物品设计清晰、明确的标识,包括区域标识、物品标识、数量标识等。标识应醒目、易读,方便员工快速识别和取用物品。

(5)决定储存方法:根据物品的性质和储存需求,选择合适的储存方法,如货架储存、堆垛储存等,确保物品能够安全、稳定地存放,并便于取用和盘点。

（6）整顿实施:按照规划好的方案,对仓库进行实际的整顿操作,包括物品的重新摆放、标识的粘贴、区域的清理等。整顿过程中,要确保操作规范、有序,避免造成混乱或损坏物品。

3. 3S——清扫

清扫是指将工作场所看得见和看不见的地方清扫干净,并保持亮丽的环境。目的是消除脏污,稳定产品品质,减少工业伤害。

清扫的实施步骤如下。

（1）明确清洁的目标和区域,包括地面、货架、设备、工具等。

（2）对仓库进行全面清扫,包括清除灰尘、垃圾和杂物。

（3）对货架、设备和工具进行清洁,确保其表面无污渍和污垢。

（4）在清扫工作完成后,对清洁效果进行检查,确保所有区域都达到清洁标准。如有不合格的地方,及时进行整改,直至满足清洁要求。

（5）建立清扫制度、规定等,规范员工的行为。

这个阶段,三个"S"是一个不可分割的整体,员工每天抽出5～10分钟做好这三个"S"工作,循环往复,先坚持3～6个月,成为一种习惯后,持续不断地做下去。

三、适时推行后三个"S"

1. 4S——清洁

清洁是指将整理、整顿、清扫进行到底,并且标准化、制度化。目的是维持上面3个"S"的成果。

实施步骤包括:制订清洁计划,确定清洁标准,落实责任人,执行清洁工作,验收、记录和评估,制定奖惩制度。

2. 5S——素养

素养是指通过持之以恒、潜移默化地引导和教育,培养员工养成良好的习惯,按照规则做事。目的是促进良好行为习惯的养成,提升"人的品质";培养遵守规则的员工。一时半刻实施6S管理不难,但长时间的维持必须靠员工素养的提升。

实施步骤包括:持续推动4S直至习惯化;制定相关的规章制度;教育训练（新进人员强化6S教育、实践）;激发员工的热情和责任感。

3. 6S——安全

安全是指重视员工的安全教育和检查,树立"安全第一,防患于未然"的观念。目的是建立起安全作业的环境。安全通常贯穿于整个6S管理的过程中,是确保工作场所安全、人员安全,减少事故风险的重要一环。

实施步骤包括:制定安全责任制度和安全巡回检查制度,加强安全宣传和教育工作,落实日常安全巡回检查,解决安全隐患,激发员工的安全意识和责任感等。

▌▶ 小案例 ▐

2023年7—11月,海沙仓按照整理、整顿、清扫、清洁、素养、安全六个阶段,有条不紊地逐步推进6S管理,确保每个环节都得到有效执行。6S管理实施半年后,海沙仓以前存在的问题得到有效解决（见图5-4）,仓库面貌得到较大的改善,不仅提升了仓库的管理水平,也增强了团队的凝聚力和执行力。展望未来,海沙仓将继续深化 6S 管理,不断优化流程,提高服务质量,推动仓库持续不断发展。

图 5-4　达通速运有限公司海沙仓改善后定点摄影(节选)

在推进仓库 6S 管理的实践中,面对的是一系列看似细小的环节,但正是对这些细节的不懈追求和持续优化,逐步培养出了员工对工作精益求精、对规章严格遵循的职业素养。这种素养的积累,不仅能够提升员工的个人专业能力,还能为企业带来更高效的工作流程和更强大的市场竞争力。

▌▌➡ 小知识 ▕

仓库 6S 管理实施口诀

整理:要与不要,一留一弃

整顿:科学布局,取用快捷

清扫:清除垃圾,美化环境

清洁:形成制度,贯彻到底

素养:长期坚持,养成习惯

安全:预防为主,防治结合

🌐 任务检测

一、单选题

1. 仓库 6S 管理中,关于清洁的含义,正确的是(　　)。

A. 维持整理、整顿、清扫后的局面,使之制度化、规范化

B. 将生产、工作、生活场所内的物品分类,并把不要的物品清理掉

C. 把有用的物品按规定分类摆放好,并做好适当的标识

D. 对员工进行素质教育,要求员工有纪律观念

2.仓库6S管理中,必需品与非必需品的分类一般是根据(　　)来决定的。

A.购买价值　　　　B.使用价值　　　　C.使用频率　　　　D.物动量

3.仓库6S管理的六项工作都是日常工作中的"小事"。因此,要有效实施仓库6S管理,关键在于(　　)。

A.检查　　　　B.目标　　　　C.坚持　　　　D.领导

二、多选题

1.推行6S管理,企业培养员工养成好的习惯的目的是(　　)。

A.培养遵守规则的员工　　　　B.营造团队精神

C.提高人的素养　　　　D.升职

2.在下列仓库6S管理的4项工作中,主要属于针对"人"的管理的是(　　)。

A.整理　　　　B.清扫　　　　C.清洁　　　　D.素养

3.(　　)措施是实施仓库6S管理的准备工作的一部分。

A.开展宣传和培训,统一认识　　　　B.进行定期的仓库盘点

C.制订详细的工作方案和实施计划　　　　D.成立6S管理实施领导小组和6S检查小组

三、判断题

1.仓库6S管理需要全员参与,如果有个别成员总是跟不上进度,或内心抵制,6S管理就会失败。(　　)

2.在仓库6S管理中,过去两年都没有使用过的物品,一般属于非必需品。(　　)

四、学以致用

1.某仓库在实施6S管理初期,费了很大力气进行清扫,物品摆放得很整齐,现场不用的东西也少了,逢人便说我们的6S搞完了。可没过1个月,就又与开展6S管理前一样了。

思考与讨论:请分析以上现象是什么原因造成的。

2.贾其标担任德诚物流有限公司仓储经理半年后,深刻认识到仓库现状对于企业效率和客户满意度的影响。为了解决现场混乱、工作环境差、员工积极性不高以及客户满意度低等问题,贾经理决定实施6S管理,以期优化仓库作业环境,提高工作效率,确保安全,同时提升员工的工作积极性和企业的市场竞争力。

贾经理首先进行了全面的宣传和培训,确保全体员工理解6S管理的内涵和重要性。通过制订详尽的实施方案和成立6S管理实施领导小组,明确了责任,确立了奖惩机制,确保6S管理能够系统地执行。随后,贾经理指导员工区分必需品与非必需品,并及时清理非必需品,释放空间,提高存储效率;注重物品的科学布局和标识,确保员工能快速准确地找到所需物品;组织全体员工对仓库进行彻底的清扫,建立了清扫值日制度。同时,贾经理强调制度化和规范化的重要性,制定了清洁标准和检查流程,确保仓库环境持续保持整洁;加强安全教育,建立安全检查制度,确保作业环境的安全。通过持续教育和实践,员工养成了良好的工作习惯和遵守规章的意识。经过半年的努力,德诚物流有限公司的仓库现场管理得到了较大的改善,员工的积极性和客户满意度都有所提升,仓库作业效率提高,错误率降低,企业的整体竞争力得到了增强。这一成功实践证明了6S管理方法的有效性,为同类企业的仓库管理提供了借鉴。

思考与讨论:(1)根据给定的信息,分析德诚物流有限公司仓库实施6S管理的具体措施。
(2)根据给定的信息,讨论6S管理在仓库管理中的重要性。

 任务评价

仓库 6S 管理任务评价表

班级		姓名		学号	
评价项目	评价标准			分值	得分
任务准备 （20%）	考勤情况（无迟到、早退、旷课等现象）			5	
	能积极参与小组任务，做好学习准备			5	
	能正确理解任务指令，并接受任务要求			10	
任务过程 （60%）	能全面把握仓库 6S 管理的内涵			10	
	能准确理解仓库 6S 管理的实质和作用			10	
	能有效实施 6S 管理			20	
	能准确分享课程思政内容			20	
职业素养 （20%）	态度端正，认真主动，能与小组成员合作			10	
	关注任务完成情况			10	
合计				100	
综合 评价	自评（20%）	小组互评（30%）	教师评价（50%）	综合得分	

任务三　精准盘点

 情景导入

　　2024 年 5 月 17 日，达通速运有限公司雁洋仓需要进行一次盘点活动，以便核对库存，加强仓库管理。由于雁洋仓近期订单比较多，仓库经理邓志键要求盘点期间日常的仓配管理工作不能停。库控主管潘伟权接到任务后，考虑到时间紧、任务重，要求仓管员庞贵敏尽快制订这次盘点活动的初步方案，并协助他完成盘点活动的实施，同时负责纸品区货物的盘点任务（与负责调味品区盘点的李秋华、负责保健品区盘点的劳建业进行交叉盘点）。

 任务目标

知识目标：

1.了解盘点的含义和内容；

2.理解盘点的目的和方法；

3.掌握盘点的步骤。

技能目标：

1.能制订盘点计划；

2.能精准实施盘点。

素质目标：

1.培养耐心细致、动作迅速、操作规范的职业习惯；

2.培养数字化的思维。

 **任务分工**

精准盘点任务分配表

班级		授课老师		
小组名称			组长	
组员	姓名	学号		分工

 **任务实施**

第一步：认识盘点

引导问题1

在情景导入中，仓管员庞贵敏要完成这次盘点任务，首先要搞清楚什么是盘点，为什么要盘点，以及这次盘点的内容是什么。

一、盘点的含义

所谓盘点，是指定期或临时对库存物品的实际状态进行清查、清点，从中发现问题、分析问题，进而查明账物差异的原因并调整账面数量，最终获得正确的库存数据，真正实现系统账面数量和状态与库存实物数量和状态相符的过程。盘点是仓库管理过程中不可缺少的一项重要工作，是考核、检验在库管理的重要手段。在作业及商品保管过程中的收发货频繁、计量误差、记录不实、自然损耗、异常损耗等原因，会造成库存实物数量与系统账面数量不符的情况。

【育心笃行】盘点时，面对堆积如山的货物，要有"诚信为本，责任在肩"的信念，从账面盘点到实地清点，每一步都要细致入微。遇到账实不符的情况，需要耐心复核，确保准确无误。这不仅是对工作的负责，更是对企业诚信的坚守。

二、盘点的目的

1.确定现存量

通过盘点，可以查清实际库存数量，并通过盈亏调整使账面数量与实际库存数量一致，确保账实相符，这是盘点最主要的目的。实际库存数量与账面数量不符的主要原因通常有：出入库作业中产生误差，如记录库存数量时多记、误记、漏记；作业中导致物品损坏、遗失；验收与出库时清点有误；盘点时误盘、重盘、漏盘等。

2. 确认企业损益

库存物品的总金额直接反映企业库存资产的使用情况,库存量过大,将增加企业的库存成本。通过盘点,可以定期核查企业库存情况,确认企业损益,从而提出改进库存管理的措施。

3. 核查商品管理绩效

通过盘点,可以发现呆废物资的处理情况、存货周转率以及商品养护、防护、维修情况,进而采取相应的改善措施。

三、盘点的内容

盘点的目标不同、方式方法不同,盘点的内容也有差别。完整的盘点内容包括数量盘点、质量盘点、保管条件盘点。

1. 查数量

通过盘点查明库存商品的实际数量,核对系统账面数量与实际库存数量是否一致,这是盘点的主要内容。

2. 查质量

检查在库商品质量有无变化,包括受潮、锈蚀、发霉、干裂、鼠咬,甚至变质情况;检查有无超过保管期限和长期积压现象;检查技术证件是否齐全,是否证物相符;必要时,还要进行技术检查。

3. 查保管

检查库房内外储存空间与场所利用是否恰当;货架布置是否合理,搬运是否方便、简单、快速,传递距离是否太长。检查堆码是否合理、稳固和安全,苫垫是否严密,通风是否良好,库房温、湿度是否符合保管要求,库内外卫生环境是否整洁等。

4. 查安全

检查各种安全措施和消防设备、器材是否符合安全要求。检查防火安全系统是否有效,安全措施的制定和执行情况,灭火消防设施、动力和照明线路安全性能是否良好。

第二步:搞清盘点对象和步骤

引导问题 2

仓管员庞贵敏认识到这次盘点的内容是数量盘点,接下来要搞清楚对什么物品进行盘点,盘点的步骤又是什么。

盘点对象与盘点
注意事项

一、盘点对象

(1)凡在盘点日期内法定产权属于企业或受供应商委托运营管理的一切货物,不论其存放在何处,都是盘点的对象。

(2)已经售出但未运离本企业的货物(如客户已交款并开出提货但尚未取走的商品),不予盘点。

(3)已运离本企业但尚未售出的货物(如委托代销或发去参展的物品),应予盘点。

(4)已经购买但尚未运抵本企业的货物(如各种在途原材料),应予盘点。

(5)未购买但已放在本企业的货物(如受托代销货物),不予盘点。

二、盘点步骤

盘点作业一般可以分为四个步骤,即盘点准备、制订计划、现场盘点、结果处理,具体如

图 5-5 所示。

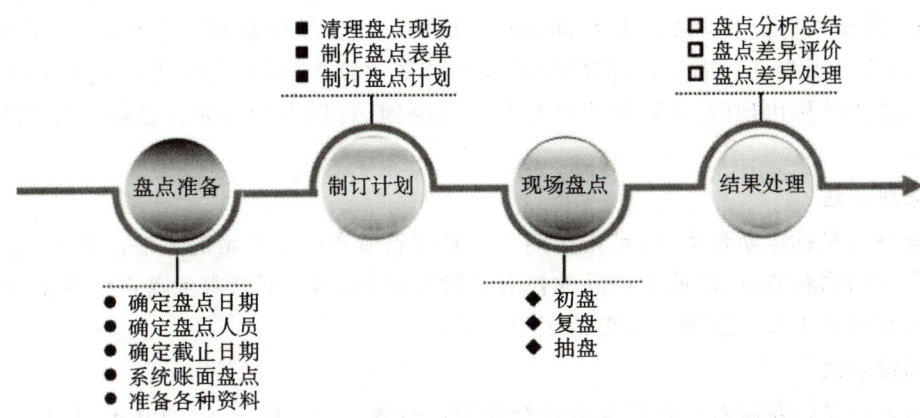

图 5-5　盘点步骤示意图

盘点的种类和方法

第三步：熟悉盘点的种类和方法

引导问题 3

在情景导入中,仓管员庞贵敏要为这次的盘点任务选择什么样的盘点方法才合适?

一、盘点的种类

1. 系统账面盘点

系统账面盘点又称为永续盘点,就是把每天入库及出库商品的数量及单价及时记录在计算机系统(如 WMS)上,而后系统自动累计加总,算出系统账面上每种商品的库存量及库存金额。

2. 现场实地盘点

现场实地盘点简称实盘,也就是实地去点数、检查商品的实际库存数,再依商品单价计算出库存金额的方法。根据盘点的时间间隔不同,现场实地盘点又可分为日盘、周盘、月盘、半年盘和年盘等。

无论什么样的盘点,都需要及时完成系统账面盘点和现场实地盘点,当然现场实地盘点更耗时费力。

二、盘点的方法

盘点方法的确定一般与盘点目的以及盘点时间有关。常见的盘点方法有如下几种。

1. 动态盘点法

动态盘点法是指对有动态变化的商品(即发生过收发业务的商品),即时核对该商品的余额是否与账、卡相符的一种盘点方法。该方法有利于及时发现差错和及时处理,一般用 RF 手持式终端完成盘点。这种方法尤其适用于日盘。

2. 重点盘点法

重点盘点法是指对重点货物进行盘点的方法。一般来说,重点货物包括进出库频繁的货物、易损易耗的货物、价值很高的货物。重点盘点的目的是对重点货物加强监控。这种方法适用于日盘、周盘。

3. 循环盘点法

循环盘点法是指按照商品入库的先后顺序(不论是否发生过进出业务),有计划地分多次盘点部分货物,直至所有需要盘点的货物都盘点一次的方法。采用循环盘点法时,日常业务照常进行,按照顺序每天盘点一部分,所需的时间和人员都比较少,发现差错也可及时分析和修正。其优点是对盘点结果出现的差错,较容易及时查明原因,可以节约经费。这种方法尤其适用于周盘。

4. 期末盘点法

期末盘点法又称定期盘点法,是指在期末一起清点所有商品数量的方法。期末盘点需要关闭仓库做全面的物料清点,因此对商品的核对非常方便和准确,可以避免盘点中的不少错误,简化存货的日常核算工作。这种方法更适用于月盘。

5. 全面盘点法

全面盘点法是指对所有库存货物进行全面的点检清查的一种方法,通常多用于清仓查库或年终盘点。全面盘点的工作量大,检查内容多,把数量检查、质量检查、保管检查、安全检查结合在一起,便于及时处理超储或呆滞物品。这种方法更适用于半年盘、年盘。

6. 临时盘点法

根据临时突发情况而进行的盘点,即突击性盘点。

第四步:实施盘点

引导问题 4

在情景导入中,仓管员庞贵敏要怎样做才能有效完成这次盘点任务?

一、盘点准备

盘点前的准备工作是否充分,关系到盘点作业能否顺利进行。事先对盘点工作中易出现的问题进行周密的研究和准备是非常重要的。盘点准备工作主要包括以下方面。

1. 确定盘点日期

盘点日期一般根据客户要求、公司生产情况、物料进出库等具体安排确定。

2. 确定盘点人员

一般日盘、周盘、月盘和临时盘由仓库部门自行组织,半年盘、年盘由仓库部门、财务部门、行政部门等共同参与。盘点前应确定各盘点人员的具体工作,以确保盘点工作顺利进行。

3. 确定截止日期

确定盘点前货物进出库截止日期。截止日期前后货物的进出,包括领用、报废、在途货物的情况等都要在系统账面上体现,确保账物卡一致。

4. 系统账面盘点

盘点人员在进行现场盘点前及时查询系统数据,导出盘点货物储存明细表,确定系统账面结存数。

仓管员庞贵敏于 2024 年 5 月 17 日 14:02 从 WMS 中导出了纸品区 10 种盘点货物的系统账面结存数,如表 5-2 所示。

表 5-2　纸品区货物系统账面结存明细表

序号	货物编码	货物名称	单位	账面数量	备注
1	V4064-1	260 节维达商用卫生卷纸/整	箱	154	托盘货架
2	V4064-2	260 节维达商用卫生卷纸/零	提	36	中型层架
3	V4203-1	180 克维达浪漫卫生卷纸/整	箱	152	托盘货架
4	V4203-2	180 克维达浪漫卫生卷纸/零	提	25	中型层架
5	V4022-1	140 克维达经济卫生卷纸/整	箱	110	托盘货架
6	V4022-2	140 克维达经济卫生卷纸/零	提	31	中型层架
7	V4066-1	200 克维达蓝色卫生卷纸/整	箱	121	托盘货架
8	V4066-2	200 克维达蓝色卫生卷纸/零	提	26	中型层架
9	V4013-1	160 克维达超韧卫生卷纸/整	箱	162	托盘货架
10	V4013-2	160 克维达超韧卫生卷纸/零	提	27	中型层架

5. 准备各种资料

提前印制盘点用表与盘点标签,在标签上准确填写货物名称、存放地点。

二、制订计划

1. 制订盘点计划

做好盘点前的各项准备工作后,庞贵敏按照主管潘伟权的要求,综合考虑这次盘点的目的、人员安排和货物特点,为了快速、准确地完成盘点,制订了盘点计划,如表 5-3 所示。

表 5-3　盘点计划表

序号	时间	工作内容	完成人员
1	11:30—12:00	确定现场盘点从 5 月 17 日 15:00 开始,是突击性盘点,采用临时盘点法	潘伟权
2	14:00—14:30	系统账面盘点,从 WMS 中导出纸品区 10 种盘点货物的系统账面结存数,制作、打印盘点表	庞贵敏
3	14:00—15:00	清理盘点现场	庞贵敏
4	15:00—15:30	初盘,登记盘点表并签字确认	庞贵敏
5	15:30—16:00	复盘,登记盘点表并签字确认	李秋华
6	16:00—16:20	抽盘,登记盘点表并签字确认	劳建业
7	16:20—17:00	审核盘点表,系统账面调整	庞贵敏、潘伟权
8	17:00—18:00	提交盘点报告,汇报	庞贵敏、潘伟权

2. 制作盘点表单

从 WMS 中将待盘点货物的结存明细导出,制作出盘点表。盘点表的形式多样,各企业的盘点表不尽相同,但是基本要素相差不大。仓管员庞贵敏制作的盘点表如表 5-4 所示。

表 5-4　盘点表

盘点单号:PD2024051701　　　　　　　　　　　　　　　　盘点日期:2024-5-17

序号	货物编码	货物名称	单位	账面数量	初盘数量	复盘数量	抽盘数量	盘盈数量	盘亏数量	备注
1	V4064-1	260 节维达商用卫生卷纸/整	箱	154						
2	V4064-2	260 节维达商用卫生卷纸/零	提	36						
3	V4203-1	180 克维达浪漫卫生卷纸/整	箱	152						
4	V4203-2	180 克维达浪漫卫生卷纸/零	提	25						
5	V4022-1	140 克维达经济卫生卷纸/整	箱	110						
6	V4022-2	140 克维达经济卫生卷纸/零	提	31						
7	V4066-1	200 克维达蓝色卫生卷纸/整	箱	121						
8	V4066-2	200 克维达蓝色卫生卷纸/零	提	26						
9	V4013-1	160 克维达超韧卫生卷纸/整	箱	162						
10	V4013-2	160 克维达超韧卫生卷纸/零	提	27						
签名										

制表:庞贵敏　　　　　　　　　　　　　　　　　　　　　　　　审核:

3. 清理盘点现场

为了提高盘点准确率,在盘点前,需要对盘点现场进行清理。清理盘点现场时主要注意以下几方面。

(1)将摆放凌乱的托盘物料进行摆正。按照堆码要求,每层物料的数量一定要保持一致,尾数放置在最上层中间或前端,这是盘点的基础,也是保证盘点效率的前提。

(2)注意物料有无倒置,是否放错位置,批次有无混放,如有上述现象,必须进行调整。

(3)初步检查物料是否损坏,残次品需要单独注明,在盘点后调至待处理区。

(4)对不在本次盘点之列,又存放在盘点现场的货物,应予标明。

(5)检查计量器具,使其误差符合规定要求。

三、现场盘点

根据盘点现场库房的布局,一般按照从左至右、从前往后、从下至上的顺序进行盘点。当然,盘点顺序只要事先统一即可,主要是为了避免错盘、漏盘。

1. 初盘

先由第一盘点人清点所负责区域的物品,将清点结果填入盘点表的"初盘数量"栏并签名。初盘时应注意:通常先点仓库,后点其他场所;盘点货架时,要依序由左而右、由下而上进行盘点;每一个货架都应视为一个独立的盘点单元,使用单独的盘点表,以利于按盘点配置图进行统计整理。盘点表上的数据应填写清楚,以免混淆;不同特性商品的盘点应注意计量单位的不同;盘点时应顺便观察商品的有效期,过期商品应随即取下,并在"备注"栏做记录。

2. 复盘

由第二盘点人(或交叉盘点人)复盘,填入盘点表的"复盘数量"栏并签名。复盘时应注意:复盘可在初盘进行一段时间后进行或在初盘结束后再进行,其他与初盘一致。

3. 抽盘

当货物初盘数与复盘数不一致或账面数与盘点数不一致时,应由第三人进行核对,确认最终的正确数量,填入盘点表的"抽盘数量"栏并签名。

四、结果处理

当某货物的账面数量等于实际数量时,属于正常情况,不需要做盘点差异处理;当某货物的账面数量不等于实际数量时,属于异常情况,需要做盘点差异处理和评价。

1. 盘点差异处理

(1)计算盘盈数、盘亏数。

货物的账面数量小于实际数量即为盘盈,盘盈数=实际数量-账面数量。

货物的账面数量大于实际数量即为盘亏,盘亏数=账面数量-实际数量。

5月17日15:00—16:03,庞贵敏、李秋华、劳建业三人合力完成了现场盘点工作,将盘盈数量、盘亏数量填入盘点表,提交给主管潘伟权,如表5-5所示。

表5-5 盘点表(盘点后)

盘点单号:PD2024051701　　　　　　　　　　　　　　　　　盘点日期:2024-5-17

序号	货物编码	货物名称	单位	账面数量	初盘数量	复盘数量	抽盘数量	盘盈数量	盘亏数量	备注
1	V4064-1	260节维达商用卫生卷纸/整	箱	154	154	154				
2	V4064-2	260节维达商用卫生卷纸/零	提	36	36	36				
3	V4203-1	180克维达浪漫卫生卷纸/整	箱	152	153	153	153	1		
4	V4203-2	180克维达浪漫卫生卷纸/零	提	25	25	25				
5	V4022-1	140克维达经济卫生卷纸/整	箱	110	110	110				
6	V4022-2	140克维达经济卫生卷纸/零	提	31	31	31				
7	V4066-1	200克维达蓝色卫生卷纸/整	箱	121	121	121				
8	V4066-2	200克维达蓝色卫生卷纸/零	提	26	26	25	25		1	
9	V4013-1	160克维达超韧卫生卷纸/整	箱	162	162	162				
10	V4013-2	160克维达超韧卫生卷纸/零	提	27	27	27				
签名					庞贵敏	李秋华	劳建业	庞贵敏	庞贵敏	

制表:庞贵敏　　　　　　　　　　　　　　　　　　　　审核:潘伟权

(2)盘点差异调整。

盘点差异调整一般是由盘点负责人操作 WMS 生成盘盈单和盘亏单,经仓库负责人核对同意后,WMS 将发生盘盈、盘亏货物的账面数量统一调整为实际数量。

2. 盘点差异评价

不同企业会根据各自的实际情况,采用不同的盘点差异评价指标,以期更准确地判断盘点损益。通用的盘点差异评价指标包括以下两个。

(1)盘盈(亏)率。

$$盘盈率=盘盈数量/实际数量×100\%,盘亏率=盘亏数量/实际数量×100\%$$

在这次雁洋仓纸品区的盘点中，"180 克维达浪漫卫生卷纸/整"的盘盈率＝1/153×100％＝0.65％，"200 克维达蓝色卫生卷纸/零"的盘亏率＝1/25×100％＝4.00％。

（2）盘点品项差异率。

$$盘点品项差异率＝盘点差异品项数/盘点实际品项数×100％$$

这次雁洋仓纸品区的盘点中，盘点品项差异率＝2/10×100％＝20％。

3. 盘点分析总结

盘点分析总结主要是针对盘点中发现的问题，分析原因，找出解决问题的方法，堵住漏洞，提高仓库管理水平。

庞贵敏、李秋华、劳建业对雁洋仓纸品区进行现场实地盘点后，发现存在两个问题。问题 1："180 克维达浪漫卫生卷纸"在托盘货架的账面数量应该是 152 箱，但是实际数量为 153 箱，盘盈 1 箱。问题 2："200 克维达蓝色卫生卷纸"在层架的账面数量应该是 26 提，但是实际数量只有 25 提，盘亏 1 提。无论是盘盈还是盘亏，都是账实不一致的体现，反映出仓库管理可能存在漏洞。庞贵敏三人倒查了上次盘点至本次盘点之间 10 多天的入库单和出库单，并将上月的结余量进行汇总，发现了盘盈、盘亏的原因。5 月 15 日，供应商"东威实业有限公司"入库 36 箱"180 克维达浪漫卫生卷纸"，验收时发现有 37 箱，多出 1 箱，与供应商沟通后，决定"留下来，下次送货时少送 1 箱"，但仓管员将 37 箱一起上架储存，导致实际数量比账面数量多 1 箱。5 月 9 日，客户"佳乐超市"下了 25 箱 9 提"200 克维达蓝色卫生卷纸"的订单，但是在做出库单时，将数量录成了 25 箱 8 提，在实际拣货过程中，分拣员发现了问题，出库 25 箱 9 提，而不是出库 25 箱 8 提，但是在系统中忘记修改出库单，导致实际数量比账面数量少 1 提。

盘亏和盘盈事件都发生在 5 月份，盘点异常的原因也找到了，没有给仓库造成实际损失。仓管员庞贵敏忘了将多送货物存放在暂存区，错误较轻，建议给予通报批评；信息员梁泳诗录入信息有误，情况较重，建议给予通报批评并扣除当月工资 200 元。

【育心笃行】庞贵敏作为仓管员，通过认真负责的盘点工作，不仅发现了库存的误差，及时纠正了管理漏洞，还做到了不隐瞒自己因疏忽而产生的错误。面对盘点，诚信与责任同样重要。

 小知识

盘点注意事项

在实际盘点过程中，需要重点注意如下事项。

（1）盘点表不允许涂改，阿拉伯数字书写要工整，填写盘点表时要使用中性笔或油笔，不允许使用铅笔进行盘点表的抄写。

（2）对于参与盘点的人员，将相关人员名单提供给人事及主管部门，作为年度考核的依据之一留档。

（3）盘点截数时间（指截止到某一时间的物品状态数据）前一定要完成所有单据入账，否则将直接影响盘点表数据的准确性。

（4）注意盘点后恢复仓配业务时的及时入库、分拣等。如果发现有严重影响准确性的工作未按规定办理（如未及时办理入库），除了要将数据盘点清楚以外，还需给予相关人员一定的实质性处罚等。

（5）所有盘点数据必须以实际清点数据为准，不得猜想数据、伪造数据，禁止目测数量、估计

数量。

（6）盘点时注意物料的摆放，盘点后需要对物料进行整理，保持原来的或合理的摆放顺序。

 **任务检测**

一、单选题

1.下列各项不属于盘点作业内容的是（　　　）。

A.货物数量　　　　　B.货物质量　　　　　C.保管条件　　　　　D.货物价值

2.某仓库库存货物实行 ABC 分类，A 类采用日盘，B 类采用周盘，C 类采用月盘。下列盘点方法更适用于日盘的是（　　　）。

A.动态盘点法　　　　B.循环盘点法　　　　C.全面盘点法　　　　D.期末盘点法

3.某公司在信德仓储有限公司储存了 6342 件货物，现已存放了 50 天。由于会自然损耗，信德仓储有限公司对该批货物实行周盘，每次盘点须将已损货物做报废处理，只保留合格货物。已知前两次盘点的实际数量分别是 6302 件、6250 件，第二次盘点的盘亏率是（　　　）。

A.0.63%　　　　　　B.1.47%　　　　　　C.0.83%　　　　　　D.1.45%

二、多选题

1.下列各项属于盘点内容的是（　　　）。

A.货物数量　　　　　B.货物质量　　　　　C.货物价值　　　　　D.保管条件

2.重点盘点法的目的是对重点货物加强监控，一般来说，重点货物包括（　　　）。

A.进出库频繁的货物　　B.品种数量大的货物　　C.易损易耗的货物　　D.价值很高的货物

3.在仓库盘点过程中，关于盘点的目的、内容和步骤，以下描述正确的是（　　　）。

A.盘点最主要的目的是确保库存实际数量与系统账面数量相符

B.通过盘点，企业可以定期核查库存情况，确认企业损益

C.盘点步骤主要包括盘点准备、制订计划、现场盘点和结果处理

D.盘点对象包括已售出但未运离本企业的货物

三、判断题

1.货物盘点后，无论是盘盈还是盘亏，都要将该货物的实际数量统一调整为账面数量。（　　　）

2.动态盘点法适用于日盘，尤其适用于对进出库频繁的货物进行盘点。（　　　）

四、学以致用

1.严小勇刚刚担任某物流企业仓库主管三个月，他对每个月末的仓库盘点工作最头痛。每当月末盘点时，盘点现场总是乱糟糟的，盘点人员盘点出来的结果总是不准确，不是账面数量多了，就是实际数量出现误差。严小勇想让盘点工作做得规范、准确、完善些，又快到月末盘点的时间了，他陷入了沉思中……

思考与讨论：根据给定的信息，你可以向严小勇提出哪些合理建议？

2.对大型连锁零售企业的仓储管理而言，传统盘点方式主要是手动记账进行库存盘点，工作量大且烦琐、耗时长，而且人为因素导致盘点数据不准确，错盘、漏盘等情况时有发生。此外，传统的盘点无法实时共享数据、进行库存差异对比，导致管理难度加大。如何利用信息技术解决仓储盘点耗时长、准确率低的难题，成为大型物流企业的一大挑战。

对于入库的每件货物，现代仓储系统使用便携式标签打印机打印出条码，粘贴到货物上，并

把条码信息扫描到数据库中。结合 ERP 可视化数据库软件,形成从入库到移库、盘点、出库的全方位和全程的可视化跟踪,可以精确定位每一件物品的存放位置,精确统计货物数量或规格,精确管理入库、出库流程。

思考与讨论:(1)可以采用哪些现代技术手段提升盘点效率?(2)如何避免盘点中的错误?

 **任务评价**

精准盘点任务评价表

班级		姓名		学号	
评价项目	评价标准			分值	得分
任务准备 (20%)	考勤情况(无迟到、早退、旷课等现象)			5	
	能积极参与小组任务,做好学习准备			5	
	能正确理解任务指令,并接受任务要求			10	
任务过程 (60%)	能全面了解盘点的内涵			10	
	能准确理解盘点的对象和步骤			10	
	会合理运用盘点的方法			10	
	能精准实施盘点			20	
	能准确分享课程思政内容			10	
职业素养 (20%)	态度端正,认真主动,能与小组成员合作			10	
	关注任务完成情况			10	
合计				100	
综合 评价	自评(20%)	小组互评(30%)	教师评价(50%)	综合得分	

• 健全人格思政小故事:不做平庸的仓管员

健全人格思政小故事

项目六　智能分拣管理

任务一　分拣准备作业

分拣准备作业

 **情景导入**

小吴是一位新加入上海联华生鲜食品加工配送中心的物流助理,今天他第一次参与分拣准备作业。清晨,配送中心内已经忙碌起来,成批的生鲜食品正通过自动化流水线进入仓库。小吴的导师是一位经验丰富的分拣主管,他带领小吴来到配送中心的入口处,指着屏幕上闪烁的订单列表说:"看,这就是我们今天要处理的所有订单。但在开始分拣之前,我们需要做好充分的准备。"

任务目标

知识目标：

1.了解拣货作业的含义；

2.掌握拣货作业的基本流程；

3.了解拣货作业中各种设施设备的使用要求。

技能目标：

1.能绘制拣货作业基本流程图；

2.能缮制、审核拣货单。

素质目标：

1.培养认真细致、精益求精的职业精神；

2.培养责任意识、规范意识和团队合作意识；

3.具有科技自信和大国情怀。

 **任务分工**

分拣准备作业任务分配表

班级		授课老师	
小组名称		组长	
组员	姓名	学号	分工

 **任务实施**

第一步：认识拣货

引导问题1

在情景导入中，小吴作为一名新加入物流中心的物流助理，如何理解拣货作业的重要性？

拣货作业是配送作业的中心环节。所谓拣货，是依据顾客的订货要求或配送中心的作业计划，将货物从其储位或其他区域拣取出来的作业过程。拣货作业不仅工作量大、工艺复杂，而且要求作业时间短、准确度高、服务质量好。因此，加强对拣货作业的管理非常重要。在拣货作业中，应根据配送的业务范围和服务特点，即根据客户订单所反映的货物特性、数量多少、服务要求、送货区域等信息，采取科学的拣货方式，进行高效的作业。

【育心笃行】分拣作业中，每一个细微的分拣动作都关系到配送作业的整体效率和质量，我们应树立"岗位虽小，责任重大"的观念。

第二步：分析拣货作业的基本流程

引导问题2

小吴发现WMS生成的客户订单上没有标示所拣货物的储位。他咨询导师得知，拣货作业开始前，还必须对客户订单或配送中心的送货单进行审核和处理，形成拣货单。为什么？

拣货作业基本流程如图6-1所示。

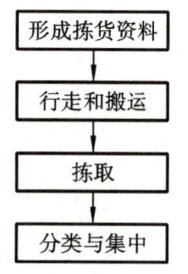

图6-1　拣货作业基本流程

一、形成拣货资料

拣货作业必须在拣货信息的指导下才能完成。拣货信息来源于顾客的订单或配送中心的送货单。有些配送中心直接利用顾客的订单或配送中心的送货单作为拣货指示，即拣货作业人员直接凭订单或送货单拣取货物。这种信息传递方式无法准确标示所拣货物的储位，增加了拣货人员寻找货物的时间和拣货行走路径。大多数配送中心一般先对订单等原始拣货信息进行处理，转换成拣货单或电子拣货单号，指导拣货人员或自动拣取设备进行拣货作业，以提高作业效率和作业准确性。拣货单格式如图6-2所示。

拣货单编号			包装单位			储位号码
商品名称		数量	托盘	箱	单体	
规格型号						
商品编码						
生产产商						
拣货时间	年　月　日　时　分至　时　分			拣货人		
核查时间	年　月　日　时　分至　时　分			核查人		
序号	订单编号	用户名称	（包装单位）			数量	出货单位	备注
			单件	箱	数量			

序号	订单编号	用户名称	单件	箱	数量	数量	出货单位	备注
1								
2								
3								
4								
5								
6								
7								
8								
9								
10								

图6-2　拣货单

引导问题3

小吴发现拣货员在各货位之间来回奔走，不仅体力消耗很大，而且浪费了很多时间。他问：有没有更先进的技术能帮助拣货人员降低工作强度、提高工作效率？

【育心笃行】分拣准备作业看似简单,但它对后续工作的顺利进行至关重要。每一次准确的分拣,都是对团队负责、对工作敬重的体现。无论任务大小,都要全力以赴,因为我们每一个人都是这个流程中不可或缺的一环。

二、行走和搬运

拣货作业的
行走与搬运

拣货时,拣货作业人员或机器必须直接接触并拿取货物,这形成了拣货过程中的行走与货物的搬运。缩短行走和货物搬运距离是提高配送中心作业效率的关键,这一过程有两种完成方式,如表6-1所示。

表6-1　两种行走和搬运方式的比较

类型	方法	特点
人到货方式	拣货人员以步行或搭乘拣货车辆方式到达货物储存位置	货物静止,移动方为拣取者
货到人方式	拣取人员在固定位置作业,不必寻找货物的储存位置,主要移动方是货物	货物处于动态,如轻负载自动仓储、旋转自动仓储等,拣取者静止

▶ 小知识

"货到人"(goods to person or goods to man,G2P or G2M)拣选,顾名思义,即在物流拣选过程中人不动,货物被自动输送到拣选人面前,供人拣选。"货到人"拣选是物流配送中心一种重要的拣选方式,与其对应的拣选方式是"人到货"(P2G or M2G)拣选。

最早的"货到人"拣选是由自动化立体库完成的,托盘或料箱被自动输送到拣选工作站,完成拣选后,剩余物料可根据实际情况,返回库内或者下线。

"货到人"拣选系统由三部分组成,即储存系统、输送系统、拣选工作站。

1. 储存系统

储存系统从过去比较单一的立体库存储,目前已发展到多种储存方式,包括平面储存、立体储存、密集储存等。储存形式也由过去的以托盘储存为主转变为以料箱(或纸箱)储存为主。然而,不管是哪一种储存方式,储存作业的自动化都是实现"货到人"的基础。存取技术的发展,焦点在于如何实现快速存取,由此诞生了许多令人眼花缭乱的存取方式和技术。

(1)AS/RS:自动化立体库是一种现代化的仓储系统,以托盘存储为主,其本身有很多种形式,如单深度和多深度立体库、长大件立体库、桥式堆垛立体库等。因为堆垛机存取能力的限制,这种储存方式主要用于整件拣选,很少用于拆零拣选。

(2)mini-load:mini-load 系统是一种以料箱为主要存取单元,通过高速堆垛机实现货物自动化存取与管理的高效仓储系统。其核心是高层货架通道内自动堆垛起重机的精确运行,以实现货物的自动化存取。先进的传感器和控制系统确保了货物位置的精准识别和操作的可靠性。不同于传统的仓库模式,该系统显著提高了仓储效率和空间利用率。

(3)垂直旋转式货柜:这是一种更加"迷你"的"货到人"拣选系统,其形式千变万化,有数十种之多,但存取能力和储存能力较为有限,在工厂的应用最为广泛。

(4)AGV:AGV 开始是作为一种输送系统存在的,广泛应用于汽车装配、烟草等制造企业以及港口等场合。随着 AGV 的不断发展,不仅其形式发生了巨变,其应用场合亦发生了根本性的变化。亚马逊推出的 Kiva 系列机器人,实际上已将 AGV 的应用从单纯的输送转变为一个集存取与输送于一体的"货到人"系统,其应用前景广阔。

(5)多层穿梭车系统:多层穿梭车系统是由小车、行走机构、存取机构、轨道系统组成的,适用于小尺寸、多规格物料的高速缓存系统,具有柔性化、集成化、网络化、高精度、高速高效、稳定可靠以及节能环保等特点。随着多层穿梭车系统技术的不断成熟、拆零拣选作业需求的增加和作业难度的加大,近几年多层穿梭车系统得到了大量的应用,是高速存储拣选解决方案的典型代表。

(6)2D 和 3D 密集存储系统:这是一个集 mini-load、穿梭车、提升机等多种系统于一体的全新一代存储系统,分为托盘和料箱两种方式。其储存效率是传统立体库的 1.5～3 倍,被称为储存系统的里程碑成果。

2.输送系统

"货到人"拣选系统的关键技术之一是解决快速储存与快速输送之间的匹配问题。对于电子商务物流系统来说,要求匹配每小时 1000 次的输送任务并不是一件很困难的事情。事实上,采用多层输送系统和并行输送系统的方式,可完成多达每小时 3000 次以上的输送任务,更大的输送量客观上是可以实现的,但需要采用一些特殊的手段,如配合 3D 密集存储系统等。

3.拣选工作站

拣选工作站的设计非常重要。一个工作站要完成每小时多达 1000 次的拣选任务,依靠传统的方法是无法实现的。目前设计的拣选工作站采用电子标签、照相、RFID、称重、快速输送等一系列技术,已经完全可以满足实际需求。

三、拣取

当货品出现在拣取者面前时,拣取者一般采取的两个动作为拣取与确认。拣取是抓取物品的动作,确认则是确定所拣取的物品、数量是否与指示拣货的信息相同。在实际的作业中,配送中心多采用读取品名与拣货单据做对比的确认方式,较先进的做法是利用无线传输终端机读取条码后,再由计算机进行确认。对于小体积、小批量、搬运重量在人力范围内且出货频率不是特别高的货品,配送中心通常采取手工方式拣取;对于体积大、重量大的货物,利用升降叉车(见图6-3)等搬运机械辅助作业;对于出货频率很高的货品,则采用自动分拣系统进行拣货。

图 6-3 叉车拣选

【育心笃行】分拣作业虽然辛苦,但它是一次难得的锻炼机会。通过劳动,我们可以更加珍惜劳动成果,培养勤劳节俭的好习惯。请大家努力用汗水浇灌成功的花朵。

引导问题 4

小吴发现,如果几张订单所需货物的相似度很高,就可以将几张订单合并为一张拣货单开展拣货作业,为什么?

四、分类与集中

配送中心在收到多个客户的订单后,可以进行批量拣取,再根据不同的客户或送货路线分类集中,有些需要进行流通加工的货物还需要根据加工方法进行分类,加工完毕再按一定方式分类出货。多品种分货的工艺过程较复杂,难度也大,容易发生错误,必须在统筹安排形成规模效应的基础上,提高作业的精确性。在物品体积小、重量轻的情况下,可以采取人力分货,也可以采取机械辅助作业,或利用自动分货机自动将拣取出来的货物进行分类与集中。分类完成后,对货物进行核对、包装后便可以出货、装运、送货了。分货过程如图 6-4 所示。

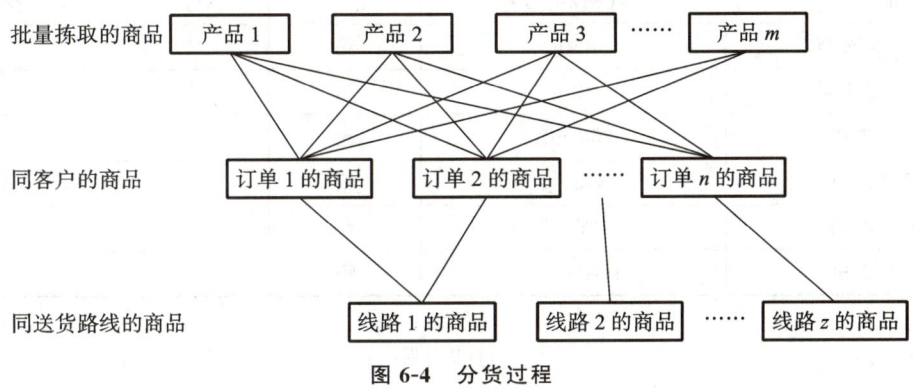

图 6-4 分货过程

【育心笃行】分拣工作考验的是大家的耐心和细心。每一件物品都需要我们仔细辨别、准确分类。请大家保持耐心,不要急于求成,确保每一个细节都做到位。只有这样,我们才能避免错误,提高工作效率。

任务检测

一、单项选择题

1.拣货作业的核心目的是( )。

A.增加工作量　　　　　　　　B.延长作业时间

C.提高作业效率和准确性　　　D.降低服务质量

2.在拣货作业中,拣货信息的主要来源是( )。

A.供应商的发货单　　　　　　B.仓库的库存报告

C.顾客的订单或配送中心的送货单　　D.拣货人员的经验判断

3.以下可以缩短拣货作业中的行走和搬运距离、提高作业效率的方式是( )。

A.人至物方式,拣货人员步行至货物储存位置

B.物至人方式,货品动态移动至拣货人员位置

C.无论哪种方式,效率都相同

D.依赖拣货人员的记忆力减少行走

4.在拣货过程中,对于出货频率很高的货品,配送中心通常采取(　　　)方式进行拣货。

A.手工拣取　　　　　　　　　　　B.利用升降叉车等搬运机械辅助作业

C.自动分拣系统　　　　　　　　　D.人力分货

5.拣货作业完成后,货物需要经过(　　　)环节才能出货、装运、送货。

A.直接出货　　　　　　　　　　　B.无须分类直接集中

C.分类与集中,并经过核对、包装　　D.加工处理后再分类

二、学以致用

配送中心接到以下 3 张订单(见表 6-2 至表 6-4),根据配送信息可知,青年路店与解放路店的货物安排在一条配送路线上。

表 6-2　订单一

解放路店　　　　　　　　　　　　　　　　　　　　　　　　　　　　　编号:001

品名	规格/型号	单位	数量	备注
××洗面奶	85 g	箱	7	
××方便面	82 g	箱	5	
××牛奶	250 mL	箱	4	
××洗衣粉	3450 g	箱	3	
××电脑	RY120	台	6	
××手机	HAW118	箱	2	

批准人:　　　　　　　　　　　　　　　　订货人:

批准日期:　　　　　　　　　　　　　　　订货日期:

表 6-3　订单二

先锋路店　　　　　　　　　　　　　　　　　　　　　　　　　　　　　编号:002

品名	规格/型号	单位	数量	备注
××方便面	82 g	箱	5	
××洗面奶	85 g	箱	3	
××牛奶	250 mL	箱	1	
××透明皂	45 g	箱	4	
××电脑	RY120	台	7	
××显示器	LX19 英寸	箱	2	

批准人:　　　　　　　　　　　　　　　　订货人:

批准日期:　　　　　　　　　　　　　　　订货日期:

表 6-4　订单三

青年路店　　　　　　　　　　　　　　　　　　　　　　　　　　　　　编号:003

品名	规格/型号	单位	数量	备注
××洗面奶	85 g	箱	6	
××洗衣皂	220 mL	箱	4	

续表

品名	规格/型号	单位	数量	备注
××牛奶	250 mL	箱	2	
××洗衣粉	3450 g	箱	5	
××平板电视机	SF37 英寸	台	7	
××手机	HAW3250	箱	2	

批准人：　　　　　　　　　　　订货人：

批准日期：　　　　　　　　　　订货日期：

思考与讨论：(1)分析订单货物性质,确定拣货的行走和搬运方式;(2)请结合图 6-4 对完成分拣的货物进行分货处理。

 **任务评价**

分拣准备作业任务评价表

班级：　　　　　　　　姓名：　　　　　　　　学号：

评价项目	评价标准	分值	得分
任务准备 （15%）	考勤情况（无迟到、早退、旷课等现象）	5	
	能积极参与小组任务,做好学习准备	5	
	能正确理解任务指令,并接受任务要求	5	
任务过程 （70%）	能全面把握拣货作业的概念和内涵	10	
	能准确说出拣货作业的基本流程	10	
	能准确填制、审核拣货单	10	
	能说出几种不同拣货方式的特点	10	
	能分析"货到人"拣选系统的发展趋势	10	
	能准确分享课程思政内容	20	
职业素养 （15%）	态度端正,认真主动,能与小组成员合作	10	
	关注任务完成情况	5	
合计		100	
综合评价	自评（20%）　　　小组互评（30%）　　　教师评价（50%）		综合得分

任务二　订单分拣

 **情景导入**

小吴跟随导师来到了物流中心繁忙的拣货区,看到一排排货架整齐排列,货架上面摆满了各式各样的生鲜食品,AGV 机器人自动行驶到拣货员所在的位置,拣货员们迅速而准确地从货

架上取下货物,并放入对应的物流箱中。小吴想,要怎样做才能使拣货作业效率更高呢?

任务目标

知识目标:

1.掌握拣货方式、种类及操作流程;

2.掌握拣货策略的类型;

3.掌握常见拣货策略的特点。

技能目标:

1.能选择适当的拣货方式;

2.能选择适当的拣货策略;

3.能优化拣货作业的策略。

素质目标:

1.培养团队协作精神和沟通能力;

2.培养创新思维和解决问题的能力;

3.培养工作责任心和认真细致、精益求精的职业精神。

任务分工

订单分拣任务分配表

班级		授课老师	
小组名称		组长	
组员	姓名	学号	分工

任务实施

拣货方式

第一步:选择拣货方式

引导问题1

导师给小吴拿来了一批需要紧急配送的客户订单,这些订单中货物的种类多、数量少,且配送时间有明确要求。小吴应该怎样进行拣货操作呢?

拣货作业可分为按订单拣取、批量拣取与复合拣取三种。

【育心笃行】订单拣取强调对每一个客户订单的精准处理,体现了对客户需求的尊重和对个性化服务的追求。这要求我们具备高度的社会责任感,将客户的满意度放在首位,用实际行动践行"客户至上"的服务理念。

一、按订单拣取

按订单拣取是分别按每份订单来拣货，又称"拣取式"、"摘果式"或"人到货前式"拣取作业。

按订单拣取是针对每一份订单，拣取者巡回于仓库内，按订单所列的货物及数量，将客户所订购的货物逐一从仓库储位或其他作业区中取出，然后集中的拣货方式。按订单拣取的作业流程如图 6-5 所示。

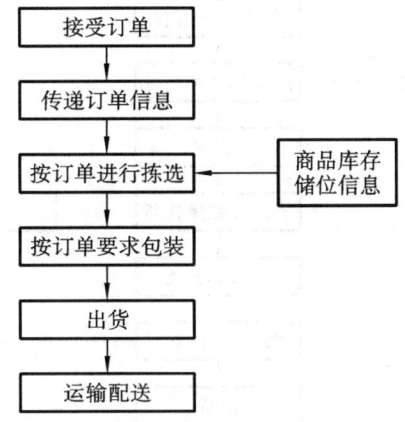

图 6-5　按订单拣取的作业流程

按订单拣取的工艺示意图如图 6-6 所示。

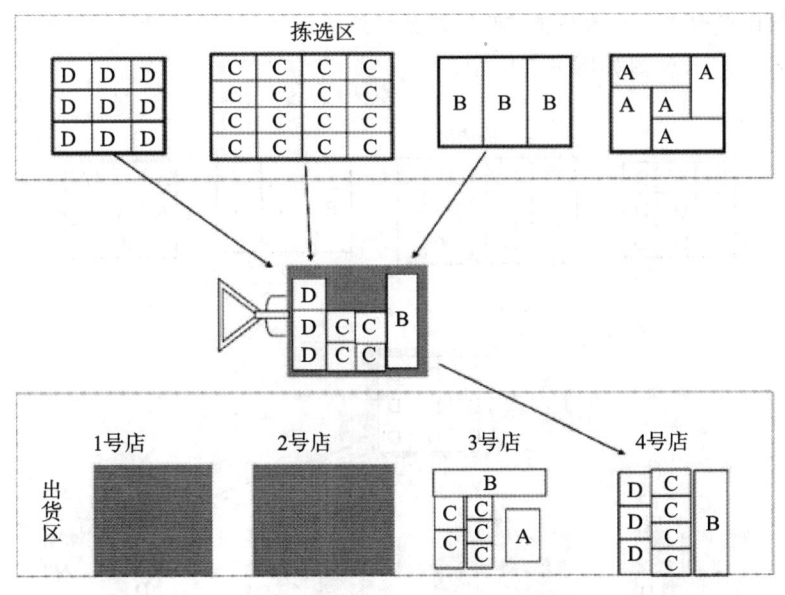

图 6-6　按订单拣取的工艺示意图

引导问题 2

导师从 WMS 系统上给小吴导出了一批数量较大、货物种类相对集中的订单，这些订单主要来自长期合作的大客户，且对配送时间没有严格要求。导师建议小吴先对订单进行整理，再开展后续作业。

二、批量拣取

批量拣取又称"分货式"拣取、"播种式"拣取,即把多张订单集合成一个批次,按货物品种汇总后再进行拣取,然后按不同客户或订单分类处理。批量拣取作业流程如图 6-7 所示。

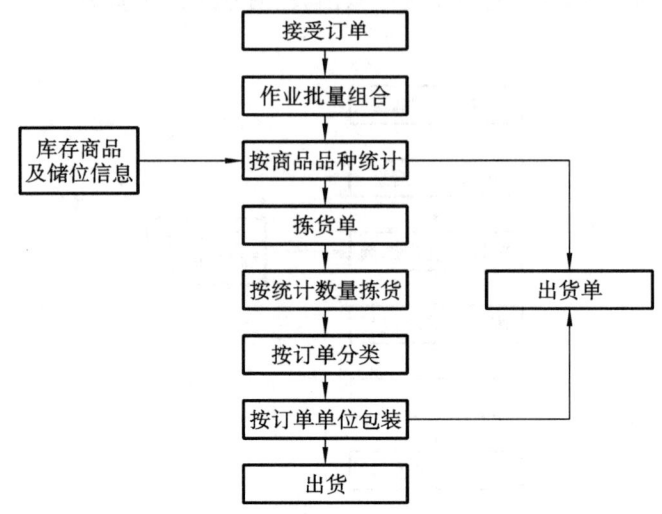

图 6-7　批量拣取作业流程

【育心笃行】批量拣取涉及多张订单的整合与分类,在实际操作中需要多位工作人员共同参与。通过有效的团队协作、明确分工,可以实现高效拣选。

批量拣取的工艺示意图如图 6-8 所示。

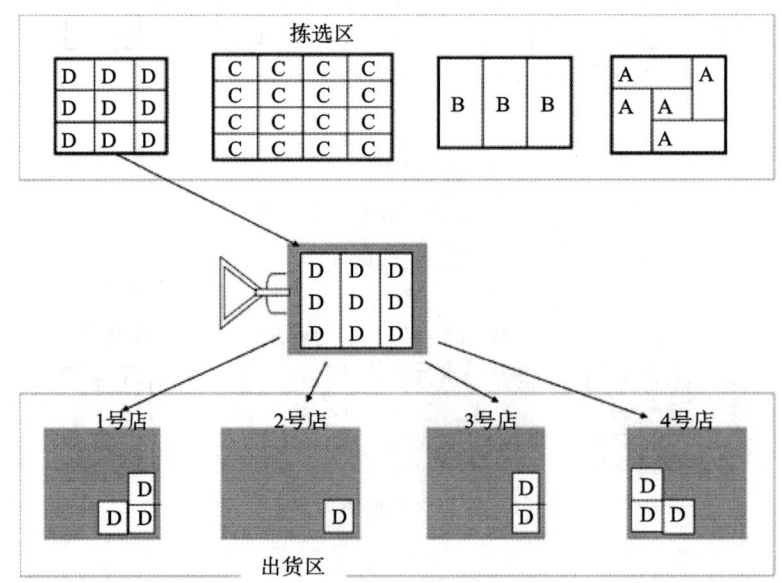

图 6-8　批量拣取的工艺示意图

引导问题 3

小吴问导师,如果同时收到的客户订单里既有需要快速处理的紧急订单,也有可以批量处理的常规订单,物流中心是不是可以将按订单拣取和批量拣取两种拣货方式组合起来开展拣货作业?

三、复合拣取

复合拣取是将按订单拣取和批量拣取组合起来的拣货方式,即根据订单的品种、数量及出库频率,确定哪些订单适用于按订单拣取,哪些订单适用于批量拣取,然后分别采取不同的拣货方式。

【育心笃行】复合拣取根据订单特性灵活选择拣货策略,这需要我们具备灵活应变的能力,面对复杂多变的作业环境时保持清醒的头脑和敏锐的洞察力,及时调整策略以应对变化。

各种拣货方式的优缺点比较如表 6-5 所示。

表 6-5　各种拣货方式的优缺点

拣货方式	优点	缺点	适用范围
按订单拣取	①作业方法简单;②作业前置时间短;③作业人员责任明确,易于安排人力;④拣货后不用进行分类作业,适用于配送批量大的订单的处理;⑤导入容易,作业弹性大	①货物品类多时,拣货行走路径加长,拣货效率降低;②拣货区域大时,搬运系统设计困难;③少量多次拣货时,造成拣货路径重复、效率降低	①用户不稳定;②用户之间共同需求差异较大;③用户需求种类较多,不便于统计和共同取货;④用户对配送时间有明确要求且要求不一;⑤传统仓库改建成的配送中心
批量拣取	①提高拣货规模,降低拣货成本;②可以缩短拣货时的行走时间,增加单位时间的拣货量;③节约人力,减少与其他作业的冲突	①对紧急订单无法做及时处理;②积累订单数量时,延长停滞时间;③增加分货作业;④必须全部作业完成后才能发货	①用户稳定,数量较多;②用户之间共同需求多;③用户需求种类较少,便于统计和共同取货;④用户对配送时间没有明确要求;⑤专业性强的配送中心
复合拣取			订单密集的场合

第二步:选择合适的拣货策略

引导问题 4

拣货策略

导师向小吴介绍了物流中心的拣货策略,如表 6-6 所示。物流中心为什么要这样安排?

表 6-6　物流中心的拣货策略

项目	栈板储架拣货区	数位显示储架拣货区	计算机拣货台车拣货区
保管单位	栈板	箱	箱
拣货单位	箱	单品	单品
货物特性	体积大、量大,出货频率较低	体积小、量中,出货频率高	体积小、量小,出货频率低

续表

项目	栈板储架 拣货区	数位显示储架 拣货区	计算机拣货台车 拣货区
拣货方式	合计量分批拣取后分类(SAP)	按订单拣取(SOP)	固定量分批拣取时分类(SWP)
拣货资讯	贴标签	电子资讯	电子资讯

拣货策略是影响拣货作业效率的重要因素,对不同的订单应采取不同的拣货策略。拣货策略主要包括分区策略、订单分割策略、订单分批策略和分类策略。

【育心笃行】"不谋全局者,不足以谋一域",在拣货时,大家需要知道,每一个决策都是整个物流系统中的一个环节,它们之间相互影响、相互制约。拣货人员需要树立系统思维,学会从全局出发,培养在复杂环境中做出综合判断的能力。

一、分区策略

所谓分区策略,就是将拣货作业场地做区域划分,按分区原则的不同,有以下四种分区方法。

1. 特性分区

特性分区就是根据货品原有的性质,将需要特别储存搬运或分离搬运的货品进行区隔,以保证货品的品质在储存期间保持不变。

2. 拣货单位分区

拣货单位分区即将拣货作业区按拣货单位划分,如箱装拣货区、单品拣货区,或是具有特殊货品特性的冷冻品拣货区等。其目的是使储存单位与拣货单位分类统一,以便拣货与搬运单元化。一般来说,拣货单位分区所形成的区域范围较大。图 6-9 所示为拣货单位分区示意图。

(a) 箱装拣货区   (b) 单品拣货区   (c) 冷冻品拣货区

图 6-9　拣货单位分区示意图

3. 拣货方式分区

在不同的拣货单位分区中,依拣货方法及设备的不同,又可细分为若干子区,通常按 ABC 分类法来划分子区,如图 6-10 所示。具体操作方法为:按各品类的出货量大小及拣取次数的多少,各做 A、B、C 群组划分;再根据各群组的特征决定合适的拣货设备及拣货方式。这种方式可将作业区单纯化、一致化,以减少不必要的重复行走所耗费的时间。

4. 工作分区

工作分区是指在相同的拣货方式下,将拣货作业场地细分成不同的分区,由一个或一组固定的拣货人员负责拣取区域内的货物。这一方法的优点在于能减少拣货人员所需记忆的存货

图 6-10　拣货方式分区示意图

位置及移动距离,缩短拣货时间。同时,也可以配合订单分割策略,运用多组拣货人员在短时间内共同完成订单的拣取。接力式拣货就是工作分区下的产物,只是其订单不做分割或不分割至各工作分区,拣货人员以接力的方式来完成所有的拣货作业。图 6-11 为工作分区示意图。

图 6-11　工作分区示意图

以上的拣货分区可同时存在或单独存在于一个配送中心内。

引导问题 5

导师对小吴说:当订单的货品项目较多或拣货系统要求在短时间内快速完成拣货时,还可将订单进行分割,交由不同拣货区域同时进行拣货作业。

二、订单分割策略

当订单上显示的货品项目较多,或是拣货系统要求对订单进行快速处理时,为了在短时间内完成拣货任务,可将订单分为若干子订单,交由不同拣货区域同时进行拣货作业。将订单按拣货区域进行分解的过程叫订单分割。

订单分割一般是与拣货分区相对应的,对于采用拣货分区的配送中心,其订单处理过程的第一步就是要按区域进行订单的分割,各个拣货区根据分割后的子订单进行拣货作业,各拣货区的子订单拣选完成后,再进行订单的汇总。

【育心笃行】实施订单分割与汇总时,每一个小小的疏忽都可能引发连锁反应,影响整个订单处理流程的顺畅与效率。因此,大家需时刻保持高度的警觉性和责任感,将"细节决定成败"的理念深植于心,用实际行动践行这一理念。

常见的三种订单分割方法如下。

(1)拣货单位分区的订单分割策略,如图 6-12 所示。

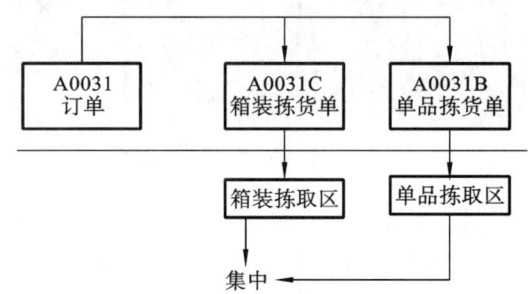

图 6-12　拣货单位分区的订单分割策略示意图

(2)拣货方式分区的订单分割策略,如图 6-13 所示。

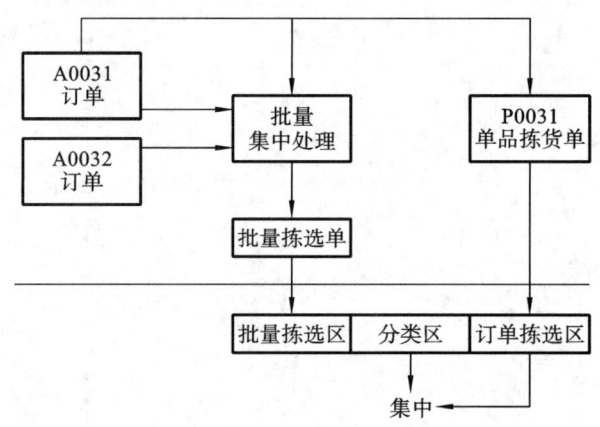

图 6-13　拣货方式分区的订单分割策略示意图

(3)工作分区的订单分割策略,如图 6-14 所示。

引导问题 6

导师对小吴说:物流中心有时还会为提高拣货作业效率而将多张订单进行集合,也就是常说的"订单分批"。

三、订单分批策略

订单分批是为了提高拣货作业效率而把多张订单集合成一批,进行批次分拣作业。若再将每批次订单中的同一种类货物汇总拣取,然后按客户订单分别做分货处理,则形成批量拣取。这样不仅缩短了拣取时行走和搬运的距离,也减少了寻找储位的时间,进而提高了拣货效率。

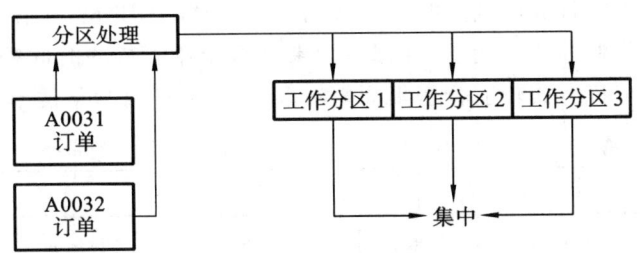

图 6-14　工作分区的订单分割策略示意图

订单分批方式有以下四种。

【育心笃行】订单分批与批量拣取不仅是技术层面的优化,更是管理思维和模式的创新。这种创新体现了对"效率优先,兼顾质量"理念的深刻践行。大家要认识到,在快速变化的市场环境中,只有不断创新、持续改进,才能在激烈的竞争中立于不败之地。

1. 总合计量分批

合计拣货作业前所有累积的订单中每一货物项目的总量,再按这一总量进行拣取,如图6-15 所示。这样便可将拣取路径减至最短,同时储存区域也较单纯,但需要功能强大的分类系统来支持。此种方式适用于周期性配送,例如可将所有订单的货物在中午前搜集完毕,在下午做合计处理,隔日一早再进行拣取、分类工作。

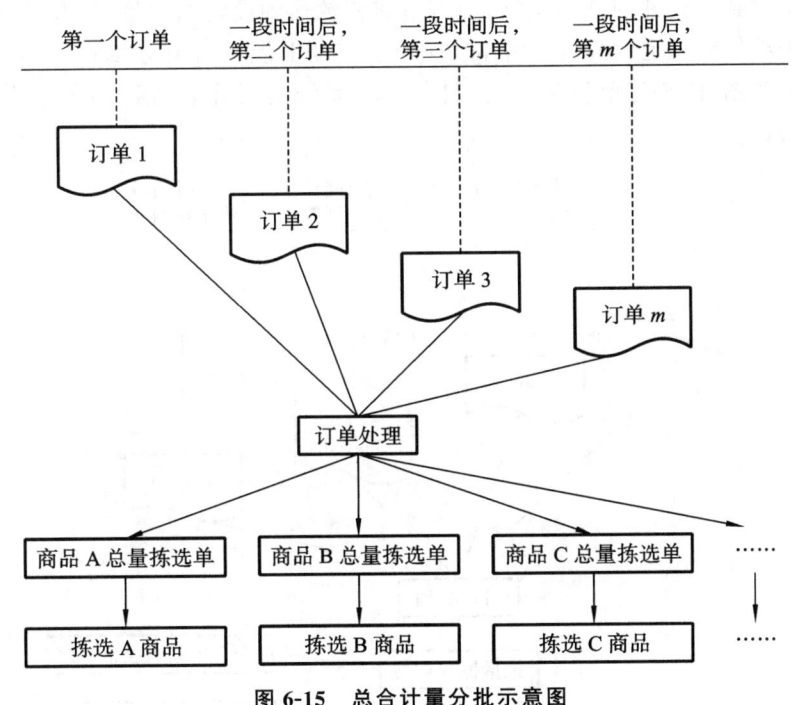

图 6-15　总合计量分批示意图

2. 时窗分批

当订单要求紧急发货时,可开启短暂而固定的时窗(如 5 或 10 分钟),再将这一时窗中所有的订单做成一批,进行批量拣取。这一方式常与分区及订单分割联合运用,特别适用于到达间隔时间短而平均的订单形态,同时订购量及种类不宜太多。图 6-16 是时窗分批的示意图,所开时窗长度为 1 小时。各拣货分区利用时窗分批同步作业时,会因分区工作量不平衡和时窗分批拣货量不平衡而产生作业等待的问题。因此,如果能将作业等待的时间缩短,将大幅度提高拣货的产出效率。这种分拣方式较适合密集频繁的订单,且能应付紧急插单的需要。

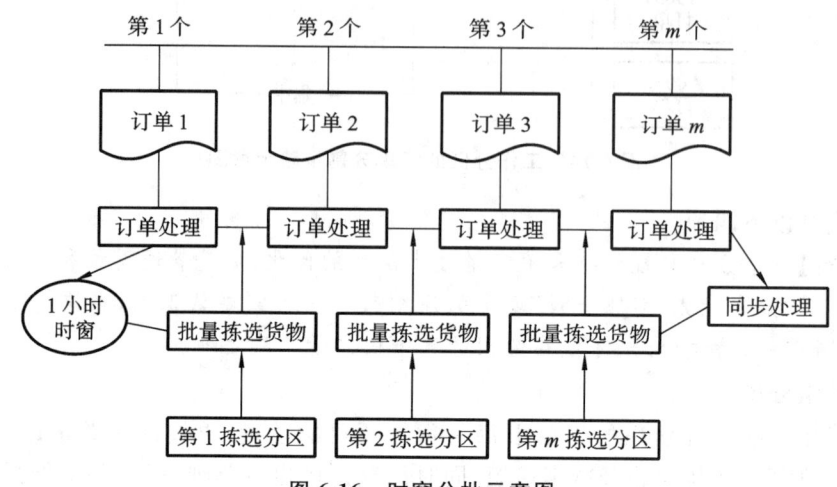

图 6-16　时窗分批示意图

3. 固定订单量分批

订单分批按先到先处理的基本原则,当订单累积数达到设定的数量时,开始进行拣货作业。这种方式偏重于维持较稳定的作业效率,但在处理速度上慢于时窗分批方式。图 6-17 是固定订单量分批的示意图,固定订单量为 m,当订单进入系统的累计数达到 m 时,集合成一批进行分区批量拣货作业。

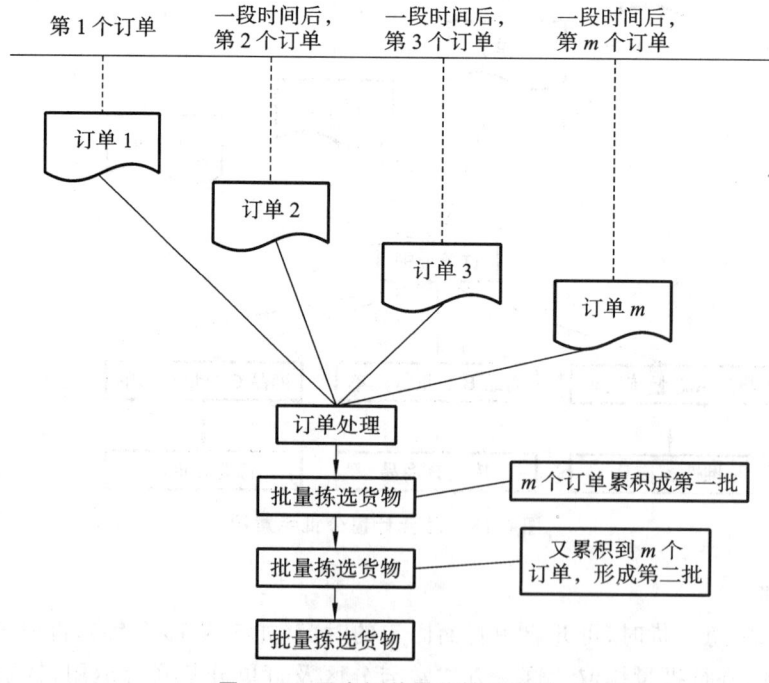

图 6-17　固定订单量分批示意图

4.智慧型分批

智慧型分批是指将拣取路径相近的订单分成一批。采用这种分批方式的配送中心通常将前一天的订单汇总后，经过计算机处理，在当天产生拣货单据，速度较快。

要做到智慧型分批，最重要的就是货品储存位置和货位编码的相互对应，使得在计算机中输入货品编号后就可凭借货品的货位编码了解货品的储存位置，再根据拣选作业路径的特性，找出订单分批的法则。

引导问题 7

小吴发现，当采用批量拣货作业方式时，完成拣货后还必须进行分类，因此需要相配合的分类策略，才能更好地提高拣货作业的效率。

四、分类策略

当采用批量拣货作业方式时，完成拣货后还必须进行分类，因此需要有相配合的分类策略。分类策略有以下两种。

（1）分拣时分类。在分拣的同时将货品按订单分类，这种分类方式常与固定订单量分批或智慧型分批方式共同使用。因此，需要使用计算机辅助台车作为拣货设备，以便加快分拣速度，同时避免错误发生。这种方式较适用于少量多样的场合，且由于拣选台车不可能太大，因此每批次的客户订单量不宜过大。

（2）分拣后集中分类。一般有两种分类方法：一是以人工作业为主，将所有货品搬运到空地上进行分发，而每批次的订单量及货品数量不宜过大，以免超出人员负荷；二是利用分类输送机系统进行集中分类，是自动化程度较高的作业方式。当订单分割越细，分批批量品相越多时，越适合使用后一种方式。

以上四类拣货策略可单独或联合运用，也可以不采用任何策略，直接按订单拣选。

【育心笃行】分拣工作考验的是大家的耐心和细心。每一件物品都需要我们仔细辨别、准确分类。请大家保持耐心，不要急于求成，确保每一个细节都做到位。只有这样，我们才能避免错误，提高工作效率。

 任务检测

一、单项选择题

1.以下被称为"摘果式"或"人到货前式"拣取作业的是（　　　）。

A.批量拣取　　　　　B.复合拣取　　　　　C.按订单拣取　　　　　D.智慧拣取

2.批量拣取作业的主要优点不包括（　　　）。

A.提高拣货规模，降低拣货成本　　　　　B.缩短拣货时的行走时间

C.对紧急订单能够及时处理　　　　　D.节约人力，减少与其他作业的冲突

3.在拣货策略中，将拣货作业场地按货品特性进行区域划分的方法被称为（　　　）。

A.拣货单位分区　　　B.特性分区　　　　　C.拣货方式分区　　　　D.工作分区

4.以下基于拣货方式分区进行的订单分割策略是（　　　）。

A.拣选单位分区的订单分割　　　　　B.时窗分批的订单分割

C.固定订单量分批的订单分割　　　　　D.智慧型分批的订单分割

5.订单分批策略中，将拣取路径相近的订单分成一批的分批方式被称为（　　　）。

A.总合计量分批　　B.时窗分批　　　　C.固定订单量分批　D.智慧型分批

二、多项选择题

1.批量拣取后,为了将货物按客户或订单分类,通常采用的分类策略是(　　　)。

A.分拣时分类　　　B.分拣后集中分类　C.按订单顺序分类　D.随机分类

2.在智能分拣作业中,拣货分区的方法包括(　　　)。

A.特性分区　　　　B.拣货单位分区　　C.拣货方式分区　　D.工作分区

3.订单分割策略通常与(　　　)策略结合使用以提高拣货效率。

A.拣货单位分区　　B.拣货方式分区　　C.工作分区　　　　D.订单分批策略

4.以下(　　　)因素决定了拣货策略的选择。

A.订单类型　　　　B.货物特性　　　　C.拣货设备　　　　D.仓库布局

5.批量拣取作业完成后,常用的分类策略有(　　　)。

A.分拣时分类

B.分拣后集中分类(人工作业)

C.分拣后集中分类(自动化分类输送机系统)

D.无须分类,直接发货

三、学以致用

方案背景:某大型电商配送中心负责处理来自多个用户的订单,订单种类繁多,数量不等,且配送时间要求各异。为了提高拣货效率,减少错误率,并满足用户的不同需求,请为该配送中心设计一套拣货策略,并说明其优点。

设计要求:

(1)分析配送中心的货物特性、订单特点以及用户需求;

(2)设计拣货分区策略,包括特性分区、拣货单位分区、拣货方式分区和工作分区;

(3)设计订单分割、订单分批和分类策略,并说明如何结合使用这些策略以提高拣货效率;

(4)阐述如何通过智能化手段(如计算机处理、电子资讯等)来辅助拣货作业;

(5)评估所设计拣货策略的预期效果,包括拣货效率提升、错误率降低、人力成本节约等方面。

 任务评价

订单分拣任务评价表

班级:		姓名:		学号:	
评价项目	评价标准			分值	得分
任务准备 (15%)	考勤情况(无迟到、早退、旷课等现象)			5	
	能积极参与小组任务,做好学习准备			5	
	能正确理解任务指令,并接受任务要求			5	
任务过程 (70%)	能准确说出几种常见的拣货方式及特点			10	
	能全面把握不同拣货方式的适用场景			10	
	能全面理解拣货策略			10	
	能全面分析拣货策略的执行效果			10	

续表

评价项目	评价标准	分值	得分
任务过程 （70%）	能对拣货策略进行优化改进	10	
	能准确分享课程思政内容	20	
职业素养 （15%）	态度端正，认真主动，能与小组成员合作	10	
	关注任务完成情况	5	
合计		100	

综合评价	自评（20%）	小组互评（30%）	教师评价（50%）	综合得分

任务三　拣货路径优化

小吴在参与分拣作业后发现，虽然拣货员工非常努力，但还是会出现行走路线重复、拣货时间偏长的情况。于是，小吴向导师提出了这个疑问。导师微笑着带小吴来到一个数据分析室，在这里，屏幕上展示着拣货员的行走轨迹和拣货时间的数据图。小吴想，优化拣货线路，能更好地提升拣货作业效率。

知识目标：

1. 理解拣货路径的影响因素；

2. 掌握拣货路径的设计方法；

3. 了解拣货作业计划的内容与编制方法；

4. 理解拣货作业区的主要布局模式。

技能目标：

1. 能根据实际需求设计拣货路径；

2. 能编制拣货作业计划；

3. 能优化拣货作业区的布局。

素质目标：

1. 培养团队协作精神和沟通能力；

2. 培养发现问题、分析问题、解决问题的能力；

3. 培养工作责任心和持续学习的意识和能力。

拣货路径优化任务分配表

班级		授课老师	
小组名称		组长	

续表

	姓名	学号	分工
组员			

 任务实施

第一步：考虑拣货路径的影响因素

引导问题1

小吴在分拣作业现场观察到，在同一个仓库中的不同拣货员，有的能够快速准确地完成拣货任务，有的则频繁穿梭于各个货架之间，导致行走路线重复、效率低下。是什么因素导致了拣货员行走路线重复和拣货效率低下？

一、拣货路径规划

拣货路径规划管理是"人到货"拣选方式管理中的重要内容，其管理内容是确定拣选的顺序和行走路线，目的是在尽可能短的时间内完成拣选工作。

【育心笃行】在规划拣货路径时，货架的微小调整、拣货顺序的细微变化，都可能带来显著的效率提升。大家不仅要完成基本的拣货任务，还要不断追求更高的效率和更低的错误率，在不断的实践过程中发现问题、分析问题、解决问题。

二、影响拣货路径的因素

拣货路径的设计与拣货区域布局、拣货方式及策略、订单批量及货物种类、拣货设备等因素相关。

1. 拣货区域布局

拣货区域中的货架排列格局，货架长度、宽度、深度，巷道数量、宽度等都是影响拣货路径的重要因素。

2. 拣货方式及策略

拣货方式及策略的应用就是要确定拣货单上货物的拣选顺序，再由拣货员将货物从其储位上取出。这决定了拣货员的行走路径。

3. 订单批量及货物种类

订单批量及货物种类决定了在拣货过程中拣货方式、拣货策略等的应用。这间接影响着拣货员的行走路径。

4. 拣货设备

区域中的设备配置是设计拣货路径时考虑的因素之一。不同的拣货设备对应着不同的应用条件，这决定了在拣选不同货物时应采用不同的拣选设备，因而在设计拣选路径时应该考虑拣货设备的因素。

【育心笃行】"不谋全局者,不足以谋一域",在拣货路径设计中,大家需要理解,每一个决策都是整个物流系统中的一个环节,它们之间相互影响、相互制约。我们需要树立系统思维,学会从全局出发,培养在复杂环境中做出综合判断的能力。

第二步:设计拣货路径

引导问题2

导师向小吴展示了数据分析室中拣货员的行走轨迹图,图上显示出一些拣货员经常多次走过同一条货架通道。如何合理规划拣货路径以减少重复行走和提高拣货效率?

为了提高仓库的效率,减少作业人员在仓库内的行程,需要精心设计拣货路径。无论采用何种拣货路径,均要考虑如何准确、快速、低成本地将货物拣出,同时考虑到操作方便、缩减行走路径等问题。

一般而言,可以根据以下几种常见的情况来设计拣货路径。

(1)当订单批量不大、货种不多,但货位分布较广时,可避免不需要拣选的货位所在的通道,直接找到所需的货位进行拣选,如图 6-18 所示。

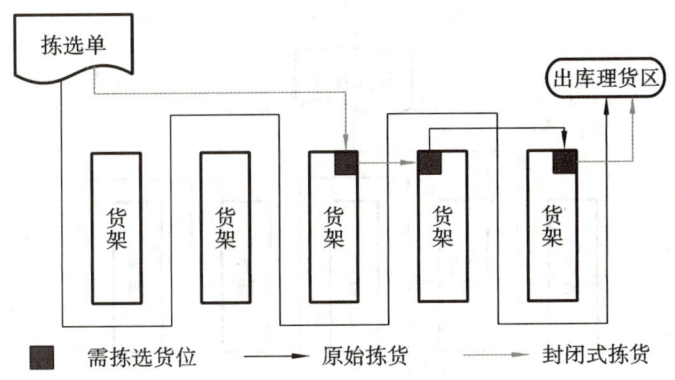

图 6-18　封闭式拣货路径图

(2)如果订单批量大、货种多,可将订单分成多张拣选单,采用并联拣选的方式同时进行拣货,如图 6-19 所示。

(3)如果订单批量不大,但货种多,可采用串联拣选的方式进行拣货,如图 6-20 所示。工作分区中的接力式拣货就是这样一种拣货方法。

第三步:拣货作业区域规划

引导问题3

小吴看到物流中心有托盘货架、流动货架、一般货架和阁楼式货架等多种不同的货架,有的货架前有拆码垛机器人将整托货物拆开,有的货架与传送带紧密连接,不同货架上的货物运动路线都有所不同。小吴问导师:不同的货架对拣货路径设计有哪些具体影响?

合理的动线是物流效率化的基本思想,也就是希望货品由入库开始,直至出库都能运行顺畅。拣货作业是整个配送作业的核心部分,所以拣货作业区域规划对拣货作业效率的影响非常大。拣货作业区域的主要布局模式有以下几种。

拣货作业区域规划
的主要布局模式

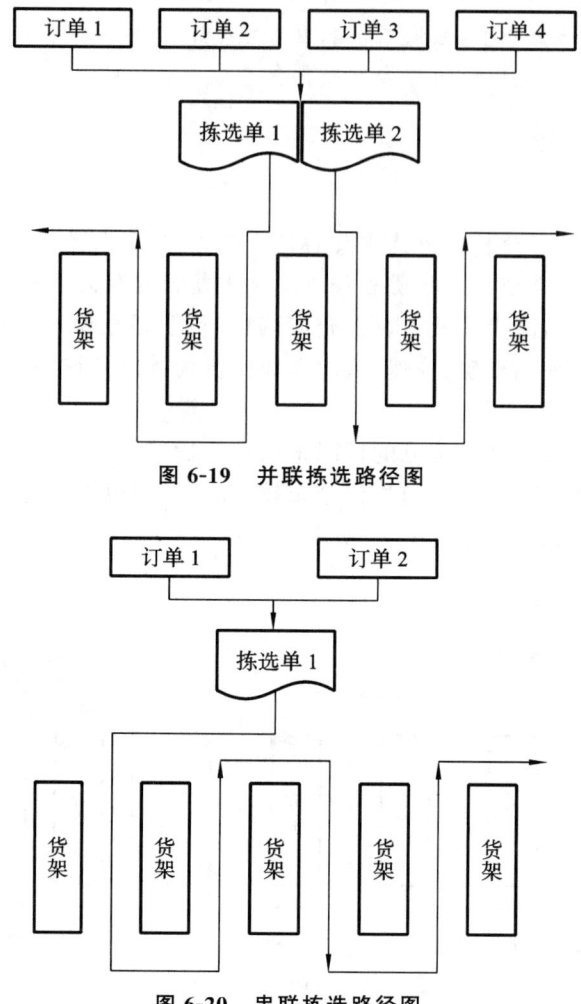

图 6-19　并联拣选路径图

图 6-20　串联拣选路径图

【育心笃行】动线设计不仅关乎物流效率,更关乎企业的形象和客户的满意度。因此,在规划拣货作业区域时,我们必须树立强烈的责任意识,确保每一个环节都准确无误。

一、储存区和拣货区共用托盘货架的拣货方式

体积大、发货量大的货品适合采用这种拣货方式。一般是托盘货架第一层(地面层)为拣货区,第二层和第三层以上为储存区。当拣货结束后再由储存区向拣货区补货。

二、储存区和拣货区共用的零星拣货方式

1.流动货架拣货方式

入库时,在进货区把货品直接由货车卸到入库输送机上,入库输送机自动把货品送到储存区和拣货区。出库时,拣取完的货物立即被放置于出库输送机上,出库输送机自动把货品送到发货区。

这种方式适用于进出货量较小、体积不大或外形不规则货品的拣货工作。因为进货、保管、拣货、发货都是单向物流动线,可配合出入库的输送机作业。让流动货架来实现储存和拣货的

动管功能,可以达到先入先出的管理效果。

这种方式的拣取单位可分为箱拣货和单品拣货两种形式。箱拣货方式可配合加贴条码标签作业进行输送带的分类作业。单品拣货还可进行拆箱作业,并可利用储运箱为拣货用户的装载单位进行集货,再通过输送带分送到发货区,当然,储运箱应具有条码、发货单卡之类的识别功能。

流动货架的优点在于,仅在拣货区通道上行走便可拣货,可使用出入库输送机提高效率,出入库输送机分开可同时进行出入库作业。图 6-21 所示为单列流动货架拣货方式。

规模较大的物流配送中心可采用多列流动货架进行平行作业,然后用合流输送机将各线拣选货物集中。图 6-22 所示为多列流动货架拣货方式。

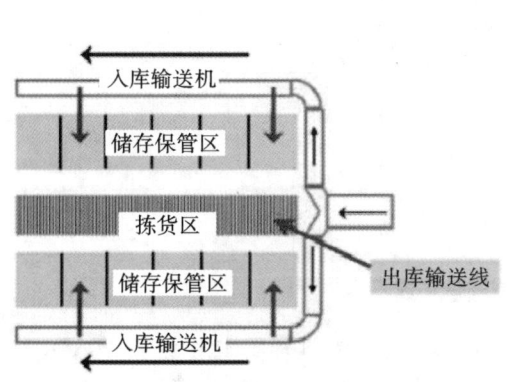

图 6-21　单列流动货架拣货方式示意图

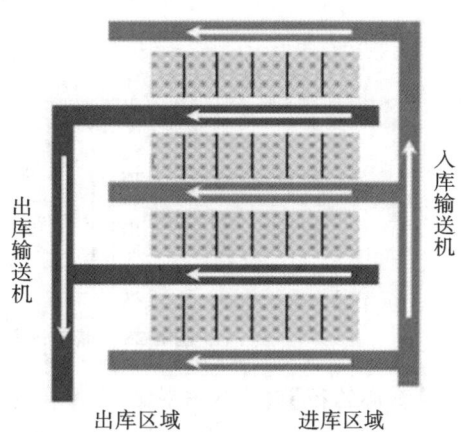

图 6-22　多列流动货架拣货方式示意图

2. 一般货架拣货方式

用单面开放式货架进行拣货作业,入库和出库在同一侧,因此,可共用一台入库输送机来进行补货和拣货作业。此种方式较节省空间,但要注意入库和出库时间必须错开,以免造成作业混乱。图 6-23 所示为单面开放式货架拣货方式。

3. 阁楼式货架拣货方式

如利用有限空间进行大量拣货作业,可用阁楼式货架拣货方式。上层为小型轻货架,用于单品拣取;下层为大型重货架,用于箱拣取。采取阁楼式货架拣货方式拣货,作业时,拣取高度不宜超过 1.8 米,否则操作困难。这种方式可充分利用仓储空间。图 6-24 所示为阁楼式货架拣货方式。

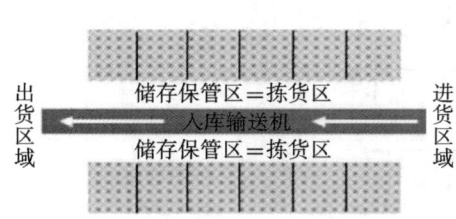

图 6-23　单面开放式货架拣货方式示意图

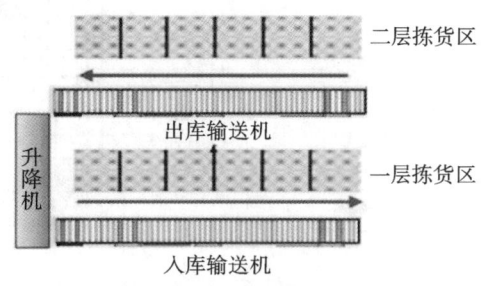

图 6-24　阁楼式货架拣货方式示意图

引导问题4

小吴看到有一些货物的储存区与拣货区不在同一个货架,需要利用无人叉车、输送机等设备进行补货作业,将货物从储存区送到拣货区。

三、储存区与拣货区分开的零星拣货方式

这种方式的特点是储存区与拣货区不在同一个货架,要通过补货作业把货品由储存区送到拣货区。此种方式适用于进出货量中等的情况。图 6-25 所示为储存区与拣货区分开的零星拣货方式。

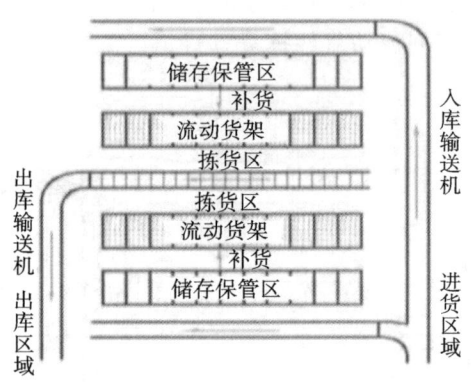

图 6-25　储存区与拣货区分开的零星拣货方式示意图

【育心笃行】储存区与拣货区的有效运作离不开团队成员之间的紧密协作。补货人员需及时响应拣货区的需求,拣货人员则需准确高效地完成订单拣选。这一过程中,团队成员间的默契配合、信息共享与及时沟通至关重要。

如果是多品种、小批量的单品发货方式,则可在拣货区的出库输送机两侧增设无动力拣货输送机,如图 6-26 所示。这种方式的优点是拣货员可利用输送机拣取货物,一边推着空储运箱一边按箭头方向在流动货架前边走边拣货,当拣货完毕后便把储运箱移动到出库输送机上。这种方式工作方便、效率较高。

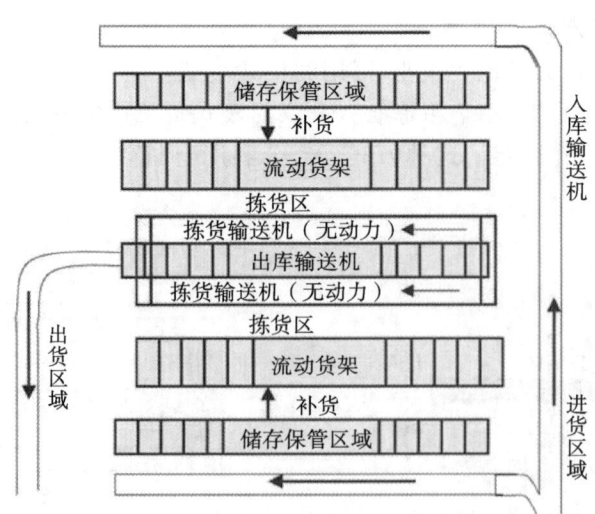

图 6-26　设有无动力输送机的拣货方式示意图

▐▐▶ 小知识 ▐

补货作业

补货作业是将货物从仓库保管区域搬运到拣货区的工作。当仓库模式为存拣分离的时候，会有对应的补货任务。

1. 补货方式

补货方式主要有以下几种。

(1) 整箱补货。

整箱补货是由货架保管区补货到流动货架的拣货区。这种补货方式的保管区为料架储放区，动管拣货区为两面开放式的流动棚拣货区。拣货员拣货之后把货物放到输送机上并运到发货区，当动管区的存货低于设定标准时，则进行补货作业。这种补货方式是由作业员到货架保管区取货箱，用手推车载箱至拣货区，较适用于体积小且少量多样出货的货品。

(2) 托盘补货。

这种补货方式是以托盘为单位进行补货。托盘由地板堆放保管区运到地板堆放动管区，拣货时把托盘上的货箱置于中央输送机送到发货区。当存货量低于设定标准时，立即补货，使用堆垛机把托盘由保管区运到拣货动管区，也可把托盘运到货架动管区进行补货。这种补货方式适用于体积大或出货量多的货品。

(3) 货架上层—货架下层的补货方式。

此种补货方式下的保管区与动管区属于同一货架，也就是将同一货架上的中下层作为动管区，上层作为保管区，进货时则将动管区放不下的多余货箱放到上层保管区。当动管区的存货低于设定标准时，利用堆垛机将上层保管区的货物搬至下层动管区。这种补货方式适用于体积不大、存货量不高，且多为中小量出货的货物。

2. 补货时机

补货作业的发生与否主要看拣货区的货物存量是否符合需求，因此何时补货要看拣货区的存量。应避免出现在拣货中才发现拣货区货量不足需要补货，从而影响整个拣货作业的情况。通常，可采用批次补货、定时补货或随机补货。

(1) 批次补货。

在每天或每一批次拣取之前，由电脑计算所需货品的总拣取量和拣货区的货品量，计算出差额并在拣货作业开始前补足货品。这种补货原则较适用于一天内作业量变化不大、紧急追加订货不多，或是每一批次拣取量须事先掌握的情况。

(2) 定时补货。

将每天划分为若干个时段，补货人员在时段内检查拣货区货架上的货品存量，如果发现不足，马上予以补足。这种"定时补足"的补货原则较适用于分批拣货时间固定且处理紧急追加订货的时间也固定的情况。

(3) 随机补货。

随机补货是一种指定专人从事补货作业的方式，这些人员随时巡视拣货区的分批存量，发现不足随时补货。这种"不定时补足"的补货原则较适用于每批次拣取量不大、紧急追加订货较多，以至于对一天内作业量不易提前掌握的场合。

【育心笃行】通过跳过其他分区、缩短拣货行走距离的策略,我们能够显著提高拣货效率,避免不必要的绕行。这种灵活应变的思维方式,正是我们在面对复杂多变的社会环境时所需具备的。

四、分段拣货的少量拣货方式

当拣货区内货物品项过多,使得流动货架的拣货路线很长时,则可考虑接力棒式的分段拣货方式。如果订单品项分布都落在同一分区中,则可跳过其他分区,缩短拣货行走距离,避免绕行整个拣货区。图 6-27 所示为分段拣货的少量拣货方式。

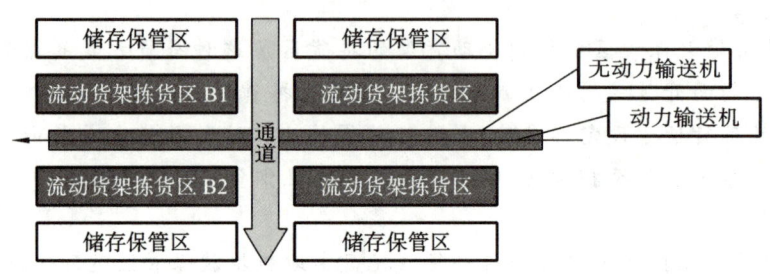

图 6-27　分段拣货的少量拣货方式示意图

五、U 形多品种、小批量拣货方式

为减少拣货人员或要兼顾输送机两侧货架的拣取作业时,可采用 U 形拣货路径和输送机方式。图 6-28 所示为 U 形多品种、小批量拣货方式。

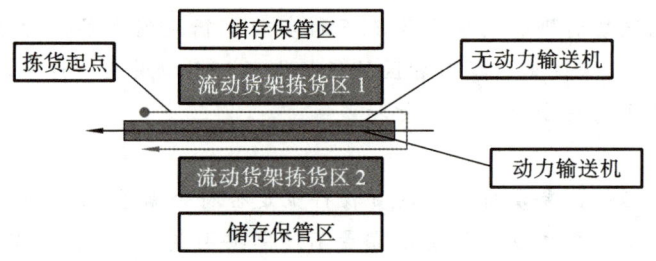

图 6-28　U 形多品种、小批量拣货方式示意图

 **任务检测**

一、单项选择题

拣货线路优化实操

1.拣货路径规划管理的核心目的是(　　)。

A.最大化仓库使用面积　　　　　　　　B.尽可能减少拣选工作的时间

C.增加拣货员的数量　　　　　　　　　D.提高货物存储密度

2.以下不属于影响拣货路径设计的因素是(　　)。

A.拣货区域布局　　　　　　　　　　　B.拣货方式及策略

C.订单批量及货物种类　　　　　　　　D.仓库外部交通状况

3.当订单批量大、货种多时,建议采用的拣货方法是(　　)。

A.串联拣选　　　　B.并联拣选　　　　C.封闭式拣货　　　　D.接力式拣货

4.以下哪一种拣货方式适用于进出货量较小、体积不大或外形不规则货品的拣货工作?

（   ）

    A.储存区和拣货区共用托盘货架   B.流动货架拣货方式

    C.阁楼式货架拣货方式   D.储存区与拣货区分开的零星拣货

    5.关于拣货作业区域规划，以下描述错误的是（   ）。

    A.拣货作业是整个配送作业的核心部分

    B.储存区和拣货区共用货架可以提高空间利用率

    C.阁楼式货架拣货方式适用于所有类型的货物

    D.拣货作业区域规划对拣货作业效率影响很大

二、多项选择题

    1.设计拣货路径时需要考虑的因素有（   ）。

    A.拣货区域布局   B.拣货方式及策略

    C.订单批量及货物种类   D.拣货设备

    2.以下拣货方式适用于不同的拣货场景的有（   ）。

    A.储存区和拣货区共用托盘货架   B.流动货架拣货方式

    C.阁楼式货架拣货方式   D.储存区与拣货区分开的零星拣货

    3.并联拣选方式的特点包括（   ）。

    A.订单批量大   B.货种多

    C.拣选单分成多张进行拣货   D.拣货员行走路径长

    4.阁楼式货架拣货方式的优点有（   ）。

    A.充分利用仓储空间   B.拣取位置高，方便操作

    C.上层适用于单品拣取   D.下层适用于箱拣取

    5.关于拣货作业区域规划的主要布局模式，以下描述正确的是（   ）。

    A.共用托盘货架适用于体积大、发货量大的物品

    B.流动货架拣货方式适用于进出货量较小、体积不大的货品

    C.阁楼式货架拣货方式的拣取高度应超过 1.8 米

    D.储存区与拣货区分开的零星拣货方式适用于进出货量中等的情况

三、学以致用

    请设计一个包含多种货物的智能分拣中心拣货路径与作业区域规划方案，该方案需综合考虑以下因素。

    拣货区域布局：设计合理的货架排列格局，包括货架长度、宽度、深度，以及巷道数量与宽度，确保拣货路径最优。

    拣货方式及策略：根据订单批量和货物种类选择合适的拣货方式（如串联拣选、并联拣选）和策略，减少拣货员的行走距离和时间。

    拣货作业区域规划：选择适当的拣货作业区域布局模式，如储存区和拣货区共用托盘货架、流动货架拣货、阁楼式货架拣货等，确保拣货作业高效顺畅。

    拣货设备配置：根据拣货需求配置合适的拣货设备，如货架、输送机等，提高拣货效率和准确性。

    思考与讨论：(1)绘制智能分拣中心的平面布局图，标明拣货区域、储存区域、输送设备位置等。(2)制定详细的拣货路径规划，包括不同订单批量和货物种类下的拣货路径优化方案。

（3）编写拣货作业区域规划说明，包括各区域的功能、布局优势及操作流程。（4）分析该设计方案在提高拣货效率、降低作业成本、减少错误率等方面的优势。

 任务评价

拣货路径优化任务评价表

班级：		姓名：	学号：	
评价项目	评价标准		分值	得分
任务准备 （15%）	考勤情况（无迟到、早退、旷课等现象）		5	
	能积极参与小组任务，做好学习准备		5	
	能正确理解任务指令，并接受任务要求		5	
任务过程 （70%）	能全面理解影响拣货路径设计的因素		10	
	能根据实际情况设计拣货路径		10	
	能全面了解拣货作业区的主要布局模式		10	
	能对拣货作业区的布局设计进行优化		10	
	能从整体角度思考拣货作业流程与布局的设计		10	
	能准确分享课程思政内容		20	
职业素养 （15%）	态度端正，认真主动，能与小组成员合作		10	
	关注任务完成情况		5	
合计			100	
综合评价	自评（20%）	小组互评（30%）	教师评价（50%）	综合得分

• 自我管理思政小故事：不用扬鞭自奋蹄

自我管理思政小故事

项目七　智能配送管理

任务一　流通加工作业

 情景导入

环达综合超市设立了组合式鞋店，在货架上摆放着一些做鞋用的半成品，而不是做好了的鞋。这些半成品款式、花色多样，有 6 种鞋跟、8 种鞋底，均为塑料制造，鞋面的颜色以黑、白为主，搭带的颜色有 80 种，款式有百余种。顾客进入鞋店后可任意挑选自己所喜欢的各个部位，交给营业员当场进行组合。只要 10 分钟，一双崭新的鞋即可送到顾客手中。

这家鞋店昼夜营业，营业员技术熟练，鞋子的售价与成批制造的价格差不多，有的还稍便宜些。所以顾客络绎不绝，销售金额比邻近的鞋店多 10 倍。

任务目标

知识目标：

1.能正确叙述流通加工的概念,区分流通加工与生产加工的不同;

2.了解流通加工的地位与作用;

3.掌握流通加工的类型与特点;

4.熟悉不合理流通加工的表现形式;

5.掌握流通加工作业的基本流程;

6.掌握流通加工作业的内容;

7.理解流通加工的技术经济指标。

技能目标：

1.能列举生活中典型的流通加工案例,并阐述通过合理的流通加工可满足用户不同需求的道理;

2.能对不合理流通加工的典型案例进行分析;

3.能对流通加工任务进行合理优化;

4.能够优化流通加工的作业顺序。

素质目标：

1.培养工匠精神和责任感;

2.提高自我教育能力。

 **任务分工**

流通加工作业任务分配表

班级		授课老师	
小组名称		组长	
	姓名	学号	分工
组员			

任务实施

第一步：认识流通加工

引导问题 1

什么是流通加工? 其现实意义有哪些?

一、流通加工的含义

流通与加工是两个不同的范畴。加工是指改变物质的形状和性质,形成一定产品的活动;

流通加工

流通则是改变物质空间状态与时间状态的过程。流通加工属于加工的范畴,是加工的一种。它是生产加工在流通领域中的延伸,也可以看成流通领域在职能方面的扩大。也就是说,物流领域的流通加工是为了方便流通、方便运输、方便储存、方便销售以及方便用户充分、综合利用货物而进行的加工活动。

【育心笃行】绿色物流的三个子范畴是指绿色运输、绿色包装以及绿色流通加工。绿色流通加工是指在流通过程中继续对商品进行生产性加工,以使其成为更加符合消费者需求的最终产品。流通加工具有较强的生产性,也是流通部门对环境保护可以有所作为的领域。

二、流通加工与生产加工的区别

流通加工和一般的生产加工在加工方法、加工组织、生产管理方面并无显著区别,但在加工对象、加工程度方面差别较大,具体如下。

(1)从价值观点看,生产加工的目的在于创造价值,而流通加工则在于完善使用价值并在不做大改变的情况下提高价值。

(2)流通加工的对象是进入流通过程的商品,具有商品的属性;生产加工的对象不是最终产品,而是原材料、零配件、半成品。

(3)流通加工大多是简单加工,而不是复杂加工。一般来讲,如果必须进行复杂加工才能形成人们所需的商品,那么,这种复杂加工应专设生产加工过程。生产过程理应完成大部分加工活动,流通加工对生产加工则是一种辅助及补充。特别需要指出的是,流通加工绝不是对生产加工的代替。

(4)商品生产是为交换和消费而进行的生产,而流通加工是为了消费(或再生产)所进行的加工,这一点与商品生产有共同之处。但是流通加工有时候是以自身流通为目的的,纯粹是为流通创造条件,这种为流通所进行的加工与直接为消费所进行的加工在目的上是有所区别的,这也是流通加工不同于一般生产加工的特殊之处。

(5)流通加工的组织者是从事流通工作的人,能密切结合流通的需要进行这种加工活动。从加工单位来看,流通加工由商业或物资流通企业完成,生产加工则由生产企业完成。

流通加工与生产加工的具体区别如表7-1所示

表7-1　流通加工与生产加工的区别

对比项目	流通加工	生产加工
从加工对象看	进入流通过程的商品	原材料、零配件或半成品
从加工程度看	大多是简单加工	复杂加工
从价值观点看	完善使用价值,提高价值	创造价值
从加工责任人看	组织者是从事流通工作的人员	生产工人
从加工目的看	为流通创造条件	为实现利润创造条件

流通加工将产品加工工序从生产环节转移到物流环节中。由于仓储中的产品处于停滞状态,流通加工既不影响产品的流通速度,又能使产品及时满足市场不同客户的需要和消费变化的需求。流通加工比生产加工的成本高,但根据需求促进销售,可以降低总物流成本。

▶ 思考

流通加工的出现与现代社会消费的个性化有关。消费的个性化和产品的标准化之间存在着一定的矛盾,使本来就存在的产需第四种形式的分离变得更加严重。本来,弥补第四种分离可以采取增加一道生产工序或消费单位加工改制的方法,但在个性化问题十分突出之后,采取上述弥补措施将使生产及生产管理的复杂性及难度增加,按个性化生产的产品难以组织高效率、大批量的流通。所以,消费个性化的新形势及新观念的出现为流通加工开辟了道路。

流通加工为什么不仅是大工业的产物,也是网络经济时代服务社会的产物?

第二步:了解流通加工的类型

引导问题2

流通加工的类型有哪些?

一、根据不同目的分类

1.为弥补生产领域加工不足而进行的流通加工

由于受到各种因素的限制,许多产品在生产领域的加工只能达到一定程度,而不能完全实现终极的加工。例如,如果木材在产地完成成材加工或制成木制品,就会给运输带来极大的困难,所以,在生产领域只能加工到圆木、板、方材这个程度,进一步的下料、切裁等加工则由流通加工完成。又例如,钢铁厂大规模的生产只能按标准规格生产,以使产品有较强的通用性,从而实现较高的生产效率,取得较好的效益。

【育心笃行】绿色流通加工的途径主要分两个方面:一方面变消费者分散加工为专业集中加工,以规模作业方式提高资源利用效率,以减少环境污染(如餐饮业对食品的集中加工减少了家庭分散烹调所造成的能源浪费和空气污染);另一方面是集中处理消费品加工中产生的边角废料,以减少消费者分散加工所造成的废弃物污染(如流通部门对蔬菜的集中加工减少了居民分散丢弃垃圾引起的环境治理问题)。

将薄型钢板进行切割如图 7-1 所示。

图 7-1　将薄型钢板进行切割

2. 为适应多样化需要而进行的流通加工

生产部门为了实现高效率、大批量的生产,其产品往往不能完全满足用户的要求。为了满足用户对产品多样化的需要,可将生产出来的单一化、标准化的产品进行多样化的改制加工。例如,对钢材卷板的舒展、剪切加工,对平板玻璃的开片加工,将木材改制成枕木、板材、方材(见图 7-2)等加工。

图 7-2　将木材改制成枕木、板材、方材

3. 为提高原材料利用率而进行的流通加工

一些生产企业的初级加工由于数量有限,难以投入先进的技术设备,因此原材料利用率不高。而流通加工以集中加工的形式,消除了单个企业原材料利用率不高的弊病。它可以一家流通加工企业的集中加工代替若干家生产企业的初级加工,或依靠生产企业和流通企业的联合,进行流通加工的安排。这种形式可以促进产品结构的调整,是目前流通加工领域的新形式。如将鱼类的内脏加工成某些药物或饲料(见图 7-3),将鱼鳞加工成高级黏合剂、头尾加工成鱼粉,将蔬菜加工后的剩余物加工成饲料、肥料等。

图 7-3　将鱼类的内脏加工成某些药物或饲料

4.为提高物流效率、降低物流损失而进行的流通加工

有些商品本身的形态使之难以进行物流操作,而且商品在运输、装卸搬运过程中极易受损,因此需要进行适当的流通加工加以弥补,从而使物流各环节易于操作,提高物流效率,降低物流损失。例如,将造纸用的木材磨成木屑的流通加工,可以极大提高运输工具的装载效率;自行车在消费地区的装配加工可以提高运输效率,降低损失;石油气的液化使很难输送的气态物转变为容易输送的液态物,也可以提高物流效率。

5.为实施配送而进行的流通加工

这种流通加工形式是配送中心为了实现配送活动,满足客户的需要而对物资进行的加工。例如,可以根据客户的要求,把沙子、水泥、石子、水等各种不同材料按比例要求装入混凝土搅拌车可旋转的罐中,如图 7-4 所示。在配送路途中,汽车边行驶边搅拌,到达施工现场后,混凝土已经搅拌均匀,可以直接投入使用。

图 7-4　混凝土搅拌车

6.为保护产品而进行的流通加工

在物流过程中,为了保护商品的使用价值,延长商品在生产和使用期间的寿命,防止商品在运输、储存、装卸搬运、包装等过程中遭受损失,可以采取稳固、改装、保鲜、冷冻、涂油等方式。例如,水产品、肉类、蛋类的保鲜、保质的冷冻加工、防腐加工等;丝、麻、棉织品的防虫、防霉加工等。

7.为方便消费、促进销售而进行的流通加工

可根据消费需要将商品进行加工。比如,对贝类进行挑选、除杂(见图 7-5),使用粮食加工除杂机去除杂质;将过大包装或散装物分装成适合依次销售的小包装;将蔬菜、肉类洗净切块;将以保护商品为主的运输包装改换成以促进销售为主的销售包装等,以起到吸引消费者、促进销售的作用。

图 7-5　对贝类进行挑选、除杂

二、根据生产资料和消费资料的标准分类

1.生产资料的流通加工

这是物流企业为工业企业客户提供的服务传统项目,有利于促进生产资料增值。

(1)玻璃流通加工。平板玻璃的运输货损率较高,玻璃运输的难度比较大。可在玻璃消费比较集中的地区建立玻璃流通加工中心,按照用户的需要对平板玻璃进行套裁和开片。

(2)木材流通加工。木材流通加工主要包括磨制木屑压缩运输和集中开木下料两种方式。前者主要适用于造纸木浆的原料——木屑的运输,后者则是将原木开裁成各种规格的锯材,以方便运输和适应不同客户的需要。还可以充分利用碎木屑加工成合成板,甚至进行其他方面的初级加工等。

(3)钢材流通加工。这是最具代表性的生产资料流通加工,是为了方便客户使用,对板材、线材所进行的集中下料加工,以及对线材进行的冷拉加工等。我国的物资储运企业在 20 世纪 80 年代便开始了这项流通加工业务。例如,中储发展股份有限公司建立了钢材流通加工中心,利用现代剪裁设备从事钢板剪板及其他钢材的下料加工。

(4)水泥流通加工。这是又一具有代表性的生产资料流通加工。它是指利用水泥加工机械和水泥搅拌运输车加工、运输混凝土。水泥搅拌车具有灵活机动的特点,可以接近作业现场。水泥加工作业区域可以避开繁华闹市区,节省现场的作业空间。同时,这种方式优于直接供应或购买水泥在工地现制混凝土的技术经济效果。

2.消费资料的流通加工

与生产资料的流通加工相比,消费资料流通加工的加工对象体积较小,但种类更多,而且加工比例逐年上升。例如,食品的冷冻、分装,纤维制品的缝制和整烫,家具的组装,等等。这种流通加工一方面是为了提高服务水平,另一方面是为了提高物流效率。

 小知识

保税加工货物

保税加工货物是通常所说的加工贸易保税货物,是指经海关批准未办理纳税手续进境,在境内加工、装配后复运出境的货物。保税加工货物包括专为加工、装配出口产品而从国外进口且海关准予保税的原材料、零部件、元器件、包装物料、辅助材料(简称料件)以及用上述料件生产的成品、半成品。

 小知识

加工型配送中心

加工型配送中心是一种根据用户需要对配送物品进行加工,而后实施配送的配送中心。这种配送中心行使加工职能,其加工活动主要有分装、改包装、集中下料、套裁、组装、剪切、表层处理等。麦当劳和肯德基的配送中心就是提供加工服务后向其连锁店配送的典型。工业、建筑、

水泥制品等领域的配送中心同样属于这种类型,如石家庄水泥配送中心既提供成品混凝土,又提供各种类型的水泥预制件,直接配送至用户。

加工配送中心定位于制造,通常临近生产工厂。作为装配加工与集中运输生产材料的基地,这种配送中心存在的根本原因是支持制造厂,可以集中运输的费率将产品混合运往客户,这种分类产品的集中运输可促进大宗货品交易。我国上海六家船厂联建的船板处理配送中心、原物资部北京剪板厂都属于这一类型的中心。

第三步:理解流通加工的作用

引导问题3

流通加工的作用有哪些?

一、提高原材料利用率

利用流通加工环节进行集中下料,是将生产厂运来的简单规格产品,按使用部门的要求进行下料。例如,根据客户的需要,委托专业钢板剪切加工企业进行套裁加工,将钢板进行剪板、切裁;将钢筋或圆钢裁制成毛坯;将木材加工成各种长度及大小的板材、方材;对平板玻璃进行集中裁制等(见图7-6)。集中下料可以实现优材优用、小材大用、合理套裁,能明显提高原材料利用率,有很好的技术经济效果。

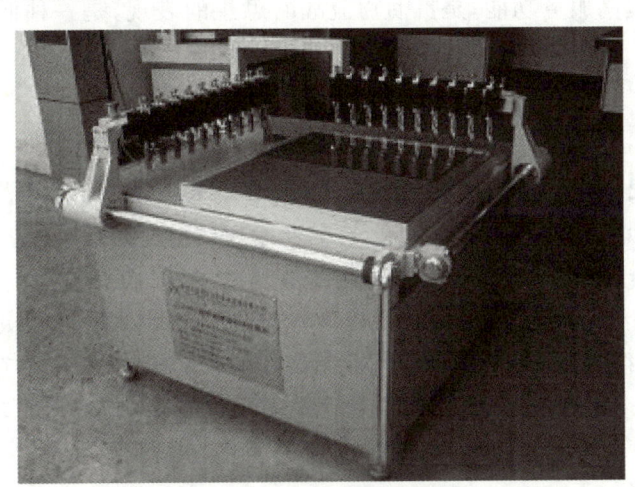

图7-6 平板玻璃集中裁制

二、进行初级加工,方便用户

用量小或有临时需要的用户,缺乏进行高效率初级加工的能力,而用户依靠流通加工可省去进行初级加工的投资、设备及人力,从而搞活了供应,方便了用户。

目前发展较快的初级加工有:将水泥加工成生混凝土,将原木或板、方材加工成门窗,冷拉钢筋及冲制异形零件,钢板预处理、整形、打孔等加工。

三、提高加工效率及设备利用率

建立集中加工点后,可以采用效率高、技术先进、加工量大的专门机具和设备。这样做的好处是提高了加工质量,提高了设备利用率,提高了加工效率。其结果是降低了加工费用及原材料成本。

例如,一般的使用部门在对钢板下料时采用气割的方法,需要留出较大的加工余量,不但出材率低,而且由于热加工容易改变钢的组织,加工质量也不好。而集中加工可运用高效率的剪切设备,在一定程度上规避了上述缺点。

四、充分发挥各种运输手段的最高效率

流通加工环节将实物的流通分成两个阶段。一般来说,由于流通加工环节设置在消费地,因此,从生产到流通加工的第一阶段输送距离长,而从流通加工到消费环节的第二阶段距离短。第一阶段是在数量有限的生产厂与流通加工点之间进行定点、直达、大批量的远距离输送,因此,可采用船舶、火车等大量输送的手段;第二阶段则是利用汽车和其他小型车辆来输送经过流通加工的多规格、小批量、多用户的产品。这样可以充分发挥各种输送手段的最高效率,加快输送速度,节省运力运费。

五、改变功能,提高收益

在流通过程中进行一些改变产品某些功能的简单加工,其目的除上述几点外,还在于提高产品的经济效益。例如,可对洋娃娃、时装、纺织产品、鞋类、工艺美术品等进行简单的包装加工,改变产品的外观,或增加辅助功能,如贴价签和防盗装置等,以利于产品的销售。

所以,在物流领域中,流通加工可以成为高附加值的活动。这种高附加值的形成,主要着眼于满足用户的需要,提高服务功能,是贯彻物流战略思想的表现,是一种低投入、高产出的加工形式。

 小知识

效益观念的树立是促使流通加工形式得以发展的重要原因

20世纪60年代后,效益问题逐渐引起人们的重视,过去人们盲目追求高技术,引起了燃料、材料投入的大幅度上升,结果新技术、新设备虽然采用了,但往往是得不偿失。20世纪70年代初,第一次石油危机的发生证实了效益的重要性,使人们牢牢树立了效益观念,而流通加工可以以少量的投入获得很大的效果,是一种高效益的加工方式,自然获得了很大的发展。所以,流通加工可能不需要采用先进的技术,但这种方式是现代观念的反映,在现代的社会再生产过程中起着重要作用。

第四步:实现流通加工合理化

引导问题4

实现流通加工合理化的途径有哪些?

流通加工合理化是指实现流通加工的最优配置,在满足社会需求这一前提的同时,合理组织流通加工生产,并综合考虑加工与运输、加工与配送、加工与商流的有机结合,以达到最佳的加工效益。

实现流通加工合理化主要考虑以下几方面。

一、加工和配套相结合

在对配套要求较高的流通中,配套的主体来自各个生产单位,但是,完全配套有时无法全部依靠现有的生产单位,进行适当流通加工,可以有效促成配套,大大增强流通的桥梁与纽带的

功能。

二、加工和配送相结合

将流通加工设置在配送点中,一方面,可以按配送的要求进行加工;另一方面,加工是配送业务流程中分货、拣货、配货作业的一环,加工后的产品直接投入配货作业。这就无须单独设置一个加工的中间环节,使流通加工有别于独立的生产,而使流通加工与中转流通巧妙结合在一起。同时,配送之前有加工可使配送服务水平大大提高。

三、加工和合理商流相结合

通过加工有效促进销售,使商流合理化,也是实现流通加工合理化的方向之一。通过加工,提高了配送水平,强化了销售,加工和配送的结合是加工与合理商流相结合的一个成功的例证。

此外,通过简单地改变包装,形成方便零售的包装规格,通过组装加工解决用户使用前进行组装、调试的难处,都是有效促进商流的例子。

四、加工和合理运输相结合

流通加工能有效衔接干线运输与支线运输,促进两种运输形式的合理化。在支线运输转干线运输或干线运输转支线运输停顿的环节,按干线或支线运输合理的要求进行适当加工,可以大大提高运输及运输转载水平。

五、加工和节约相结合

节约能源、节约设备、节约人力、节约耗费是流通加工合理化重要的考虑因素,也是目前我国设置流通加工并考虑其合理化的较普遍形式。对于流通加工合理化的最终判断,是看其是否能实现社会效益和企业本身的效益,且是否取得了最优效益。流通加工企业与一般生产企业的一个重要不同之处是,流通加工企业更应树立社会效益第一的观念。如果只是追求企业的微观效益,不适当地进行加工,甚至与生产企业争利,则有违于流通加工的初衷,或者其本身已不属于流通加工范畴。

▌▶ 思考

现代生产发展趋势之一就是生产规模大型化、专业化,依靠单品种、大批量的生产方法降低生产成本、获取规模经济效益,这样就出现了生产相对集中的趋势。生产的规模越大、专业化程度越高,生产相对集中的程度也就越高。生产的集中化进一步引起产需之间的分离,具体表现为空间、时间及人的分离,即生产与消费不在同一个地点,而是有一定的空间距离;生产与消费在时间上不能同步,而是存在着一定的"时间差";生产者与消费者不是处于一个封闭的圈内,某些人生产的产品供给成千上万人消费,而某些人消费的产品又来自其他许多生产者。弥补上述分离的手段则是运输、储存及交换。

为什么流通加工的出现与现代生产方式有关?

第五步:分析不合理流通加工

引导问题5

不合理流通加工的主要形式有哪些?

一、流通加工方式选择不当

流通加工方式的选择涉及流通加工对象、流通加工工艺、流通加工技术、流通加工程度等。

流通加工方式的确定实际上是明确与生产加工的合理分工。分工不合理,如把本来应由生产加工完成的作业错误地交给流通加工来完成,或者把本来应由流通加工完成的作业错误地交给生产过程去完成,都会产生不利影响。

二、流通加工地点设置不同

流通加工地点设置即布局状况,是关系到整个流通加工是否有效的重要因素。一般而言,为衔接单品种大批量生产与多样化需求的流通加工,只有将加工地设置在需求地区,才能实现大批量的干线运输与多品种末端配送的物流优势。将流通加工地点设置在生产地区的不合理之处在于:第一,多样化需求要求的多品种、小批量产品由生产地向需求地的长距离运输不合理;第二,在生产地增加了一个加工环节,同时增加了近距离运转、装卸、储存等一系列物流活动。所以,在这种情况下,不如由原生产单位完成加工,而无须设置专门的流通加工环节。

三、流通加工成本过高,效益不好

流通加工之所以能够有生命力,重要原因之一是有较大的产出投入比,起到了补充完善的作用。如果流通加工成本过高,则不能实现以较低投入实现更高价值的目的。除了一些必需的、按政策要求即使亏损也应进行的加工外,其他成本过高的流通加工都应看成是不合理的。

四、流通加工作用不大,形成多余环节

有的流通加工过于简单,对生产及消费作用都不大,甚至有时流通加工的盲目性使之未能解决品种、规格、质量、包装等问题,却实际增加了环节,这也是流通加工不合理的重要形式。

▶▶ **思考**

瑞达食品工贸公司生产加工大批量、多品种食品,其设立的加工中心如图7-7所示,试分析其加工中心的位置选择合理与否。

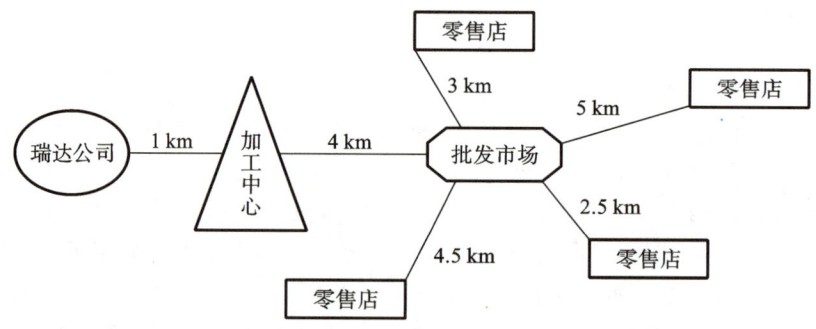

图7-7 加工中心位置示意图

任务检测

一、单选题

1.流通加工与生产加工的主要区别在于(　　　　)。

A.加工的对象和目的不同　　　　B.加工的技术和设备不同

C.加工的地点不同　　　　D.加工的时间不同

2.以下哪一项属于"为提高原材料利用率而进行的流通加工"?(　　　　)

A. 将木材改制成枕木、板材、方材　　　B. 对平板玻璃进行套裁和开片

C. 将鱼类内脏加工成某种药物或饲料　　D. 在配送中心对混凝土进行搅拌

3. 流通加工的主要目的是(　　)。

A. 创造商品的价值

B. 完善商品的使用价值并在变化不大的情况下提高价值

C. 降低商品的生产成本

D. 提高商品的生产效率

4. 以下不属于流通加工作用的是(　　)。

A. 提高原材料利用率　　　　　　　　B. 进行初级加工,方便用户

C. 增加商品的生产成本　　　　　　　D. 提高加工效率及设备利用率

5. 集货中心按米店的要求将规格为 100 kg/袋的大米加工成 5 kg/袋和 10 kg/袋,再配送给相应米店进行销售,属于哪种流通加工作业类型?(　　)

A. 为弥补生产领域加工不足而进行的流通加工

B. 为适应多样化需要而进行的流通加工

C. 为提高原材料利用率而进行的流通加工

D. 为保护产品所进行的流通加工

二、多选题

1. 流通加工过程包括(　　)。

A. 形成产品零配件、半成品的过程　　B. 产品的辅助性补充加工

C. 创造价值和使用价值的过程　　　　D. 完善产品使用价值并提高附加价值

2. 关于流通加工的理解,以下不正确的是(　　)。

A. 流通加工可以是对生产加工的代替

B. 流通加工的目的在于完善使用价值并在不做大改变的情况下提高价值

C. 从加工单位来看,流通加工与生产加工都由生产企业完成

D. 流通加工具有生产制造活动的一般性质

3. 以下属于生产资料流通加工的是(　　)。

A. 木材流通加工

B. 玻璃流通加工

C. 水泥流通加工

D. 大包装或散装物分装成适合依次销售的小包装的分装加工

4. 实现流通加工合理化主要考虑哪些方面?(　　)

A. 加工和配套相结合　　　　　　　　B. 加工和研发相结合

C. 加工和合理商流相结合　　　　　　D. 加工和合理运输相结合

5. 不合理流通加工的主要形式有(　　)。

A. 流通加工作用不大,形成多余环节　B. 流通加工成本过高,效益不好

C. 流通加工地点设置不合理　　　　　D. 流通加工方式选择不当

三、学以致用

1. 幸福乐器厂生产各类中外弦乐器,每年采购长白山红松木,加工成提琴、吉他、胡琴等乐器,用人造革琴盒包装。该乐器厂到汽车运输公司雇车将乐器运输到乐器店,运输损坏率高。

同时乐器的形状不规则,运输工具的空间利用率低,致使运输费高昂。

讨论与思考:分析该物流过程,提出改进意见。

2.丽洁公司的主打产品是面粉,每年从加拿大进口小麦,散装船海运进港,装袋,用汽车运进工厂仓库内存放。公司每天加工面粉10吨,送到粮食批发市场。为防止受潮,采用双层塑料复合袋包装,25 kg一袋,如果面粉超过一个月没卖掉,就低价处理给饲料厂。

思考与讨论:分析该物流过程,提出改进意见。

 **任务评价**

流通加工作业任务评价表

班级:		姓名:	学号:	
评价项目	评价标准		分值	得分
任务准备 (15%)	考勤情况(无迟到、早退、旷课等现象)		5	
	能积极参与小组任务,做好学习准备		5	
	能正确理解任务指令,并接受任务要求		5	
任务过程 (70%)	能准确理解流通加工的概念和种类		20	
	能准确理解流通加工的作用		10	
	能准确掌握流通加工合理化判断标准		10	
	能准确掌握流通加工的内容及主要经济指标		20	
	能准确分享课程思政内容		10	
职业素养 (15%)	态度端正,认真主动,能与小组成员合作		10	
	关注任务完成情况		5	
合计			100	
综合 评价	自评(30%)	小组互评(30%)	教师评价(40%)	综合得分

任务二　配送路线规划

 **情景导入**

对于连锁餐饮企业来说,由于原料特征及客户要求基本稳定,因此送货成本始终是企业降低成本的焦点。据百胜物流统计,在连锁餐饮企业的配送业务中,送货运输成本占总体配送成本的60%左右,而在这60%中,有55%~60%是可以通过各种手段控制的。因此,该公司把降低成本的核心锁定在送货这个环节。该公司采取的策略是:合理安排送货路程,减少不必要的送货作业,提高车辆利用率,尝试歇业时间送货。合理安排送货路程是指设计合理的送货路线,使送货总里程最短或所需人员数、车辆班次最少;减少不必要的送货作业是指与客户保持良好沟通,降低送货频率,提高送货效率;提高车辆利用率可从尽可能使用大型车辆、合理安排作业班次和增加每周运行天数等方面着手;尝试歇业时间送货是因为连锁餐饮企业大多处于繁华路

段,夜间送货避开了城市交通高峰时间,夜间停车也不用像白天那样有许多顾忌,可以有充裕的时间进行配送。

任务目标

知识目标:

1.了解配送路线优化的原则;

2.掌握配送路线优化及车辆配载设计的基本方法。

技能目标:

能够根据实际情况规划出最优的送货路线。

素质目标:

1.培养工匠精神和责任感;

2.提高自我教育的能力。

任务分工

配送路线规划任务分配表

班级		授课老师	
小组名称		组长	
组员	姓名	学号	分工

任务实施

第一步:配送路线优化设计

引导问题1

在情景导入中,百胜物流管理送货作业采取的措施有哪些? 确定配送路线的原则是什么?

配送路线合理与否对配送速度、成本、效益影响很大,配送路线的优化设计对实现快速配送起着关键的作用。

一、确定配送路线的原则

无论采用哪种方法配送,都必须根据想要达到的目标及实现该目标的限制因素来确定配送路线。应根据配送的具体要求、配送企业的实力及客观条件来确定目标,可供选择的目标主要有以下几个。

(1)效益最高。这是指设计配送路线时以企业的利润最大化为目标。选择以效益最高为目标时,主要考虑的是当前效益,同时兼顾长远效益。由于效益是企业各项经济活动的综合反映,单纯与配送路线建立联系并不能客观真实地反映对效益的确切影响,因此一般很少采用这一目标。

(2)成本最低。配送路线与配送成本之间有密切的关系,尽管计算配送路线的送货成本仍比较复杂,但相对效益目标而言有所简化,具有可操作性。

(3)路程最短。

(4)吨公里数最小。

(5)准时性最高。

(6)运力运用最合理。

(7)劳动消耗最低。

从以上几个目标来看,路程最短、吨公里数最小、劳动消耗最低都直接与成本相关,而准时性最高、运力运用最合理两项也间接地与成本有联系,且由于成本的降低最终也影响到效益目标的实现,以成本为目标与效益为目标事实上是相辅相成的,因此,成本控制在配送路线的选择与确定工作中,占有核心地位。

 小知识

确定配送路线的方法——经验判断法

经验判断法是指利用行车人员的经验来选择配送路线的一种主观判断方法。一般是以司机习惯行驶路线和道路行驶规定等为基本标准,拟订几个不同的方案,通过倾听有经验的司机和送货人员的意见做出判断,或者直接由配送管理人员凭经验做出判断。这种方法的质量取决于决策者对运输车辆、用户的地理位置和交通线路情况掌握的程度,以及决策者的分析判断能力与经验。这种方法尽管缺乏科学性,易受掌握信息详尽程度的限制,但运作方式简单、快速、方便。这种方法通常在配送路线的影响因素较多,难以用某种确定的数学关系表达时,或难以某种单项依据评定时采用。

二、配送路线优化的约束条件

无论选择哪个目标,都是有一定的约束条件的,只有在满足这些约束条件的前提下才能实现这些目标。一般在进行配送路线的优化时,有以下几个约束条件。

(1)满足所有收货人对货物品种、规格以及数量的要求。

(2)满足收货人对货物送达时间范围的要求。

(3)在允许通行的时间内进行配送,各配送路线的货物量不得超过车辆容积和载重量的限制。

(4)在已有送货运力资源允许的范围内。

 小知识

确定配送路线的方法——综合评价法

综合评价法即能够拟订出多种配送路线方案,并且评价指标明确,只是部分指标难以量化,或对某一项指标有突出的要求,而采用加权评分的方式来确定配送路线。综合评价法的步骤如下:①拟订配送路线方案;②确定评价指标;③对方案进行综合评分。

第二步：配送路线优化方法

引导问题2

在情景导入中，配送路线优化方法有哪些？

配送路线优化的目标与送货目标是一致的，都是让客户满意和尽可能降低成本。从配送的角度来看，让客户满意的体现就是在路上的时间尽可能短，以便将货物尽快地交到客户手中。要想时间短，这可以从两个方面实现，即送货速度快和送货路程短。速度快往往意味着费用高，成本控制方面压力大；而路程短则可以在同等的时间内以较为经济的方式满足客户的要求。路程短可以使各项送货成本均得到一定程度的降低，因此通常配送路线的优化都是以路程最短为原则来进行的。

送货作业中出现最多的是以下两种情况：从单个配送中心向单个客户往返送货；从单个配送中心向多个客户循环送货后返回。这两种情况的最短配送路线设计可以归结为两类问题，即两点间最短路线问题和单起点多回路最短路线问题。

一、两点间最短路线问题

在配送路线设计中，单配送的起点与终点都只有一个，即由一个配送中心向一个特定的客户进行专门送货，这种情况一般是针对优质的主要客户，客户需求量大且对到达时间准确性要求较高，需要专门派一辆或多辆车一次或多次送货。这种配送方式的重点在于节省时间、多装快跑，提高送货时间的准确性。另外，在构造一个配送中心的配送网络路线图时，需要计算配送中心与每个客户的最短路线距离。这些都可以归结为设计配送路线时，寻求两点间最短路径的问题。下面用一个实例来说明解决此问题的方法。

图7-8是某配送中心与一个客户之间的公路网络示意图，起点 O 为配送中心所在位置，终点 P 为客户所在位置，其他 A、B、C、D 代表从 O 到 P 途中要经过的节点，节点与节点之间有线路连接，线路上标明的数字代表两个节点之间的距离，以运行时间（分钟）表示（当然也可以用距离表示）。现在要在该图中找出一条从配送中心（起点 O）到客户（终点 P）之间的最短路线。

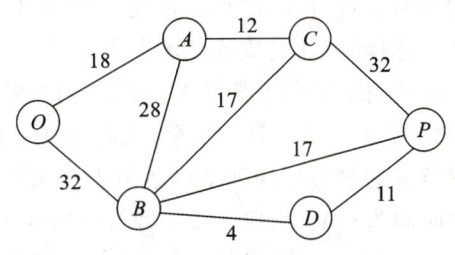

图7-8 公路网络示例

我们首先列出计算表，如表7-2所示。

表7-2 最短路线计算表

步骤	已解节点	与该已解节点直接连接的未解节点	对应线路	对应总运行里程	最短路线距离	新增的已解节点	选中的路径
1							
2							

步骤	已解节点	与该已解节点直接连接的未解节点	对应线路	对应总运行里程	最短路线距离	新增的已解节点	选中的路径
3							
4							
5							

表 7-2 中各空白栏的计算方法是,第一个节点就是起点 O,它是已解节点。与 O 点直接连接的未解节点有 A、B 点。首先,我们可以看到 A 点是距 O 点最近的节点,记为 OA,由于 A 点是唯一选择,因此它成为已解节点。

随后,找出距 O 点和 A 点最近的未解节点,列出距各个已解节点最近的连接点,有 $O—B$、$O—A—C$、$O—A—B$。注意,从起点通过已解节点到某一节点所需的时间应该等于到达这个已解节点的最短时间加上已解节点与未解节点之间的时间,也就是说,从 O 点经过 A 点到达 B 点的时间为 $OA+AB=(18+28)$ 分钟 $=46$ 分钟,同样,从 O 点到达 C 点的时间为 30 分钟,而从 O 点直达 B 点的时间为 32 分钟。现在从 O 点到 C 点的距离最短,C 点也成了已解节点。

重复上述过程直到到达终点 P,即第五步。最短路线运行时间是 47 分钟,最短路线为 $O—B—D—P$。

计算后的结果如表 7-3 所示。

表 7-3 最短路线计算表

步骤	已解节点	与该已解节点直接连接的未解节点	对应线路	对应总运行时间/分	最短路线运行时间/分	新增的已解节点	选中的路径
1	O	A	OA	18	18	A	OA
		B	OB	32			
2	O	B	OB	32	30	C	OAC
	A	C	OAC	30			
		B	OAB	46			

续表

步骤	已解节点	与该已解节点直接连接的未解节点	对应线路	对应总运行时间/分	最短路线运行时间/分	新增的已解节点	选中的路径
3	O	B	OB	32	32	B	OB
	A	B	OAB	46			
	C	P	OACP	62			
		B	OACB	47			
4	O	无	无	无	36	D	OBD
	A	无	无	无			
	C	P	OACP	62			
	B	D	OBD	36			
		P	OBP	49			
5	O	无	无	无	47	P	OBDP
	A	无	无	无			
	C	P	OACP	62			
	B	P	OBP	49			
	D	P	OBDP	47			

总结两点间最短路线的计算方法是：始发点作为已解点,计算从始发点开始。

(1)第 n 次迭代的目标。寻求第 n 次与始发点最近的节点,重复 $n=1,2,\cdots$,直到最近的节点是终点为止。

(2)第 n 次迭代的输入值。第 $(n-1)$ 个与始发点最近的节点是由以前的迭代根据离始发点最短路线计算而得的。这些节点以及始发点称为已解节点,其余的节点是未解节点。

(3)第 n 个最近节点的候选点,每个已解节点由线路分支通向一个或多个未解节点,这些未解节点中有一个与最短路线分支连接的是候选点。

(4)第 n 个最近节点的计算。将每个已解节点及其候选点之间的距离和始发点到该已解点之间的距离加起来,总距离最短的候选点便是第 n 个最近的节点,也就可以得到始发点到达该点最短距离的路径。

【育心笃行】配送路线优化不仅是企业降本增效的关键,更是提升客户满意度、践行社会责任的重要途径。精确计算最短路径,科学规划多回路配送方案,如采用节约里程法,确保每一公里都物尽其用,不仅降低了物流成本,更减少了交通拥堵和碳排放,体现了企业绿色发展的责任感。配送路线优化是企业智慧与担当的体现。

二、单起点多回路最短路线问题

单起点多回路路线是指由一个配送中心向多个客户进行循环送货,送货车辆送完货后再返回配送中心。由于受送货时间及送货路线的制约,通常不可能用一条路线为所有客户送货,而是设计数条送货线路,每条路线为某几个客户送货。同一条路线上由一辆配装着这条路线上所有客户需要货物的车,按照预先设计好的最佳路线,依次将货物送达该路线上的每个客户并最终返回配送中心。负责送货的车辆装载这条路线上所有

节约里程法

客户货物的总量不能大于车辆的额定载重量,而且车辆在这条路线上每次运行的总里程不能超过配送路线的合理限度。找到这些配送路线中的最短路线可保证按客户要求将货物及时送到,且能节约车辆行驶里程,缩短送货的整体时间,节约费用,还能减少交通流量,缓解交通压力,响应国家节能减排的号召。

解决单起点多回路最短路线问题最常用的方法是节约里程法。

1. 节约里程法的基本规定

利用节约里程法确定配送路线的主要思路是,根据配送中心的运输能力及其到客户之间的距离和各客户之间的相对距离来制定使总的配送车辆吨公里数达到或接近最小的配送方案。

为方便介绍,我们做出如下假设:

(1)配送的是同一种或相类似的货物;

(2)各用户的位置及需求量已知;

(3)配送中心有足够的运输能力。

根据里程节约法制订的配送方案除了使配送总吨公里最小外,还应满足以下条件:

(1)能满足所有用户的需求;

(2)不使任何一辆车超载;

(3)每车辆每天的总运行时间或行驶里程不超过规定的上限;

(4)方案能满足所有用户对到货时间的要求。

2. 节约里程法的基本思想

如图 7-9 所示,设 P_0 为配送中心,分别向用户 P_i 和 P_j 送货。P_0 到 P_i 和 P_j 的距离分别为 d_{0i} 和 d_{0j},两个用户 P_i 和 P_j 的距离为 d_{ij},送货方案只有两种,即配送中心 P_0 向用户 P_i、P_j 分别送货(见图 7-9(a))和配送中心向用户 P_i、P_j 同时送货(见图 7-9(b))。

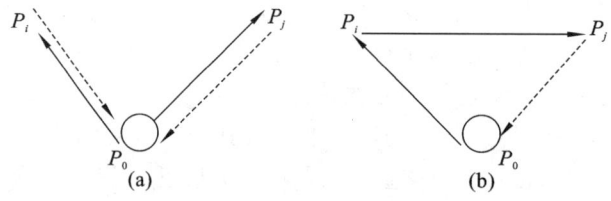

图 7-9 两种配送方案

方案(a)的配送线路为 P_0—P_i—P_0—P_j—P_0,配送距离 $d_a = 2d_{0i} + 2d_{0j}$。

方案(b)的配送线路为 P_0—P_i—P_j—P_0,配送距离 $d_b = d_{0i} + d_{0j} + d_{ij}$。

显然,d_a 不等于 d_b,我们用 S_{ij} 表示节约里程,即方案(a)相比方案(b)所节约的配送里程:

$$S_{ij} = d_a - d_b = d_{0i} + d_{0j} - d_{ij}$$

根据节约里程法的基本思想,如果一个配送中心分别向 n 个客户 $P_j(j=1,2,3,\cdots,n)$ 配送货物,在汽车载重能力允许的前提下,每辆汽车在配送路线上经过的客户个数越多,里程节约量越大,配送路线越合理。

通过上述公式的求解过程不难发现,配送方案的修正通常非常复杂而且工作量庞大,实际应用时应借助计算机进行。

（1）手算图解法。

下面介绍一种在没有计算机辅助的情况下较简便的一种求解方法——手算图解法，它的基本思路和原理与上述方法完全相同。

【例】某一配送中心 P_0 向 10 个客户 $P_j(j=1,2,\cdots,10)$ 配送货物，其配送网络如图 7-10 所示。图中括号内的数字表示客户的需求量，单位为 t，线路上的数字表示两节点之间的距离，单位为 km。配送中心有 2 t 和 4 t 两种车辆可供使用，试制订最优的配送方案。

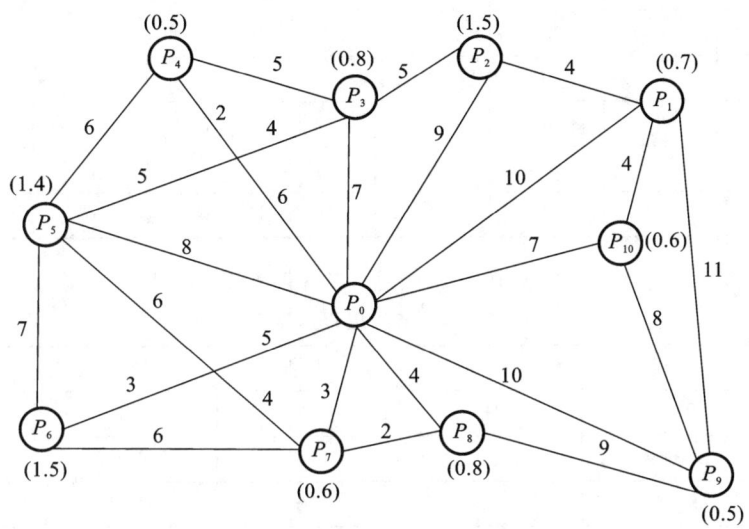

图 7-10　配送网络图

解：

步骤 1，计算最短距离。

根据配送网络中的已知条件，计算配送中心与客户及其之间的最短距离，结果见表 7-4。

表 7-4　最短距离（d_{ij}）计算表

q	P_0	P_1	P_2	P_3	P_4	P_5	P_6	P_7	P_8	P_9	P_{10}
0.7	10										
1.5	9	4									
0.8	7	9	5								
0.5	8	14	10	5							
1.4	8	18	14	9	6						
1.5	8	18	17	15	13	7					
0.6	3	13	12	10	11	10	6				
0.8	4	14	13	11	12	12	8	2			
0.5	10	11	15	17	18	18	17	11	9		
0.6	7	4	8	13	15	15	15	10	11	8	

步骤 2，计算节约里程 S_{ij}，结果见表 7-5。

表 7-5　节约里程表

P_1									
15	P_2								
8	11	P_3							
4	7	10	P_4						
0	3	6	10	P_5					
0	0	0	3	9	P_6				
0	0	0	0	1	5	P_7			
0	0	0	0	0	4	5	P_8		
9	4	0	0	0	1	2	5	P_9	
13	8	1	0	0	0	0	0	9	P_{10}

步骤 3，将 S_{ij} 进行分类，按从大到小的顺序排列，得表 7-6。

表 7-6　节约里程排序表

序号	路线	节约里程/km	序号	路线	节约里程/km
1	P_1P_2	15	13	P_6P_7	5
2	P_1P_{10}	13	14	P_7P_8	5
3	P_2P_3	11	15	P_8P_9	5
4	P_3P_4	10	16	P_1P_4	4
5	P_4P_5	10	17	P_2P_9	4
6	P_1P_9	9	18	P_6P_8	4
7	P_5P_6	9	19	P_2P_5	3
8	P_9P_{10}	9	20	P_4P_6	3
9	P_1P_3	8	21	P_7P_9	2
10	P_2P_{10}	8	22	P_3P_{10}	1
11	P_2P_4	7	23	P_5P_7	1
12	P_3P_5	6	24	P_6P_9	1

步骤 4，确定配送路线。根据表 7-6，按节约里程大小顺序，组成路线图。

①初始方案：对每一客户分别单独派车送货，结果如图 7-11 所示。

配送路线：10 条。

配送距离：$S_0 = 2\sum_{j=1}^{10} d_{0j} = 148 \text{ km}$。

配送车辆：2 t×10。

②修正方案 1：按节约里程 S_{ij} 由大到小的顺序，连接 P_1 和 P_2、P_1 和 P_{10}、P_2 和 P_3，得修正方案 1，如图 7-12 所示。

配送路线：7 条。

配送距离：$S_1 = S_0 - S_{1,2} - S_{1,10} - S_{2,3} = (148 - 15 - 13 - 11) \text{km} = 109 \text{ km}$。

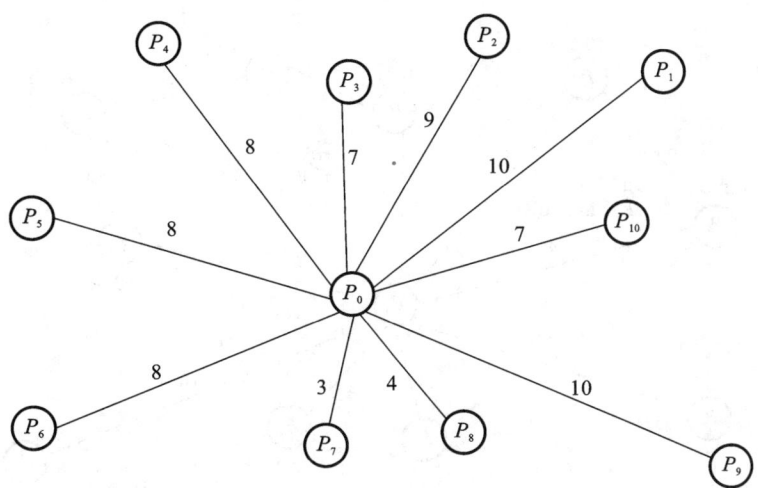

图 7-11　初始方案

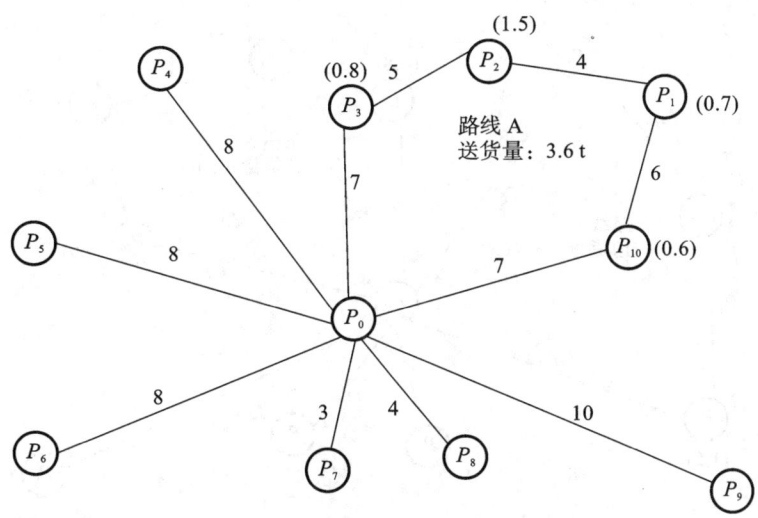

图 7-12　修正方案 1

装车量：$q_A = q_3 + q_2 + q_1 + q_{10} = (0.8 + 1.5 + 0.7 + 0.6)t = 3.6\ t$。

配送车辆：2 t×6+4 t×1。

③修正方案 2：在剩余的 S_{ij} 中，最大的是 $S_{3,4}=10$ 和 $S_{4,5}=10$，此时 P_4 和 P_5 都有可能并入路线 A 中，但考虑到车辆的载重量及路线均衡问题，连接 P_4 和 P_5 形成一个新的路线 B，得修正方案 2，如图 7-13 所示。

配送路线：6 条。

配送距离：$S_2 = S_1 - S_{4,5} = (109 - 10)\text{km} = 99\ \text{km}$。

装车量：$q_B = q_4 + q_5 = (0.5 + 1.4)t = 1.9\ t$。

配送车辆：2 t×5+4 t×1。

④修正方案 3：接下来最大的 S_{ij} 是 $S_{1,9}$ 和 $S_{5,6}$。由于此时 P_1 已属于路线 A，若将 P_9 并入线路 A，车辆会超载，故只将 P_6 并入线路 B，得修正方案 3，如图 7-14 所示。

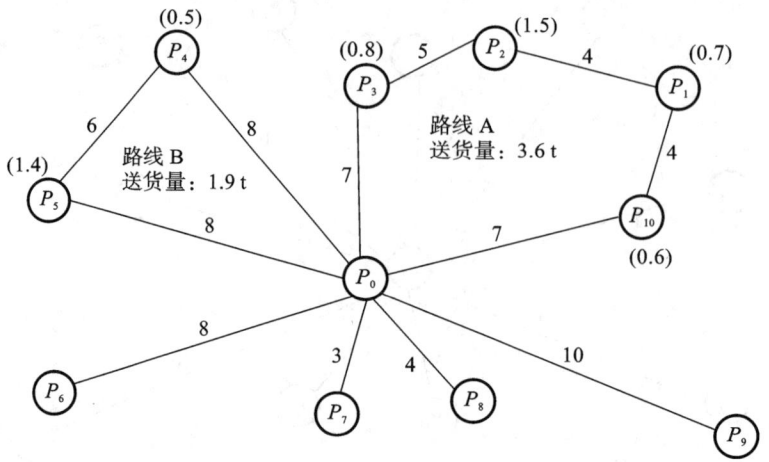

图 7-13　修正方案 2

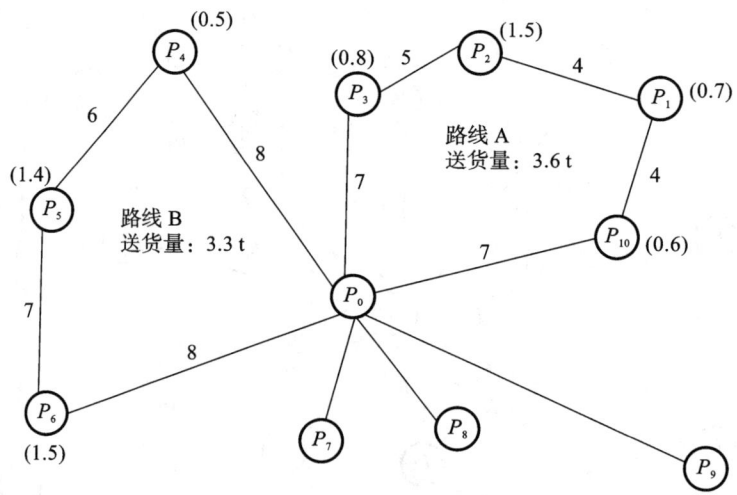

图 7-14　修正方案 3

配送路线：5条。

配送距离：$S_3 = S_2 - S_{5,6} = (99-9)\,\mathrm{km} = 90\,\mathrm{km}$。

装车量：$q_B' = q_B + q_6 = (1.9+1.5)\mathrm{t} = 3.4\,\mathrm{t}$。

配送车辆：2 t×3＋4 t×2。

⑤修正方案4：下面 S_{ij} 由大到小依次为 $S_{9,10}$、$S_{1,3}$、$S_{2,10}$、$S_{2,4}$、$S_{3,5}$，由于与其相对应的用户均已包含在已完成的路线里，因此不予考虑。把 $S_{6,7}$ 对应的 P_7 并到路线B中，得修正方案4，如图7-15所示。

配送路线：4条。

配送距离：$S_4 = S_3 - S_{6,7} = (90-5)\,\mathrm{km} = 85\,\mathrm{km}$。

装车量：$q_B'' = q_B' + q_7 = (3.4+0.6)\mathrm{t} = 4.0\,\mathrm{t}$

配送车辆：2 t×2＋4 t×2。

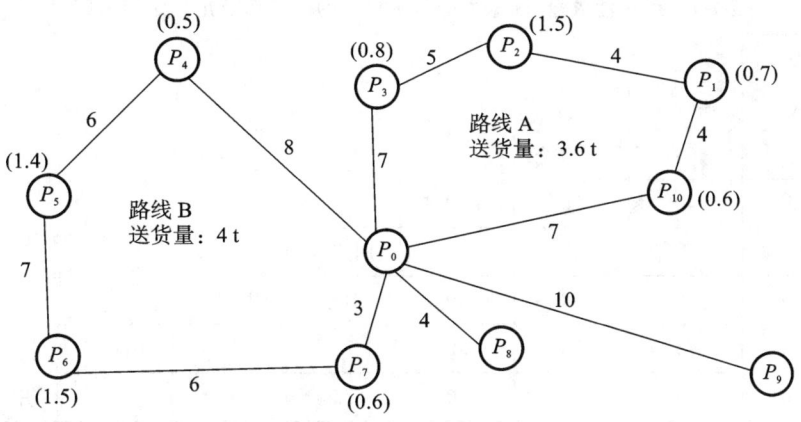

图 7-15　修正方案 4

⑥最终方案:对于 $S_{7,8}$,考虑到配送距离的平衡和载重量的限制,不将 P_8 并到路线 B 中,而是连接 P_8 和 P_9,组成新的路线 C。

$q_C = q_8 + q_9 = (0.8 + 0.5)\text{t} = 1.3\text{ t}$,$S_5 = S_4 - S_{8,9} = (85 - 5) = 80$ km,得到最终方案,如图 7-16 所示。

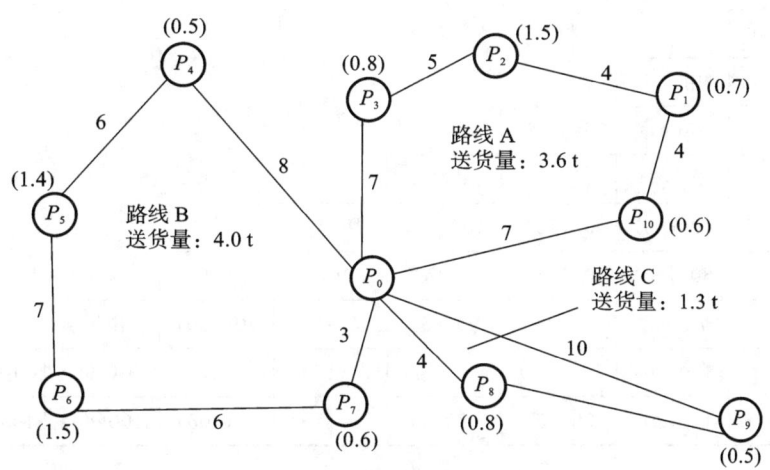

图 7-16　最终方案

这样,最终配送方案已确定:共存在 3 条配送路线,总的配送距离为 80 km,需要的配送车辆为 2 t×1+4 t×2,即 2 t 车 1 辆,4 t 辆 2 辆。

3 条配送路线如下。

配送路线 A:$P_0 - P_3 - P_2 - P_1 - P_{10} - P_0$,使用一辆 4 t 车。

配送路线 B:$P_0 - P_4 - P_5 - P_6 - P_7 - P_0$,使用一辆 4 t 车。

配送路线 C:$P_0 - P_8 - P_9 - P_0$,使用一辆 2 t 车。

(2)表上连接法。

【例】现假设有 8 个用户(标号是 1、2、3、4、5、6、7、8),各个用户的货运量是 $G_i(\text{t})$,这些用户由配送中心(标号为 0)发出载货量为 8 t 的车辆来完成,具体数据见表 7-7。问如何安排车辆的行驶路线可使得总运输费用最少?

表 7-7　用户需求量、配送中心与用户之间的距离及用户之间的距离

需求量	中心 0							
2	40	用户 1						
1.5	60	65	用户 2					
4.5	75	40	75	用户 3				
3	90	100	50	100	用户 4			
1.5	200	50	100	50	100	用户 5		
4	100	75	75	90	75	70	用户 6	
2.5	160	110	75	90	75	90	70	用户 7
3	80	100	75	150	100	75	100	100	用户 8

解：

(1)依 $S_{i,j}=P_{0i}+P_{0j}-P_{ij}$ 计算节约里程值，填入里程表中，如表 7-8 所示。

如：连接用户 5、7，有 $S_{5,7}=P_{05}+P_{07}-P_{57}=(200+160-90)\text{km}=270\ \text{km}$。

表 7-8　节约里程表

需求量	中心 0							
2	40	用户 1						
1.5	60	65(35)	用户 2					
4.5	75	40(75)	75(60)	用户 3				
3	90	100(30)	50(50)	100(65)	用户 4			
1.5	200	50(190)	100(160)	50(225)	100(190)	用户 5		
4	100	75(65)	75(85)	90(85)	75(115)	70(230)	用户 6	
2.5	160	110(90)	75(145)	90(145)	75(175)	90(270)	70(190)	用户 7
3	80	100(20)	75(65)	150(5)	100(70)	75(205)	100(80)	100(140)	用户 8

(2)按节约里程大小排序，得节约里程排序表，如表 7-9 所示。

表 7-9　节约里程排序表

序号	1	2	3	4	5	6	7	8	9	10	11	12	13	14
i,j	5—7	5—6	3—5	5—8	4—5	1—5	6—7	4—7	2—5	2—7	3—7	7—8	4—6	1—7
$S_{i,j}$	270	230	225	215	190	190	190	175	160	145	145	140	115	90
序号	15	16	17	18	19	20	21	22	23	24	25	26	27	28
i,j	2—6	3—6	6—8	1—3	4—8	1—6	2—8	3—4	2—3	2—4	1—2	1—4	1—8	3—8
$S_{i,j}$	85	85	80	75	70	65	65	65	60	50	35	30	20	5

(3)按节约里程大小，依车辆载重量约束连接用户，如表 7-10 所示。

表 7-10 用户连接表

序号	1	2	3	4	5	6	7	8	9	10	11	12	13	14
i,j	5—7	5—6	3—5	5—8	4—5	1—5	6—7	4—7	2—5	2—7	3—7	7—8	4—6	1—7
是否连接	5—7	5—7 —6	否	否	否	否	否	否	否	否	否	否	否	否
$\sum G_i$	4	8												
$S_{i,j}$	270	230	225	215	190	190	190	175	160	145	145	140	115	90

序号	15	16	17	18	19	20	21	22	23	24	25	26	27	28
i,j	2—6	3—6	6—8	1—3	4—8	1—6	2—8	3—4	2—3	2—4	1—2	1—4	1—8	3—8
是否连接	否	否	否	1—3 / 1—3	4—8 / 4—8	否	否 / 4—8 —2	否 / 否	1—3 —2 / 否	否 / 否	否 / 否	否 / 否	否 / 否	否 / 否
$\sum G_i$				6.5	6		7.5		8					
$S_{i,j}$	85	85	80	75	70	65	65	65	60	50	35	30	20	5

（4）根据表 7-10 得最后路线安排。

方案 Ⅰ：0—6—5—7—0；0—3—1—0；0—2—8—4—0。$S_1 = (75+70+65)\text{km} = 210\ \text{km}$。

方案 Ⅱ：0—6—5—7—0；0—3—1—2—0；0—8—4—0。$S_2 = (75+70+60)\text{km} = 205\ \text{km}$。

$S_1 > S_2$，所以选择方案 Ⅰ。

▌➡ 思考

由配送中心 P 向 A 至 I 等 9 个用户配送货物。如图 7-17 所示，图中连线上的数字表示公路里程（km），括号内的数字表示各用户对货物的需求量（t）。配送中心备有 2 t 和 4 t 载重量的汽车，且汽车一次巡回走行里程不能超过 35 km，设送到时间均符合用户要求，求该配送中心的最优送货方案。

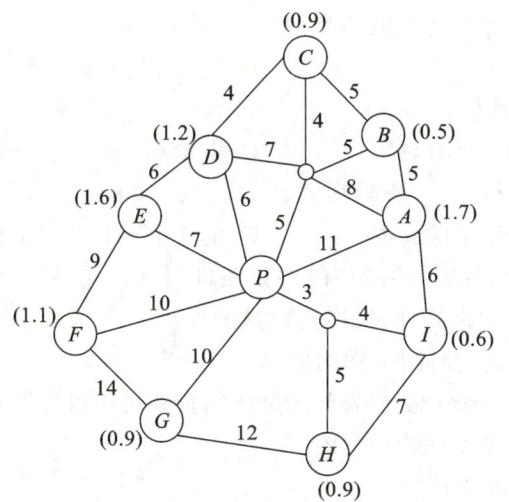

图 7-17 网络图

配送线路规划案例

任务检测

一、单选题

1.送货作业管理的核心内容是（ ）。

A.满足客户需求 B.控制送货成本

C.保证送货质量 D.满足客户需求与送货成本两者的均衡控制

2.中国国内配送中心、物流中心的配送有效距离大约在（ ）千米以内。

A.30 B.50 C.80 D.100

3.在送货作业流程中,送货线路及车辆配载方案确定后,下一步骤应该是（ ）。

A.货物装车 B.车辆出发 C.送货监控 D.拟订送货作业计划

4.配送路线的选择与确定作业的核心目标应该是（ ）。

A.效益最高 B.准时性最高 C.成本最低 D.劳动消耗最低

5.由配送中心向一个客户进行专门送货,这种情况一般是针对（ ）。

A.需求紧急的客户 B.需求平稳的客户

C.临时客户 D.优质的主要客户

6.节约里程法的基本思想是（ ）。

A.三角法的两边之和总是大于第三边 B.各点间运送的总里程最短

C.各点间运送的总时间最少 D.服务的客户数量最多

7.在节约里程法计算过程中,客户之间的距离越近,且它们距离配送中心越远,则节约的里程（ ）。

A.越多 B.越少 C.视客户需求而定 D.不确定

8.节约里程法计算过程中,当计算出两两客户之间的可节约距离后,下一步应该做的是（ ）。

A.按节约距离的大小两两连接各客户之间的路线

B.按节约距离从大到小进行排序

C.按节约距离大小安排送货顺序

D.按节约距离大小安排送货车辆的类型

二、多选题

1.配送作业的特点包括（ ）。

A.范围广 B.距离短 C.批量小 D.频率高

2 配送路线合理与否对（ ）影响很大。

A.配送速度 B.配送成本 C.配送准确性 D.配送效率

3.在进行配送路线的选择时,要考虑的约束条件包括（ ）。

A.满足所有收货人对货物品种、规格及数量的要求

B.满足收货人对货物送达时间范围的要求

C.在允许通行的时间内进行配送,各配送路线的货物量不得超过车辆容积和载重量的限制

D.在已有送货运力资源允许的范围内

4.节约里程法的适用条件有（ ）。

A.适用于有稳定客户群的配送中心 B.各配送线路的负荷要尽量均衡

C.要考虑客户要求的交货时间　　　　　D.货物总量不能超过车辆的额定载重量

5.运用节约里程法规划出的配送路线必须满足(　　)。

A.客户特殊要求

B.不使任何一辆送货车辆超载

C.每辆送货车每天的总行驶里程不超过规定的上限

D.送货人员的身体条件

三、简答题

1.简述节约里程法的基本原理。

2.简述车辆配载应遵循的原则。

四、学以致用

昌荣配送中心向 5 个客户配送货物,配送中心的配送路线网络图如图 7-18 所示,运输里程表见表 7-11。图中圆圈外的数字表示客户的需求量(单位为吨),表中数字表示配送中心与客户的距离以及客户之间的距离。现在配送中心可供使用的车辆有 3 辆 2 吨卡车和 2 辆 4 吨卡车。

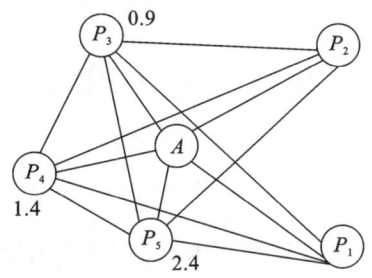

图 7-18　配送路线网络图

表 7-11　运输里程表

需求量(吨)	A					
1.5	8	P_1				
1.7	8	12	P_2			
0.9	6	13	4	P_3		
1.4	7	15	9	5	P_4	
2.4	10	16	18	16	12	P_5

思考与讨论:(1)用节约里程法制订最优的配送方案。(2)假定卡车行驶的平均速度为 50 km/h,那么优化后的方案比单独向各客户配送可节约多少时间?

 任务评价

配送路线规划任务评价表

班级:		姓名:	学号:	
评价项目	评价标准		分值	得分
任务准备 (15%)	考勤情况(无迟到、早退、旷课等现象)		5	
	能积极参与小组任务,做好学习准备		5	
	能正确理解任务指令,并接受任务要求		5	

续表

任务过程 （70%）	能准确掌握配送路线优化设计的原则	10	
	能准确理解配送路线优化的约束条件	10	
	能准确掌握主要的配送路线优化方法	10	
	能准确掌握两点间最短路线问题	10	
	能够掌握单起点多回路最短路线问题	20	
	能准确分享课程思政内容	10	
职业素养 （15%）	态度端正，认真主动，能与小组成员合作	10	
	关注任务完成情况	5	
合计		100	

综合评价	自评（30%）	小组互评（30%）	教师评价（40%）	综合得分

任务三　送货作业

 情景导入

对于连锁餐饮业来说，由于原料价格相差不大，物流成本始终是企业降低成本的焦点。靠物流手段节省成本并不容易，然而，百胜物流公司抓住运输环节大做文章，通过合理地安排运输，有效地实现了物流成本的"缩水"。

运输排程的目的在于尽量使车辆满载，只要货量许可，就应该做相应的调整，以减少总行驶里程。连锁餐厅的进货时间是事先约定好的，这就需要配送中心根据餐厅的需要，制作一个类似列车时刻表的主班表，此表是针对连锁餐厅的进货时间和送货路线制作的。

众所周知，餐厅的销售存在着季节性波动，因此主班表应至少有旺季、淡季两套方案。有必要的话，应该在每次营业季节转换时重新审核运输排程表。安排主班表的基本思路是，设计出若干条送货路线，覆盖所有的连锁餐厅，最终达到总行驶里程最短、所需司机人数和车辆数最少的目的。

在主班表确定以后，就要进入运输排程，也就是每天审视各条路线的实际货量，根据实际货量对配送路线进行调整。通过对所有路线逐一进行安排，可以去除几条送货路线，至少能减少某些路线的行驶里程，最终达到增加车辆利用率、提高司机的工作效率和降低总行驶里程的目的。

 任务目标

知识目标：

1. 掌握送货车辆调度的基本原则、方法及工作流程；
2. 掌握送货作业计划的编制方法及计划实施过程中的调度方法。

技能目标:

1.能够根据客户要求、车辆及货物的具体特征设计车辆的配载方案;

2.能够编制送货作业计划,能够在计划的实施过程中进行调度安排。

素质目标:

1.培养工匠精神和责任感;

2.提高自我教育的能力。

 **任务分工**

送货作业任务分配表

班级		授课老师	
小组名称		组长	
组员	姓名	学号	分工

 **任务实施**

第一步:做好车辆配载

引导问题1

车辆配载的原则是什么? 车辆配载时应注意哪些事项? 如何配载?

通过上一节的内容,我们可以将送货的路线确定下来,路线的确定意味着送货顺序的确定,也意味着货物装车顺序的确定。一般情况下,知道了客户的配送顺序后,只要将货物依"先送后装"的顺序装车即可。但实际情况并非如此简单,由于配送的货物性质不同、种类不同,对装卸、受力、防震等有不同要求,而且其体积、形状及包装形式各异,因此,在装车时需要合理安排,科学装车,既要考虑车辆的载重量,又要考虑车辆的容积,使车辆的载重量和容积都能得到有效利用,同时便于装卸,不会损坏货物。车辆配载就是要在充分保证货物质量和数量完好的前提下,尽可能提高车辆在容积和载重量两方面的利用率,以充分发挥运能、节省运力、降低配送费用。

一、配载的原则

车辆的配载需要解决的是如何将货物装车、按什么顺序装车的问题,为了有效利用车辆的容积和载重量,还要考虑货物的性质、形状、重量和体积等因素,进行具体安排。车辆配载一般应遵循以下原则。

(1)尽可能多地装入货物,充分利用车辆的有效容积和载重量。

(2)装入货物的总体积不超过车辆的有效容积。

(3)装入货物的总重量不超过车辆的额定载重量。

（4）重不压轻，大不压小。轻货应放在重货上面，包装强度差的货物应放在包装强度好的货物上面。

（5）货物堆放要做到前后、左右、上下重心平衡，以免发生翻车事件。

（6）尽量做到"先送后装"，即同一车中有目的地不同的货物时，要把先到站的货物放在易于装卸的外面和上面，后到站的货物放在里面和下面。

（7）货与货之间、货与车辆之间应留有空隙并适当进行衬垫，防止货损。货物的标签朝外，以方便装卸。

（8）装货完毕，应在门端处采取适当的稳固措施，以防开门卸货时货物倾倒而造成货损或人身伤亡。

【育心笃行】车辆配载需遵循科学原则，确保货物安全高效运输。通过合理安排货物顺序、重量与体积，实现车辆载重与容积的最大化利用，既节约成本又提升运输效率。同时，注重货物特性与车辆条件匹配，确保货物无损送达。此过程不仅体现物流管理的精细化，更蕴含对资源的节约与对环境的尊重，是实践环保与效率理念的生动案例。

二、配载时应注意的事项

（1）为了减少或避免差错，尽量把外观相近、容易混淆的货物分开装载。

（2）不将散发异味的货物与具有吸收性的食品混装。

（3）切勿将渗水货物与易受潮货物一同存放。

（4）包装不同的货物应分开装载，如板条箱货物不要与纸箱、袋装货物堆放在一起。

（5）具有尖角或其他突出物的货物应和其他货物分开装载或用木板隔离，以免损坏其他货物。

（6）尽量不将散发粉尘的货物与清洁货物混装。

（7）危险货物要单独装载，配载于同一车内的危险货物尽量做到不要隔离，如果由于货物本身、去向等原因必须隔离时，首先要有能起到隔离作用的货物或材料，且一车内一般不要超过两组隔离，以免发生危险。

三、配载的计算

1.容重配装简单计算法

在货物运输中，如果车辆只装载容重大（或比重大）的货物（如钢板），往往是达到了载重量，而容积剩余甚大；而只装载容重小（或比重小）的货物（如棉纱、服装等）则相反，看似装得满满的，但实际并未达到车辆的载重量。上述情况均造成运力浪费。因此采用容重法将两者进行配装是一种最常用的装车方法。

【例】需要配送两种货物，A类货物的容重为 R_A 千克/立方米，A类货物单件体积为 V_A 立方米/件；B类货物的容重为 R_B 千克/立方米，B类货物单件体积为 V_B 立方米/件；车辆载重为 G 吨，车辆最大容积为 V 立方米。计算最佳配装方案。（考虑到货物A、B尺寸的组合不能完全等于车辆内部尺寸，以及装车后可能存在无法利用的空间，设车辆有效容积为 $V\times90\%$）

解：在既满载又满容的前提下，设货物A装入数为 X 件，货物B装入数为 Y 件，则

$$X\times V_A+Y\times V_B=V\times90\%$$
$$X\times R_A\times V_A+Y\times R_B\times V_B=G$$

解联立方程组，求得 X、Y 之值即得配装数值。

上述例子只涉及两种货物的配装。在配装货种较多，车辆种类也较多的情况下，可以先从

多种货物中选出容重最大和容重最小的两种进行配装;然后根据剩余的车辆载重量与空间,在其他待装货物中再选出容重最大和容重最小的两种进行配装。依此类推,可求出配装结果。

在实际工作中不可能每次都求出配装的最优解,可寻求最优解的近似解,将问题简单化,从而节约计算时间,简化配装要求,加快装车速度。解决车辆配装问题最简单的方法是,先安排车辆装运容重最大及最小的两种货物,在装车时先将高容重货物装在下部,然后堆放低容重货物。按计划或经验配装,所余容重居中的货物不再考虑配装要求而直接装车。

应当注意,配装只是配送时要考虑的一个方面。如果货物性质特殊或装运方面有特殊要求,就不能单从配装的满载、满容角度来考虑问题。此外,还需要考虑货物运达时用户卸货问题,应当将后卸货物装在车厢内部,将先卸货物装在易卸易取的边部,否则会影响配送速度,增加卸车费用,这也是不可取的。

▌▌➡ 思考

某仓库需要运送水泥和玻璃两种货物,水泥单位质量体积为 0.9 立方米/吨,玻璃为 1.6 立方米/吨,计划使用的车辆的载重量为 11 吨,车厢容积为 15 立方米。试问:如何装载使车辆的载重量和容积都能被充分利用?

2. 动态规划法

设车辆的额定载重量为 G,可用于配送 n 种不同的货物,货物的重量分别为 $W_1, W_2, W_3, \cdots, W_n$。每一种货物分别对应一个价值系数,价值系数以 $P_1, P_2, \cdots, P_n$ 表示,它表示货物重量、价值、运费等。设 X_k 表示第 k 种货物的装入量,则装货问题可表示为:

$$F_{\max}(X) = \sum_{k=1}^{n} P_k X_k$$

$$\sum_{k=1}^{n} W_k X_k \leqslant G$$

$$X_k \geqslant 0 \quad (k = 1, 2, 3, \cdots, n)$$

我们可以采用运筹学中的动态规划思想求解上述问题,即把每装入一件货物作为一个阶段,把装货问题转化为动态规划问题。动态规划问题的求解过程是从最后一个阶段开始由后向前推进的。由于装入货物的先后顺序不影响最优解,因此我们的求解过程可从第一阶段开始,由前向后逐步进行。

具体步骤如下。

第一步,装入第 1 种货物 X_1 件,其最大价值为:

$$F_1(W) = \max P_1 X_1$$

其中,$0 \leqslant X_1 \leqslant [G/W_1]$,方括号表示取整数。

第二步,装入第 2 种货物 X_2 件,其最大价值为:

$$F_2(W) = \max \{P_2 X_2 + F_1(W - W_2 X_2)\}$$

其中,$0 \leqslant X_2 \leqslant [G/W_2]$。

……

第 n 步,装入第 n 种货物 X_n 件,其最大价值为:

$$F_n(W) = \max \{P_n X_n + F_{n-1}(W - W_n X_n)\}$$

其中,$0 \leqslant X_n \leqslant [G/W_n]$。

下面举例说明求解过程。

【例】载重量为 8 t 的载货汽车,配送 4 种货物,第 1 种货物集装单元化后重量为 3 t,第 2 种货物集装单元化后重量为 3 t,第 3 种货物集装单元化后重量为 4 t,第 4 种货物集装单元化后重量为 5 t,试问这 4 种货物如何配装才能充分利用货车的运输能力?

解:本例以物品重量作为价值系数,则 4 种货物的价值系数分别为 3、3、4、5。

按上述方法,从价值最小的物品到价值最大的物品,分成四个阶段进行计算。将计算结果列成四个表格,如表 7-12 至表 7-15 所示。

第一阶段:计算装入第 1 种货物的价值,见表 7-12。

表 7-12 第一阶段价值计算表

W	0	1	2	3	4	5	6	7	8
X_1	0	0	0	1	1	1	2	2	2
$F(W)$	0	0	0	3	3	3	6	6	6

注:W 为车辆可利用载重量假设;X_1 为第 1 种货物装载件数;$F(W)$ 表示最大价值[$F_1(W) = P_1 \times X_1 = 3 \times X_1$]。

第二阶段:计算装入第 2 种货物的价值,见表 7-13。

这里计算时要考虑两种情况:一是先装第 1 种货物,再装第 2 种货物;二是先装第 2 种货物,再装第 1 种货物。

表 7-13 第二阶段价值计算表

车辆可利用载重量假设	第 2 种货物装入件数	装入第 2 种货物后的车辆剩余载重量	装入第 2 种货物的价值与剩余载重量所装第 1 种货物的价值之和	装入第 2 种货物 X_2 件时,其最大价值
W	X_2	$W - W_2 X_2$	$P_2 X_2 + F_1(W - W_2 X_2)$	$F_2(W)$
0	0	0	0+0	0
1	0	1	0+0	0
2	0	2	0+0	0
3	0	3	0+3=3	3
	1	0	3+0=3	
4	0	4	0+3=3	3
	1	1	3+0=3	
5	0	5	3+0=3	3
	1	2	0+3=3	
6	0	6	0+6=6	6
	1	3	3+3=6	
	2	0	6+0=6	
7	0	7	0+6=6	6
	1	4	3+3=6	
	2	1	6+0=6	

续表

车辆可利用载重量假设	第 2 种货物装入件数	装入第 2 种货物后的车辆剩余载重量	装入第 2 种货物的价值与剩余载重量所装第 1 种货物的价值之和	装入第 2 种货物 X_2 件时,其最大价值
8	0	8	0+6=6	6
	1	5	3+3=6	
	2	2	6+0=6	

第三阶段:计算装入第 3 种货物的价值,见表 7-14。

表 7-14　第三阶段价值计算表

车辆可利用载重量假设	第 3 种货物装入件数	装入第 3 种货物后的车辆剩余载重量	装入第 3 种货物的价值与剩余载重量所装第 2 种货物的价值之和	装入第 3 种货物 X_3 件时,其最大价值
W	X_3	$W-W_3X_3$	$P_3X_3+F_2(W-W_3X_3)$	$F_3(W)$
0	0	0	0+0=0	0
1	0	1	0+0=0	0
2	0	2	0+0=0	0
3	0	3	0+3=3	3
4	0	4	0+3=3	4
	1	0	4+0=4	
5	0	5	0+3=3	4
	1	1	4+0=4	
6	0	6	0+6=6	6
	1	2	4+0=4	
7	0	7	0+6=6	7
	1	3	4+3=7	
8	0	8	0+6=6	8
	1	4	4+3=7	
	2	0	8+0=8	

第四阶段:计算装入第 4 种货物的价值,见表 7-15。

表 7-15　第四阶段价值计算表

车辆可利用载重量假设	第 4 种货物装入件数	装入第 4 种货物后的车辆剩余载重量	装入第 4 种货物的价值与剩余载重量所装第 3 种货物的价值之和	装入第 4 种货物 X_4 件时,其最大价值
W	X_4	$W-W_4X_4$	$P_4X_4+F_3(W-W_4X_4)$	$F_4(W)$
8	0	8	0+8=8	8
	1	3	5+3=8	

寻求最优解的顺序与计算顺序相反,由第四阶段向第一阶段进行。

(1)在第四阶段价值计算表中:

最大价值(本例为载重量)$F_4(W)=8$,对应两组数据,一组中 $X_4=0$,另一组中 $X_4=1$。

$X_4=1$,即第 4 种货物装入 1 件。表 7-15 中第 3 列数字表示其余种类货物的装入量。当 $X_4=1$ 时,其他 3 种货物装入量为 3。

(2)在第三阶段价值计算表中:

查 $W=3$ 时,$F_3(W)=3$,对应 $X_3=0$,查表 7-14 中第 3 列数字,当 $W=3$,$X_3=0$ 时,其余两类货物装入量为 3。

(3)在第二阶段价值计算表中:

查 $W=3$,$F_2(W)=3$,对应两组数据,一组中 $X_2=0$,另一组中 $X_2=1$,其余量为 3 或 0,即其他(第 1 种)货物装入量为 3 或 0。

(4)再查第一阶段价值计算表:

当 $W=3$ 时,对应 $X_1=1$;

当 $W=0$ 时,对应 $X_1=0$。

(5)得到两组最优解:

①$X_1=1$,$X_2=0$,$X_3=0$,$X_4=1$。

②$X_1=0$,$X_2=1$,$X_3=0$,$X_4=1$。

装载重量为:$F(X)=P_2 \times X_2 + P_4 \times X_4 = 3 \times 1 + 5 \times 1 = 8$。

如果在第四阶段价值计算表中取 $X_4=0$,则余项 $W-W_4X_4=8$。

在第三阶段价值计算表中,查 $W=8$ 一栏,$F_3(W)=8$ 对应 $X_3=2$。

因此得到第 3 组最优解:

③$X_1=0$,$X_2=0$,$X_3=2$,$X_4=0$。

装载重量为:$F(X)=X_3 \times P_3 = 2 \times 4 = 8$。

这三组解,都使装载重量达到汽车的最大载重量。

第二步:送货作业计划与调度

引导问题 2

送货作业计划的主要内容是什么?送货作业计划的调度如何实施?

送货作业的实施需要与企业自身拥有的资源和运作能力相匹配。由于企业自身的能力和资源有一定的限制,而客户的需求具有多变性、多样性和复杂性,因此,制订合理的送货作业计划并调度安排送货作业计划的实施是管理人员的工作内容。

一、制订送货作业计划

配送部门需要预先对送货任务进行估计并实施调度,对运送的货物种类、数量、去向以及运送线路、车辆种类及载重量、车辆趟次、送货人员做出合理的安排。

【育心笃行】送货作业计划与调度是物流管理中的关键环节,它要求管理者具备全局观念和细致的执行力。通过科学规划和灵活调度,确保货物安全、准时、高效送达,这不仅锻炼了管理者的决策和协调能力,也培养了管理者对工作的责任心和专业精神。

1.制订送货作业计划的主要依据

1)客户订单

一般客户订单对配送商品的品种、规格、数量以及送货时间、送达地点、收货方式等都有要求。因此,客户订单是制订送货作业计划最基本的依据。

2)客户分布、运输路线、距离

客户分布是指客户的地理位置分布。客户位置离配送中心的距离远近,从配送中心到达客户收货地点的路线选择直接影响配送成本。

3)配送货物的体积、形状、重量、性能、运输要求

配送货物的体积、形状、重量、性能、运输要求是选择运输方式,车辆种类、载重量、容积,装卸设备的制约因素。

4)运输、装卸条件

运输道路交通状况、运达地点及其作业环境、装卸货时间、天气等对送货作业的效率也起着相当大的制约作用。

2.送货作业计划的主要内容

送货作业计划的主要内容包括制订送货作业计划时,需按日期排定用户所需商品的品种、规格、数量、送达时间、送达地点以及送货车辆与人员等。

首先对客户所在地的具体位置做系统统计,并做区域上的整体划分,再将每一客户囊括在不同的基本送货区域中(本项目任务二中介绍的"单起点多回路最短线路"便是这一作业内容的体现),作为配送决策的基本参考。在区域划分的基础上再做弹性调整来安排送货作业,根据客户订单确定送货的先后顺序。

选择配送距离短、配送时间短、配送成本低的路线,需要根据客户的具体位置、沿途的交通情况等做出选择和判断。除此之外,还必须考虑有些客户及其所在地点环境对送货时间、车型等的特殊要求。例如,有些客户一般不在上午或晚上收货,有些道路在高峰期实行特别的交通管制等。因此,确定送货顺序应与配送路线优化结合起来考虑。另外,应按用户需要的时间结合运输距离来确定送货提前期,按用户要求选择送达服务具体组织方式等。

最终形成的送货作业计划应该包括两部分:一部分是一定时期内的综合送货作业计划表(见表7-16);另一部分是依据综合送货作业计划表制订的每一车次的单车送货作业计划表(单)(见表7-17),该表(单)交给送货驾驶员执行,执行完毕后交回。

表7-16 综合送货作业计划表

日期	送货作业任务					车公里	吨公里
	起点	讫点	送货距离	送货次数	货物名称		
效率指标	标记吨位	日行程	实载率		运量	计划完成率	
备注							

表 7-17　单车送货作业计划表(单)　　　　　　　　　　　年　月　日

发货单位						
车号及车型						
送货点						
运行周期		发车时间		预计返回时间		
车辆运行动态		到达时间	到达地点	离开时间	货物情况	收货人签字
	第一站					
	第二站					
	第三站					
	第四站					
	第五站					
	第六站					
	第七站					
备注						
驾驶员签名			调度员签名			

3. 送货作业计划的调整

由于送货作业情况复杂,在送货作业计划执行过程中,难免发生偏离计划要求的情况,而且涉及面较广。因此,必须进行详尽分析与系统检查,弄清缘由,采取有效措施消除干扰计划执行的不利因素,保证计划实施。干扰送货作业计划执行的不利因素主要包括下列各项:

(1)临时变更送货路线或交货地点;

(2)装卸机械故障,装卸停歇时间超过定额,办理业务手续意外拖延等;

(3)车辆运行或装卸效率提高,提前完成作业计划;

(4)车辆运行途中出现技术故障;

(5)行车人员无故缺勤、私自变更计划、不按规定时间收发车,以及违章驾驶造成技术故障和行车肇事;

(6)道路情况,如临时性桥断路阻、路桥施工、渡口施工或待渡时间过长等;

(7)气候情况,如突然降雨、雪、大雾、冰雹以及发生河流涨水、冰冻等意外。

为防止上述因素对送货作业计划的影响,除积极加强天气预测外,必须采取一定措施及时进行补救与调整。在送货作业过程中,驾驶员如遇到障碍,应及时上报,以便管理人员及时调整或变更计划。一旦作业计划被打乱,不能按原计划完成,计划人员应迅速协调相关部门或人员采取适当措施,保证计划的顺利实施。

二、送货作业计划的调度实施

1. 调度实施的基本原则

送货作业进行过程中常常会遇到一些难以预料的问题,因此,调度管理人员需要随时掌握车况、路况、气候变化、驾驶员状况、行车安全等情况,以确保送货作业的顺利进行。车辆调度工作应遵循以下原则。

1）从全局出发，保证重点，统筹兼顾

送货作业安排应贯彻"先重点后一般"原则和"安全第一、质量第一"原则。送货作业调度工作要始终把运行安全和质量控制放在首要位置。

2）计划性原则

调度工作要根据客户订单要求并以运行计划为依据，监督及检查计划的执行情况，按计划安排送货作业。

3）合理性原则

要根据货物性能、体积、重量以及车辆技术情况、道路通行条件、气候变化、驾驶员状况等因素合理调度车辆，合理安排车辆的运行路线，有效降低运输成本。调度管理人员组织实施计划时，要努力降低消耗（人力、物力消耗，资金占用等），提高经济效益，以最低的送货作业成本来满足客户需求。

2.调度实施的过程

1）送货前查验

送货作业

由于送货车辆经常变换，驾驶人员流动也比较频繁，因此为确保送货作业的安全，调度管理人员在送货车辆出发前必须仔细进行例行查验，内容如下。

（1）查验机动车驾驶证。

机动车驾驶证是驾驶人依法取得的驾驶机动车的法定证件，是证明驾驶人具备驾驶资格的重要凭证。

《中华人民共和国道路交通安全法》规定："驾驶机动车，应当依法取得机动车驾驶证。""申请机动车驾驶证，应当符合国务院公安部门规定的驾驶许可条件；经考试合格后，由公安机关交通管理部门发给相应类别的机动车驾驶证。""驾驶人应当按照驾驶证载明的准驾车型驾驶机动车；驾驶机动车时，应当随身携带机动车驾驶证。"

《中华人民共和国道路交通安全法实施条例》规定："机动车驾驶证由国务院公安部门规定式样并监制。""机动车驾驶人初次申领机动车驾驶证后的 12 个月为实习期。在实习期内驾驶机动车的，应当在车身后部粘贴或者悬挂统一式样的实习标志。机动车驾驶人在实习期内不得驾驶公共汽车、营运客车或者执行任务的警车、消防车、救护车、工程救险车以及载有爆炸物品、易燃易爆化学物品、剧毒或者放射性等危险物品的机动车；驾驶的机动车不得牵引挂车。"

（2）查验机动车行驶证。

车主购买车辆以后，凭购买发票以及相关材料到机动车所有人住所地的公安机关交通管理部门交验机动车，申请注册登记，公安机关交通部门审验合格后，给予办理注册登记，核发机动车号牌、机动车行驶证。机动车行驶证对机动车的车型、颜色、发动机号等基本情况都有详细记录，是机动车上路行驶的合法证件。驾驶员在驾驶机动车时，必须随车携带机动车行驶证。

（3）查验道路运输证。

道路运输证是交通运输主管部门统一制发的经营道路运输的合法凭证。凡在我国境内从事道路运输经营活动和非经营性道路运输的机动车辆，均须持有道路运输证。道路运输证是合法经营的标志，是记录营运车辆审验情况和对经营者奖惩的主要凭证，由车辆所在地的公路运营部门按注册营运车辆数核发，一车一证，随车携带。

道路运输证主证正面是车辆有关内容，背面是车辆 45 度角彩色照片，然后塑封。为推动道路运输证电子证件工作,IC卡道路运输证和纸质道路运输证同样有效。经营性道路客货运输驾驶员应当随车携带道路运输证。

(4)查验驾驶、押运、装卸人员从业资格证。

《道路运输从业人员管理规定》指出:"国家对经营性道路客货运输驾驶员、道路危险货物运输从业人员实行从业资格考试制度。其他实施国家职业资格制度的道路运输从业人员,按照国家职业资格的有关规定执行。从业资格是对道路运输从业人员所从事的特定岗位职业素质的基本评价。经营性道路客货运输驾驶员和道路危险货物运输从业人员必须取得相应从业资格,方可从事相应的道路运输活动。"

道路运输从业人员,经设区的市级道路运输管理机构对有关货运法律法规、机动车维修和货物装载保管基本知识考试合格,发给从业资格证(见图7-19)。从业资格证表明从业人员具备从业的资质。调度管理人员要严格审查从业人员的资格证,不得安排无证人员执行运输任务。

中华人民共和国交通运输部监制

图 7-19 道路运输从业人员从业资格证

(5)查验是否超限、超载。

运输的货物应当符合货运车辆核定的载重量,载物的长、宽、高不得违反装载要求。禁止货运车辆违反国家有关规定超限、超载运输。不得为无道路运输经营许可证或证照不全者提供服务;不得违反国家有关规定,为运输车辆装卸国家禁运、限运的物品;禁止使用货运车辆运输旅客,严格禁止客货混装。

2)送货作业控制

在送货作业进行过程中,调度管理人员要实时掌握车辆的运行情况,及时消除偏离计划要求的不正常现象,从而使送货作业计划顺利完成。因此,必须对汽车在路线上的工作进行有效控制,需要控制的内容主要包括下列几个方面:

(1)监督和指导货物的配载装运过程;

(2)监控车辆按时出车;

(3)监控汽车按时到达装卸货地点;

(4)了解车辆完成计划的情况及不能完成计划的原因,并采取使之恢复正常工作的措施。

3)填写调度日志

为不断改进调度管理的工作方法,调度管理人员还要进行日常统计工作。日常统计工作一般通过填写调度日志进行。调度管理人员每天工作结束前均要完成调度日志的填写,填写时笔迹要清晰,不要随意涂改。调度日志表样式可参见表7-18。调度日志是管理部门获得必要的统计资料的重要途径。根据调度日志统计出的资料,调度管理部门就能清楚地了解送货作业计划的执行情况,以便及时采取适当措施,保证完成计划。

在每日的工作过程中,如果出现计划的临时调整,那么无论是何种情况,都应该及时地记录计划调整的时间、调整的原因、调整的方法、调整后的结果、调整人员、初步的原因分析等。

表 7-18　调度日志表

年　　月　　日　　　　　　　　　　　　　　　　　　制表:

发货时间	送货路线	车辆牌照	发车前例检	调度员确认	送货点到达情况	车次累计
本日统计						
应发车次			实发车次			
正点发车率			正点到达率			

续表

调度调整 情况记录	
本日调度 工作小结	

调度员签章：

4）行驶作业记录管理

由于送货作业主要是短距离的公路运输，因此，送货车辆的行驶作业记录管理也是送货作业管理的重要内容。尽管人们可以通过建立数学模型使运输路线优化，利用计算机管理软件对车辆进行合理的调度、对货物实行有效配装，可以将配送计划做得非常周详，但影响货物输送效率与配送服务质量的因素很多，其中不乏不可预见的因素。在送货作业的进行过程中，往往会出现因临时的交通状况发生变化、天气变化、行车人员在外不按指令行车或外部驾驶过程中突发安全事故等难以直接控制或不可控因素的影响而导致货物不能如期送达、货物受损等情况，从而使送货成本上升，最终影响配送服务质量与配送效益。因此，在送货作业管理中必须加强行驶作业记录管理及行车作业人员的考核和管理。

行驶作业记录管理的方式主要有车辆行驶日报表管理方式、行车作业记录卡管理方式和行车记录器管理方式。

车辆行驶日报表管理方式是通过驾驶人员填写表单来记录送货作业过程。利用日报表对送货车辆行驶情况做记录，除了能随时对车辆的品质及负担等做评估调整外，也能反映出送货作业计划的执行效果，为后续作业计划管理提供参考。

车辆行驶日报表主要是对送货车辆行驶里程、驾驶员工作时间、油料使用情况的记录。车辆行驶日报表参考格式如表 7-19 所示。

表 7-19　车辆行驶日报表

车牌号			驾驶员姓名						
日期	发车 地点	发车 时间	终到 站点	到达 时间	行驶 时间	行驶 里程	主管（经 办）签章	备注
合计：　　小时　　分　　千米								

调度管理人员根据驾驶员交回的车辆行驶日报表填写班车运行记录表中的各项内容。在填写的时候要做到笔迹清晰，不能随意涂改。车辆的行驶里程以驾驶员交回的车辆行驶日报表的记录情况为基础，按照车辆行驶日报表上的记录填写车牌号、驾驶员姓名、发车地点、发车时间、终到站点、到达时间、行驶里程，计算出驾驶员行驶的总时间。经核实后由主管人员或经办

人员签章确认。填写油料状况时要注意车辆使用的油别和车辆上次结存的油量,根据本次加油量,计算出车辆本次耗油量,并认真填写本次结存的油量。

行车作业记录卡管理方式即对行车作业实行定时划卡制度。

行车记录器的用途很广,利用行车记录器可以掌握车辆送货过程中的行驶状况,包括时间、里程数、行驶速度等。

5)行车作业人员考核

为了确保行车作业能按送货作业计划有效进行,需要对行车作业人员进行考核和管理。对行车作业人员进行考核的数据,可以通过驾驶成绩报告书、送货人员出勤日报表等方式进行反馈。

6)送达与回访

当货物送达交货地点后,送货人员应协助客户将货物卸下车,放到指定位置,并与客户单位的收货人员一起清点货物,完成签收确认工作。同时,请客户填写送货服务质量跟踪表,如表7-20所示。如果有退货、调货的要求,则应将相关货物随车带回,并完成有关单证手续。

表7-20　送货服务质量跟踪表

客户:

我公司承担_____货物的配送业务,我们对质量的承诺是:安全准确、文明储运、优质高效、客户至上。为了实现上述承诺,不断改进我们的服务质量,恳求您真实填写以下栏目:

1.送货车辆车牌号			
2.送货人员服务态度	好	一般	差
3.送货车辆车况	好	一般	差
4.装卸过程是否粗野	是		否
5.送达货物及送货清单是否与您的订单相符	是		否
6.送货前是否通知您预计送达时间、货物品种、数量、规格等信息	是		否
7.到货是否准时	是		否
8.货物污染、淋湿、破损及程度			
9.您的其他改进要求			

填表人:　　　　　　　　　　　　　　　　　　　　填表时间:　　年　　月　　日

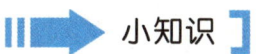 小知识

调度工作的"三熟悉、三掌握、两了解"

调度管理人员通过调查研究,对客观情况必须做到"三熟悉、三掌握、两了解"。

(1)三熟悉:①熟悉各种车辆的车型、技种、吨位、容积、车身高度、自重、使用性能、拖挂能力、技术设备、修保计划、自编号与牌照号以及驾驶员姓名等;②熟悉汽车运输的各项规章制度、安全工作条例、交通规则、监理制度的基本内容;③熟悉营运指标完成情况。

(2)三掌握:①掌握运输路线、站点分布、装卸现场的条件及能力等情况并加强与有关部门的联系;②掌握货物流量、流向、货种性能、包装规定,不断地分析研究货源物资的分布情况,并能加强与有关部门的联系;③掌握天气变化情况。

(3)两了解:①了解驾驶员技术水平和思想情况、个性、特长、主要爱好、身体健康情况、家庭情况等;②了解各种营运单据的处理程序。

 **任务检测**

一、单选题

1.合理配载是提高运输工具(　　　)的一种有效形式。

　　A.装卸效率　　　　　　B.运输效率　　　　　　C.装载率　　　　　　　　D.实载率

2.配载作业过程中,装货人员最常采用的配载方法是(　　　)。

　　A.经验法　　　　　　　　　　　　B.容重法

　　C.数学模型计算　　　　　　　　　D.软件模拟

3.在采用经验法进行配载时,也要用简单的数学计算来验证(　　　)。

　　A.货物的数量

　　B.是否按客户要求装载了需要的货物

　　C.装载的货物是否满足车辆在载重量及容积方面的限制

　　D.装载时间是否满足要求

4.送货作业管理人员主要的工作内容应该是(　　　)。

　　A.制订作业计划　　　　　　　　　B.安排送货路线

　　C.安排送货人员　　　　　　　　　D.合理制订送货作业计划并调度实施

5.以下属于车辆调度应遵循的原则的是(　　　)。

　　A.先近后远　　　　　　　　　　　B.先重后轻

　　C.先重点,后一般　　　　　　　　D.先高价,后低价

6.在送货作业进行过程中必须进行有效的控制,以下不属于需要控制的内容的是(　　　)。

　　A.监督和指导货物的配载装运过程　　　B.监控车辆按时出车

　　C.监控汽车按时到达装卸货地点　　　　D.送货人员的一举一动

7.调度管理部门获得必要统计资料的一个重要途径是(　　　)。

　　A.调度人员每日填写的调度日志　　　B.调度部门的每日例会

　　C.送货人员的送货单回执　　　　　　D.客户的反馈意见

二、多选题

1.在进行车辆配载时,应遵循的原则包括(　　　)。

　　A.充分利用车辆的有效容积和载重量

　　B.重不压轻,大不压小,货物堆放要做到前后、左右、上下重心平衡

　　C.尽量做到"先送后装"

　　D.货物标签朝外,方便装卸

2.以下关于车辆配载时注意事项的说法正确的有(　　　)。

　　A.外观相近、容易混淆的货物分开装载

　　B.切勿将渗水货物与易受潮货物一同存放

　　C.不将散发粉尘的货物与清洁货物混装,危险货物要单独装载

　　D.包装不同的货物视车辆空间可以混装

3.制订送货作业计划的主要依据有(　　　)。

A. 客户订单

B. 客户分布、运输路线、距离

C. 配送货物的体积、形状、重量、性能、运输要求

D. 运输、装卸条件

4. 在送货车辆出发前，调度管理人员要查验的证件包括（　　）。

A. 机动车驾驶证、机动车行驶证、道路运输证

B. 车辆二级维护卡

C. 驾驶、押运、装卸人员从业资格证

D. 身份证

5. 行驶作业记录管理的方式主要有（　　）。

A. 车辆行驶日报表管理方式　　　　　B. GPS 管理方式

C. 行车作业记录卡管理方式　　　　　D. 行车记录器管理方式

三、简答题

1. 配装计算的前提假设有哪些？

2. 简述调度实施的基本原则。

四、学以致用

连锁超市的配送中心接到 5 个门店的送货请求后，已将货物分拣完毕，现在货物都在出货月台上等待装车。目前配送中心其他车辆都已外出送货或正在装车准备送货，未分配送货任务的只剩一辆普通厢式货车，其车厢有效容积为 20 m³（5 m×2 m×2 m），最大载重量为 4000 kg。分拣人员已经把货物的重量、体积测算出来并上报给了调度管理人员。调度管理人员发现货物的总重量及总体积均超过了这台空闲车辆的定额，无法一趟全部送出。现在，调度管理人员要根据门店送货的要求制订一个配载方案。

待送货物基本情况如表 7-21 所示。

表 7-21　货物基本情况表

门店名称	送货顺序	货物名称	总重量/kg	总体积/m³	件数（托盘）	单件重量/kg	单件体积/m³	外形尺寸/(m×m×m)
新大路店	1	食用油	1200	4	4	300	1	1×1×1
中河路店	2	液晶电视	500	4	10	50	0.4	1×0.5×0.8
富邦广场店	3	瓶装饮料	900	3	5	180	0.6	1.2×1×0.5
星中路店	4	袋装大米	1500	9	10	150	0.9	1.5×1×0.6
天目山路店	5	盒装鸡蛋	300	2	5	60	0.4	1×0.8×0.5

请同学们分小组思考与讨论（每组 4～6 人）：

（1）各小组根据"不考虑其他配载要求，只是尽可能多地装入货物，但不能超过车辆载重量及容积限制"的要求，规划配载方案。

（2）各小组根据"门店无送货要求，只要送到即可，但配装的货物有的不能叠压，有的只能立放而不能倒放或横放、门店的送货顺序有先后（先送的要后装）"的要求，规划配载方案。

（3）各小组根据"门店的送货顺序有先后且每个门店要求货物一次性送到（即如果某一门店

的货物这一车无法全部装入,则该门店的货物就全部不装),且使送货门店的个数尽可能多"的要求,规划配载方案。

（4）各小组根据"门店的送货顺序有先后且每个门店要求货物一次性送到,配载的货物有的不能叠压,有的只能立放而不能倒放或横放,门店的送货顺序有先后(先送的要后装)且均要求一次性送到"的要求,规划配载方案。

 **任务评价**

送货作业任务评价表

班级：		姓名：		学号：	
评价项目	评价标准			分值	得分
任务准备 （15%）	考勤情况（无迟到、早退、旷课等现象）			5	
	能积极参与小组任务,做好学习准备			5	
	能正确理解任务指令,并接受任务要求			5	
任务过程 （70%）	能准确理解车辆配载的原则			10	
	能准确理解车辆配载时应注意的事项			10	
	能准确掌握配载的计算			20	
	能准确掌握送货作业计划与调度			20	
	能准确分享课程思政内容			10	
职业素养 （15%）	态度端正,认真主动,能与小组成员合作			10	
	关注任务完成情况			5	
合计				100	
综合评价	自评（30%）	小组互评（30%）	教师评价（40%）		综合得分

• 乐学善学思政小故事：用微光传递温度,以平凡书写非凡

乐学善学思政小故事

模块三

智慧仓配运营控制

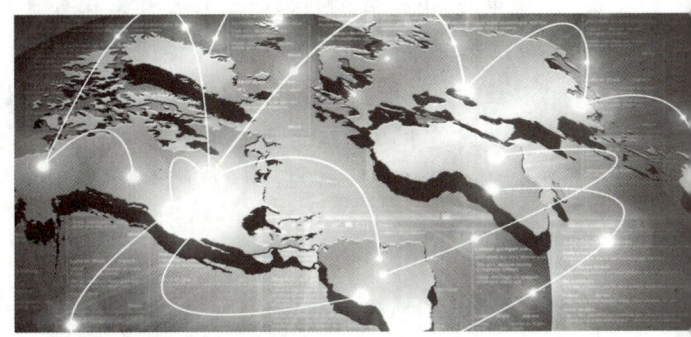

ZHIHUI CANG-PEI
YUNYING KONGZHI

项目八　智慧仓配运营开发

任务一　配送中心选址

　　党的二十大报告提出："建设高效顺畅的流通体系,降低物流成本。"在新时代的新发展格局下,物流业扮演着至关重要的角色。中国物流业正迎来智慧物流引领的新时代,通过利用互联网、物联网、大数据、云计算、人工智能和区块链等技术手段,提升物流运作效率和服务水平。

　　益乘集团为了更快地响应消费者需求、提升消费者体验,欲在试点城市广州选址建立智慧配送中心,由物流规划部的工作人员李林负责此项工作。作为物流管理专业出身的大学生,李林对工作充满了信心,他对仓库备选地点、关键客户的位置信息及广州地区业务数据进行了汇总整理,并采用重心法最终确定了配送中心的位置,获得了领导和同事的一致好评。他经常问自己:"配送中心选址的意义在哪里? 配送中心选址需要考虑哪些因素? 配送中心选址有哪些科学的方法?"

知识目标:

1.了解配送中心选址的基本概念;

2.理解配送中心选址的原则;

3.掌握配送中心选址的方法。

技能目标:

1.能科学分析影响配送中心选址的因素;

2.能运用定性分析和定量分析的方法分析配送中心的选址;

3.能运用 AI 技术对配送中心选址。

素质目标:

1.树立敬业精神、安全意识、节约意识和劳动意识;

2.培养团队协作能力和沟通意识;

3.培养精益求精的工匠精神、吃苦耐劳的优良品质。

配送中心选址任务分配表

班级		授课老师	
小组名称		组长	

续表

组员	姓名	学号	分工

任务实施

第一步：认识配送中心选址的重要性

引导问题1

李林已经从事了一段时间的物流规划工作，作为物流规划部门的一员，他应如何理解配送中心选址的重要性？

配送中心是物流供应链的一个重要组成部分。根据《物流术语》中的定义：配送中心是指具有完善的配送基础设施和信息网络，可便捷地连接对外交通运输网络，并向末端客户提供短距离、小批量、多批次配送服务的专业化配送场所。配送中心的功能包括集货、存储、分拣、理货、配货、装卸搬运、送货、流通加工、信息处理等。它通过合理的库存管理和物流流程设计，实现高效的商品分发和配送，从而满足客户的需求，并提高供应链的效率。其作业流程如图 8-1 所示。

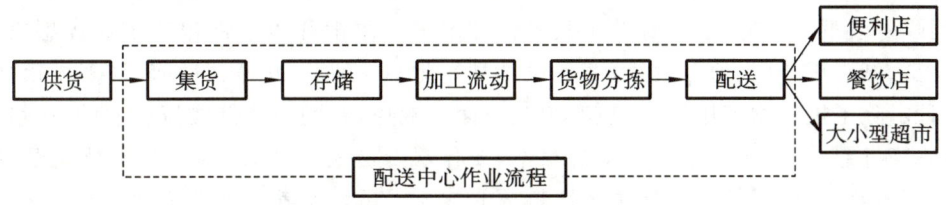

图 8-1　配送中心作业流程图

配送中心在整个物流供应链中起着不可或缺的作用，直接影响到企业的物流成本、客户满意度和竞争力。配送中心选址，是指在一个具有若干供应点及若干需求点的经济区域内，选出一个地址来设置物流配送中心的规划过程。选址的合理、适宜将为企业带来许多优势，具体如下。

1. 合理选址可以提高配送效率

通过选择地理位置优越、交通便利的地点作为配送中心的位置，企业能够更快速地响应客户需求、缩短配送时间，从而提高整体物流速度。这将有助于满足客户的要求，提升客户满意度。

2. 合理选址可以降低物流成本

合理选址可以减少运输距离和时间，从而降低燃料、劳动力和车辆维护等运输成本。此外，合理的选址还可以降低库存持有成本和仓储费用。将配送中心靠近供应商和顾客设置，可以降

低库存水平,提高资金周转效率,进一步降低成本。

3.合理选址能够增强企业的市场竞争力

一个位置优越的配送中心可以提高企业的服务水平,增强其市场竞争力。快速、可靠的配送服务能够增加客户的满意度和忠诚度,促进口碑的传播,吸引更多的客户,并与竞争对手形成差异化竞争。

4.合理选址可以优化供应链管理

通过合理选址,企业可以更好地协调供应链上下游的物流活动,提高供应链的整体效率和灵活性。合理选址还可以减少供应链中断的风险,保证供应链的稳定运行。通过降低库存水平,企业可以减少库存风险,提高资金利用率。

5.选址合理的配送中心可以提升企业的应急响应能力

在面对自然灾害、交通管制等突发事件时,选址合理的配送中心能够迅速调整配送路线和策略,确保供应链的稳定运行。这将增强企业的应急响应能力,减少潜在的损失,并保持持续的商业运作。

第二步:理解影响配送中心选址的因素

配送中心选址因素

引导问题 2

只有在了解特定地区的需求和物流网络的基本情况之后,才能掌握影响配送中心选址的因素。那么配送中心选址一般要考虑哪些因素?

一、政策环境因素

企业在为配送中心选址前要做好调查评估,尤其是政策环境的分析。物流配送中心的选址如果得到政府政策的支持,会更有助于其经营和发展。政策环境条件包括企业优惠措施(土地提供、减税)、城市规划(土地开发、道路建设计划)、地区产业政策等。目前,许多城市建立了现代物流园区,除了提供物流用地外,也有税赋方面的减免,有助于降低物流企业的营运成本。

【育心笃行】企业在配送中心选址过程中,要体现社会责任感,选择能够为当地居民提供更多就业机会的地区,特别是帮助解决贫困地区的就业问题。要考虑到选址对当地社区发展的影响,如基础设施建设、社区服务提升等,积极参与并支持当地的社区建设。

二、经济环境因素

1.货流量大的地方

配送中心是现代物流网络的节点,而其效益与规模有相当大的关系,如果没有足够的货流量,配送中心的规模效益便不能发挥,所以其位置一定要选择在货流量较大的区域。

2.货物的流向

配送中心选址要充分考虑货品的流动方向,避免大量货品出现逆流、回流、重复运输等情况。一方面,要考虑所服务门店的分布,将配送中心建在城市边缘接近客户分布的地方,最远不超过 4 小时车程;另一方面,应该考虑供应商的分布。因为配送中心的货品全部是由供应商所供应的,如果配送中心靠近供应商,则其货品的安全库存可以控制在较低的水平。大体上要保证区域服务范围内从供应商到配送中心,再从配送中心到终端门店,处于一条直线上,当然弯曲一些也是可以的,但要严格避免 V 字回流。

3. 人力资源条件

在仓储配送作业中，最主要的资源需求为人力资源。由于一般物流作业仍属于劳动力密集的作业，在配送中心内部必须有足够的作业人力，因此在确定配送中心位置时必须考虑工人的来源、技术水准、工作习惯、工资水准等因素。

人力资源的评估条件有附近人口数量、交通状况、工资水平等几项。如果配送中心附近人口不多且交通不方便，则不容易招募基层的作业人员；如果附近地区的工资水平太高，也会影响到基层作业人员的招募。

4. 城市的扩张与发展

我国城市建设速度快，很多以前属于城乡接合部的地方，如今都已变成城市中心区。为了避免受到城市中心区对大型货车进出限制的影响，在配送中心选址时，要考虑城市扩张的速度和方向。

5. 交通便利

对于综合型配送中心，其位置一定要选择在两种以上运输方式的交汇地，如港口水运、公路运输、铁路运输、航空运输的各种组合。对于港口配送中心，应选择内河运输与海运的交汇地。对于传统的连锁企业配送中心，要选择干线公路或高速公路与城市交通网络的交汇地，最好能够拥有铁路专用线或靠近铁路货运编组站，这样如果其中一条干线遇到问题无法运行，也可以采用其他方式及时进行配送。

三、自然环境因素

1. 地理因素

配送中心的位置选择应充分考虑当地的地理因素，尽量选择地面较坚硬、空气较干燥的地方，以免返潮和渗水；邻近河海地区，必须注意当地水位，防止发生地下水上溢的情况；由于配送中心作业比较繁忙，车来车往，机器运转，容易产生噪声，所以不宜距离闹市区或居民区太近；配送中心周边不应有产生腐蚀性气体、粉尘和辐射热的工厂，如果无法避免，至少要处于这些工厂的上风方向；如果配送中心的地理位置在山区，还要考虑是否会受到山洪、泥石流等的袭击。此外，要注意和易发生火灾、爆炸的单位（如加油站、化工厂等）保持一定的安全距离。

2. 气候因素

在规划配送中心前，应详细了解当地的自然气候条件，包括温度、湿度、降雨量、风向、风力、雨水酸碱度等。例如，有的地方靠近山地湿度较高，有的地方靠近海边盐分较高，这些都是影响商品储存的条件，尤其是服饰产品或3C产品等对湿度及盐分都非常敏感。另外，台风、地震等自然灾害，对于配送中心的影响也非常大，必须特别留意。

【育心笃行】企业在配送中心选址过程中，要能够体现环境责任感，选择具备良好环保设施和绿色物流条件的地区，尽量减少对环境的污染；考虑使用可再生能源，如太阳能、风能等，降低能源消耗和碳排放；避免选址在生态敏感区域，保护当地的生态环境和生物多样性。

第三步：理解配送中心的选址原则

引导问题3

配送中心的选址对于提升物流效率、降低成本至关重要。在确定配送中心位置时应当遵循哪些核心原则，以确保选址的科学性和合理性？

配送中心
选址原则

配送中心的选址实际上是一个多种因素平衡和协调的过程,要选出投资省、占地少、建设快、运营费用低,具有最佳经济效益、社会效益和环境效益的方案。这是配送中心选址的基本原则。在具体选址过程中,应遵守以下原则。

【育心笃行】企业应该秉持可持续的经营理念,通过技术创新、资源节约和环保措施,使自身的发展不仅满足当前需求,还能满足未来时代的需求。在实现经济效益的同时,企业还需要承担社会责任,关心员工福祉,注重员工的思想政治教育,培养践行社会主义核心价值观的员工队伍,推动企业与社会的和谐发展,实现经济效益与社会效益的统一。企业要在追求利润的同时,树立正确的价值观,不断提升社会责任感,以实际行动践行企业的"中国梦"。

一、适应性原则

配送中心的选址应与国家或地区的经济发展方针、政策相适应,与所在地区的城市规划、交通规划、产业规划等相适应,与物流资源分布和需求分布相适应。

二、协调性原则

配送中心的选址应将国家或地区的物流网络作为一个大系统来考虑,使配送中心的设施设备在地域分布、作业能力、技术水平、运输通道等方面与周边的物流系统相协调。

三、经济性原则

在配送中心日后的运营过程中,有关选址的费用主要包括建设费用、物流配送费用和经营管理费用三部分。配送中心选址定在市区、近郊区、远郊区,未来这三部分费用是不一样的,应进行综合考虑,选出使三部分总费用最低的地址建设配送中心。

四、可持续发展原则

选址的可持续发展原则有三层含义:一是选址要节约土地;二是注意尽量不影响周边的居民生活、城市景观、城市交通等,将环境污染等负面影响降到最低;三是既要考虑目前的实际需要,又要考虑日后的发展、用地的可扩展性等。

第四步:掌握配送中心的选址方法

引导问题 4

假如你所在的物流公司需要新建一个配送中心,那么建在哪里更合适?选址的方法有哪些?

配送中心选址方法有定性分析法、定量分析法以及 AI 分析法三种。

一、定性分析法

定性分析法主要是根据各种选址影响因素和选址原则,依靠专家或管理人员丰富的经验、知识及综合分析能力,确定配送中心的具体地址。使用这一种方法时,要特别注意尊重客观实际,切忌主观武断。

1. 优缺点比较法

优缺点比较法是一种最简单的配送中心选址分析方法,尤其适用于非定量因素的比较。该方法的具体做法是:罗列出各个配送中心选址方案的优缺点,进行分析比较,并按最优、次优、一般、较差、极坏 5 个等级对各个方案的各个特点进行评分,将每个方案的各项得分加总,得分最多的方案为最优方案。优缺点比较法的比较要素可参照前述的各种选址影响因素和选址原则确定。

优缺点比较法在我国应用比较普遍,它的优点是简单、方便,可以很快得出初步结论;缺点是缺乏量化比较,对非成本因素考虑较少。

2. 德尔菲(Delphi)法

德尔菲法是美国兰德公司(Rand Corporation)于 20 世纪 40 年代末首创的,应用十分广泛,较适用于那些不易获取详细资料的配送中心选址。其具体实施步骤如下。

(1)组成专家小组。按照配送中心选址所需要的知识范围确定专家,人数一般以 20 人为宜。

(2)向所有专家提出配送中心选址的相关问题及要求,并附上各选址方案的所有背景材料,同时让专家提交所需材料清单。

(3)各个专家根据他们所收到的材料,提出自己的意见。

(4)将专家的意见汇总,进行分析和处理。

(5)将分析结果再反馈给各专家,专家根据反馈材料修改自己的意见和判断。这一步骤一般要进行 3～4 次,直到每位专家都不再修改自己的意见为止。

(6)对专家的意见进行综合处理,确定选址方案。20 世纪 60 年代美国加利福尼亚大学的试验研究表明,专家们的意见是符合正态分布的,因此可用数理统计方法进行处理。

二、定量分析法

配送中心选址的定量分析法有很多种,如重心法、运输问题法、量本利分析法、加权因素法、Baumol-Wolfe 模型、CFLP(capacitated facility location problem)模型等。本文主要介绍重心法和加权因素法。

1. 重心法

重心法的基本思想是所选配送中心地址到各个配送网点(或客户)的运输费用最小,并假设到各网点的配送费率是相同的。重心法是一种模拟方法,它将物流配送网络中的需求点和资源点假设为分布在某一平面范围内,各处的需求量和资源量分别假设为聚积在一点的物体的重量。物流配送网络中这些物体的重心就成为配送中心的最佳设置点,求得物体重心,则配送中心的地址就确定了。

假设有 n 个配送网点,需要建立一个配送中心。各配送网点(或客户)在平面坐标系中的坐标是已知(或可求)的,为 (x_i, y_i) $(i=1,2,\cdots,n)$,则该配送中心的初始坐标位置 (x_0, y_0) 可以用重心法公式求得:

$$x_0 = \frac{\sum\limits_{i=1}^{n} Q_i \times C_i \times x_i}{\sum\limits_{i=1}^{n} Q_i \times C_i}, \quad y_0 = \frac{\sum\limits_{i=1}^{n} Q_i \times C_i \times y_i}{\sum\limits_{i=1}^{n} Q_i \times C_i}$$

式中,Q_i 表示配送中心向第 i 个配送网点(或客户)的年配送物流量,C_i 表示配送中心至第 i 个配送网点(或客户)的单位物流费用。

按照这个公式计算出来的配送中心至各个配送网点(或客户)的运输费用并没有实现总费用最小的目标,因此,需要对初始坐标进行迭代。迭代流程如图 8-2 所示。

重心法适用于配送范围较小、只设立一个配送中心的情形。重心法模型简单、计算量小,可

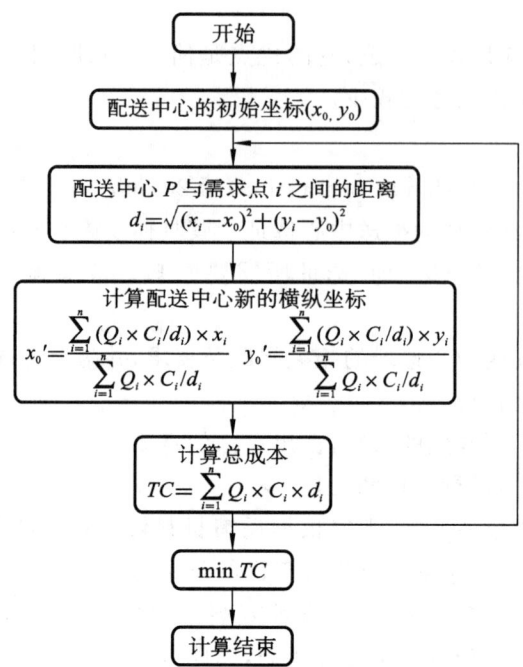

图 8-2   配送中心重心法选址迭代流程图

以较快地得出配送中心的大体位置;但重心法考虑因素比较简单,因此需要综合考虑前述的各种选址影响因素和实际情况对计算结果进行修正,以得到更合理的结果。

【例】某物流公司为了更快响应消费者需求,提升消费者体验,欲面向广东地区选址建立配送中心。根据给定的市场需求数据(表 8-1)及位置信息(图 8-3)等进行分析,完成配送中心选址方案,具体要求如下。

表 8-1   市场需求数据情况一览表

需求点	产品需求地	x_i	y_i	需求量 Q_i	单位运输成本 C_i
1	大昌超市 1	8	12	216829	0.05
2	大昌超市 2	10	26	125267	0.03
3	大昌超市 3	17	23	115500	0.04
4	万达广场店	13	54	41770	0.05
5	盒马鲜生店 1	10	30	34000	0.05
6	盒马鲜生店 2	25	23	73450	0.04
7	盒马鲜生店 3	12	42	64770	0.06
8	大润发店 1	16	5	52345	0.03
9	大润发店 2	4	5	118100	0.04
10	山姆超市	11	15	149808	0.03

(1)利用重心法进行配送中心选址。为简化计算过程,得到初始解后,迭代一次即为配送中心位置坐标(计算过程均保留原始数据,最后计算初始解和一次迭代坐标时才需要四舍五入取整)。

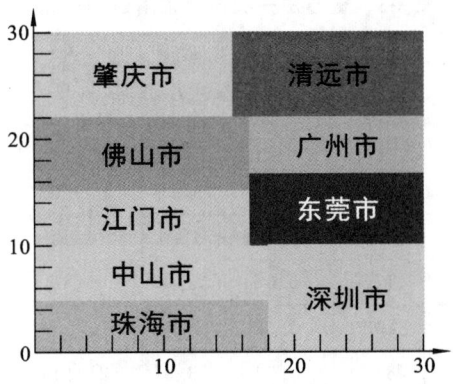

图 8-3 广东省部分市区划分坐标示意图

(2)根据广东省部分市区划分坐标示意图,按照配送中心位置坐标计算结果落入的区域范围,选择配送中心坐落区域。

步骤一:利用重心法的公式,计算配送中心的初始坐标,分析结果见表 8-2。

表 8-2 重心法初始解分析过程一览表

需求点	产品需求地	x_i	y_i	需求量 Q_i	单位运输成本 C_i	$Q_i \times C_i$	$Q_i \times C_i \times x_i$	$Q_i \times C_i \times y_i$
1	大昌超市 1	8	12	216829	0.05	10841.45	86731.6	130097.4
2	大昌超市 2	10	26	125267	0.03	3758.01	37580.1	97708.26
3	大昌超市 3	17	23	115500	0.04	4620	78540	106260
4	万达广场店	13	54	41770	0.05	2088.5	27150.5	112779
5	盒马鲜生店 1	10	30	34000	0.05	1700	17000	51000
6	盒马鲜生店 2	25	23	73450	0.04	2938	73450	67574
7	盒马鲜生店 3	12	42	64770	0.06	3886.2	46634.4	163220.4
8	大润发店 1	16	5	52345	0.03	1570.35	25125.6	7851.75
9	大润发店 2	4	5	118100	0.04	4724	18896	23620
10	山姆超市	11	15	149808	0.03	4494.24	49436.64	67413.6
合计						40620.75	460544.84	827524.41

根据表 8-2 中的数据,得知配送中心的初始解为:

$$x_0 = 460544.84/40620.75 = 11.337674 \approx 11$$
$$y_0 = 827524.41/40620.75 = 20.371963 \approx 20$$

步骤二:根据任务要求,迭代一次即为配送中心位置坐标。将初始解代入公式进行一次迭代,则配送中心到大昌超市 1 的距离为:

$$d_1 = \sqrt{(x_i - x_0)^2 + (y_i - y_0)^2}$$
$$= \sqrt{(8 - 11.337674)^2 + (12 - 20.371963)^2}$$
$$\approx 9.01$$

同理,可求得其他需求地到配送中心的距离,具体分析结果如表 8-3 所示。

表 8-3　重心法一次迭代求解过程一览表

需求点	产品需求地	x_i	y_i	需求量 Q_i	单位运输成本 C_i	距离 d_i	$Q_i \times C_i / d_i$	$(Q_i \times C_i / d_i) \times x_i$	$(Q_i \times C_i / d_i) \times y_i$
1	大昌超市 1	8	12	216829	0.05	9.01	1202.90	9623.20	14434.80
2	大昌超市 2	10	26	125267	0.03	5.78	679.63	6796.33	16890.45
3	大昌超市 3	17	23	115500	0.04	6.24	740.09	12581.55	17022.09
4	万达广场店	13	54	41770	0.05	33.67	62.03	806.39	3349.63
5	盒马鲜生店 1	10	30	34000	0.05	9.72	174.89	1748.88	5246.63
6	盒马鲜生店 2	25	23	73450	0.04	13.91	211.17	5279.32	4856.97
7	盒马鲜生店 3	12	42	64770	0.06	21.64	179.60	2155.19	7543.17
8	大润发店 1	16	5	52345	0.03	16.06	97.76	1564.15	488.80
9	大润发店 2	4	5	118100	0.04	17.03	277.34	1109.35	1386.68
10	山姆超市	11	15	149808	0.03	5.38	834.96	9184.59	12524.44
合计							4430.37	50548.93	837443.66

根据公式求得迭代一次后该配送中心的坐标为：

$$x'_0 = 50548.93 / 4430.37 = 11.409641 \approx 11$$
$$y'_0 = 83743.66 / 4430.37 = 18.902182 \approx 19$$

步骤三：根据新的配送中心坐标位置，结合迭代公式计算配送总成本，具体见表 8-4。

表 8-4　配送中心至各需求地的成本情况一览表

需求点	产品需求地	x_i	y_i	需求量 Q_i	单位运输成本 C_i	距离 d_i	总成本
1	大昌超市 1	8	12	216829	0.05	7.70	83462.01
2	大昌超市 2	10	26	125267	0.03	7.24	27194.65
3	大昌超市 3	17	23	115500	0.04	6.93	32023.08
4	万达广场店	13	54	41770	0.05	35.13	73377.02
5	盒马鲜生店 1	10	30	34000	0.05	11.19	19017.89
6	盒马鲜生店 2	25	23	73450	0.04	14.19	41704.10
7	盒马鲜生店 3	12	42	64770	0.06	23.11	89792.08
8	大润发店 1	16	5	52345	0.03	14.64	22990.58
9	大润发店 2	4	5	118100	0.04	15.75	74419.59
10	山姆超市	11	15	149808	0.03	3.92	17633.67
合计							481614.68

步骤四：求解该配送中心坐落区域。

根据迭代一次后该配送中心坐标位置并结合广东省部分市区划分坐标示意图，得知该配送中心坐落区域为佛山市。具体如图 8-4 所示。

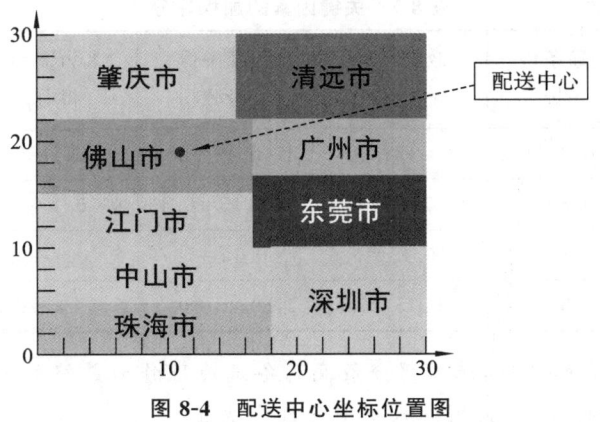

图 8-4　配送中心坐标位置图

综合以上分析得知,该配送中心坐标位置为(11,19),位于佛山市,总费用为 481614.68。

2.加权因素法

加权因素法是指通过对配送中心选址的影响因素分别赋予不同的权重,并计算得分来进行选址的方法。具体来说,就是首先识别出影响配送中心选址的关键因素,如地理位置、市场环境、政策条件、供应商分布、资源条件、人力资源、交通条件等,然后为每个因素设置不同的权重,并根据每个因素的具体情况进行打分,最后将所有因素的得分加权求和,得出每个备选地址的综合得分,从而确定最优选址。

【例】某企业计划在某地区建设一个新的配送中心,以提升物流效率和降低运营成本。经过初步筛选,确定了四个备选地址 A、B、C、D。现在需要通过加权因素法来确定最优选址。

首先,识别出影响配送中心选址的关键因素,并设置相应的权重(见表 8-5)。这些权重的设置基于专家意见和企业实际需求,旨在反映各因素对选址决策的重要性。

表 8-5　关键因素权重

关键因素	地理位置	交通条件	政策环境	资源条件	人力资源	供应商分布
权重	0.2	0.3	0.15	0.15	0.1	0.1

接下来,对每个备选地址的每个影响因素进行打分。打分标准可以根据实际情况进行设定,这里为了简化说明,我们采用五分制(5=优秀,4=良好,3=中等,2=较差,1=很差),如表 8-6 所示。

表 8-6　关键因素的评分

地址	地理位置	交通条件	政策环境	资源条件	人力资源	供应商分布
A	5	4	3	4	3	4
B	4	5	2	3	4	3
C	3	3	4	5	2	2
D	2	2	5	2	5	5

然后,将每个备选地址的每个因素的得分与其对应的权重相乘,并将所有因素的加权得分求和,得出每个备选地址的综合得分(见表 8-7)。

表 8-7　关键因素的加权评分

地址	地理位置 得分	交通条件 得分	政策环境 得分	资源条件 得分	人力资源 得分	供应商 分布得分	综合 得分
A	$5 \times 0.2 = 1.0$	$4 \times 0.3 = 1.2$	$3 \times 0.15 = 0.45$	$4 \times 0.15 = 0.6$	$3 \times 0.1 = 0.3$	$4 \times 0.1 = 0.4$	3.95
B	$4 \times 0.2 = 0.8$	$5 \times 0.3 = 1.5$	$2 \times 0.15 = 0.3$	$3 \times 0.15 = 0.45$	$4 \times 0.1 = 0.4$	$3 \times 0.1 = 0.3$	3.75
C	$3 \times 0.2 = 0.6$	$3 \times 0.3 = 0.9$	$4 \times 0.15 = 0.6$	$5 \times 0.15 = 0.75$	$2 \times 0.1 = 0.2$	$2 \times 0.1 = 0.2$	3.25
D	$2 \times 0.2 = 0.4$	$2 \times 0.3 = 0.6$	$5 \times 0.15 = 0.75$	$2 \times 0.15 = 0.3$	$5 \times 0.1 = 0.5$	$5 \times 0.1 = 0.5$	3.05

　　最后,根据综合得分的高低,选择得分最高的备选地址作为最终的配送中心地址。在这个案例中,地址 A 的综合得分最高,因此被确定为最优地址。

　　加权因素法通过综合考虑多个影响因素,并赋予不同权重以计算综合得分,从而帮助决策者科学地选择出最优选址方案。需要注意的是,实际操作中权重的设置和打分标准可能因具体情况而有所不同,因此需要根据实际情况进行调整和优化。

三、AI 分析法

　　使用 AI 分析法进行配送中心选址是一个复杂但高效的过程,它结合了人工智能技术、大数据分析、地理信息系统(GIS)以及优化算法等多种技术手段。以下是详细的步骤说明。

1. 明确选址目标,分析约束条件

　　确定选址目标:需要明确配送中心选址的主要目标,如降低物流成本、提高配送效率、提升服务响应速度等。

　　分析约束条件:考虑交通条件、政策环境、土地成本、人力资源、自然环境(如气候、地质、水文)等约束因素。

2. 数据收集、处理与分析

　　历史数据收集:收集客户订单数据、交通流量数据、人口分布数据、地形地貌数据等。

　　数据处理与分析:利用 AI 技术对收集到的数据进行清洗、整合和分析,提取有价值的信息。

3. 地理信息系统(GIS)应用

　　地图绘制与可视化:利用 GIS 技术绘制配送网络地图,将候选地点、交通路网、需求点等关键信息在地图上进行可视化展示。

　　综合评估:结合 GIS 技术,对候选地点的交通便捷性、土地成本、客户分布等因素进行综合评估。

4. AI 算法与优化

　　预测分析:运用深度学习、机器学习等算法,对历史数据进行分析,预测未来的物流需求和市场变化。

　　优化算法:采用遗传算法、蚁群算法等人工智能优化算法,对多个选址方案进行评估和优化,寻找最优的选址结果。这些算法能够模拟自然界中的进化和群体行为,从而找到全局最优解或近似最优解。

5. 决策支持与验证

　　决策支持:基于 AI 算法的分析结果,为决策者提供科学的选址建议。这些建议应综合考虑成本、效率、服务等因素。

方案验证：对选定的方案进行实地考察和验证，确保选址决策的可行性和有效性。

6.持续优化与调整

实时监控与反馈：利用 AI 技术对配送中心的运营情况进行实时监控，收集运营数据并进行反馈分析。

动态调整：根据实时数据和市场需求的变化，对选址决策进行动态调整和优化。

▶ 技能训练

全国连锁超市"鲜味多"计划在华东地区建立新的配送中心，预计需要 50000 平方米的仓储面积，员工 300 人，以服务江浙沪地区的 400 家门店（江苏 180 家、浙江 100 家、上海 120 家）。根据表 8-8 中的数据采用 AI 分析工具（文心一言、讯飞星火认知大模型、Kimi 等）分析配送中心选址。

表 8-8　各配送中心位置相关数据一览表

影响因素	位置 A	位置 B	位置 C	位置 D	位置 E
交通网络/时	3.2	2.8	3.5	2.6	3
土地成本/元	2800	3200	2500	3500	2900
劳动力成本/元	6500	7000	6000	7500	6800
5 年总成本（包括土地、建设、人工、运输）/亿元	4.2	4.5	4.0	4.7	4.3
年度总销售额	共 50 亿元；江苏占 35%，浙江占 25%，上海占 40%				

📋 任务检测

一、单选题

1.配送中心的主要功能不包括（　　　）。

A. 集货　　　　　　B. 生产制造　　　　C. 分拣　　　　　D. 配送

2.合理选址对物流成本的影响主要体现在（　　　）。

A. 增加运输成本　　B. 降低运输成本　　C. 增加库存成本　　D. 降低产品质量

3.（　　　）不是配送中心选址时需要考虑的经济环境因素。

A. 货流量大小　　　　　　　　　　B. 地理位置

C. 交通便利性　　　　　　　　　　D. 人力资源条件

4.重心法选址的核心思想是（　　　）。

A. 使配送中心到各网点的配送时间最短

B. 使配送中心到各网点的运输费用最少

C. 使配送中心占地面积最小

D. 使配送中心服务范围最广

5.在加权因素法中，如果某个备选地址在"地理位置"上得分较高，但在"政策环境"上得分较低,那么该地址的综合得分将取决于(   )。

    A.地理位置的得分　　　　　　　　B.政策环境的得分

    C.地理位置和政策环境的权重分配　　D.其他所有因素的得分总和

二、多选题

1.配送中心选址的重要性体现在(   )。

    A.提高配送效率　　　　　　　　　B.降低物流成本

    C.增强市场竞争力　　　　　　　　D.提高产品质量

2.配送中心选址时需要考虑的自然环境因素包括(   )。

    A.文化习俗　　　　B.地理因素　　　　C.气候因素　　　　D.交通便利性

3.配送中心选址应遵守的原则有(   )。

    A.适应性原则　　　　B.协调性原则　　　　C.经济性原则　　　　D.可持续发展原则

4.采用重心法选址时,需要考虑哪些因素?(   )

    A.配送网点的坐标　　　　　　　　B.各网点的年配送物流量

    C.各网点的单位运输成本　　　　　D.配送中心的初始建设成本

5.AI 分析法在配送中心选址中的应用包括(   )。

    A.明确选址目标,分析约束条件　　B.数据收集、处理与分析

    C.地理信息系统(GIS)应用　　　　D.实地考察与验证

三、学以致用

    某物流公司计划在一个区域内建立一个新的配送中心,以优化其物流网络。该区域内有五个主要的配送网点,每个网点的坐标、年配送量以及到配送中心的单位运输成本已知,如表 8-9 所示。请使用重心法计算配送中心的初始位置坐标(保留两位小数)。

表 8-9　配送网点信息表

网点编号	网点坐标(x,y)	年配送量(Q_i)	单位运输成本(C_i)
1	(10,20)	1000	0.05
2	(20,30)	1500	0.04
3	(30,40)	800	0.06
4	(40,50)	1200	0.05
5	(50,60)	900	0.04

 任务评价

配送中心选址任务评价表

班级:		姓名:		学号:	
评价项目	评价标准			分值	得分
任务准备 (15%)	考勤情况(无迟到、早退、旷课等现象)			5	
	能积极参与小组任务,做好学习准备			5	

续表

任务准备 (15%)	能正确理解任务指令,并接受任务要求	5	
任务过程 (70%)	能准确理解配送中心选址的重要性	10	
	能系统了解配送中心选址的影响因素	10	
	能科学认识配送中心选址的原则	10	
	能掌握配送中心选址的方法	10	
	能准确分享课程思政内容	20	
职业素养 (15%)	态度端正,认真主动,能与小组成员合作	10	
	关注任务完成情况	5	
合计		100	

综合评价	自评(20%)	小组互评(30%)	教师评价(50%)	综合得分

任务二　仓储合同管理

 **情景导入**

张智强在广东惠达物流有限公司实习期间被调整到综合科,学习仓储合同管理。这个月,公司与一家大型电商平台签订了年度仓配服务合同。部门经理李经理请张智强拟订一份合同初稿,要求包括服务内容、服务期限、服务费用、支付方式等关键条款。张智强应该如何制定和审核仓储合同,确保合同的公平性和合理性呢?

任务目标

知识目标:

1.知晓仓储合同的格式、变更与解除;

2.掌握仓储合同当事人的权利与义务、合同违约责任与免责事由。

技能目标:

1.仓储合同的签订;

2.仓储合同纠纷的处理。

素质目标:

1.强化法治意识,同时在仓储合同管理中体现诚信守约的职业道德;

2.具备高度的社会责任感和奉献精神,能够在仓储合同履行过程中为用户提供优质服务,主动承担社会责任,践行社会主义核心价值观。

 **任务分工**

仓储合同管理任务分配表

班级		授课老师	
小组名称		组长	
	姓名	学号	分工
组员			

任务实施

第一步:认识仓储合同的形式与格式

引导问题 1

张智强准备撰写合同初稿,但是他还不知道合同是什么样子的。张智强向部门前辈李姐请教:仓储合同的形式与格式是怎样的?

仓储合同是约定保管人存储存货人交付的仓储物,存货人支付仓储费的合同。

一、仓储合同的形式

仓储合同可以采用书面形式、口头形式或者其他形式。其中,书面合同具有法律效力,它规定了合同双方的权利与义务,对当事人具有法律约束力,包括违约责任等。此外,合同还提供了争议解决机制,确保交易安全,预防法律风险,并明确了合同生效与终止的条件。在实践中,仓储合同使用完整的书面合同较为合适。

【育心笃行】中国最早的合同可以追溯到西周时期镌刻在青铜器"卫盉"上的《周恭王三年裘卫典田契》。这份合同记录了玉器、毛皮与土地的交易过程,展现了当时社会对契约精神的重视和法律制度的发展。

二、仓储合同的格式

1. 合同书

合同书是仓储合同最常用的格式,由合同名称、合同编号、合同条款、当事人签署四个部分构成。合同书具有形式完整、内容全面、程序完备的特性,便于合同订立、履行和留存,以及合同争议的处理。

2. 确认书

在采取口头(电话)、传真、电子电文等形式商定合同时,为了明确合同条款和表示合同订立,常常采用一方向另一方签发确认书的方式确定合同。

确认书仅由发出确认书的一方签署,与完整合同书有所不同,但二者的功能相同。确认书有两种形式:一种仅列明合同的主要事项,合同的其他条款在其他文件中表达,如"传真:本公司同意接受贵公司4月18日提出的储存550箱方便面的函的要求,请按时送货";另一种是将完整合同事项列在确认书上,形式相当于合同书。

3.计划表

在订立长期仓储合同时,对具体仓储配送的安排较多采用计划表的形式,由存货人定期制订仓储配送计划交相关人员执行。计划表就是长期仓储合同的补充合同或执行合同。

4.格式合同

格式合同又称标准合同、定型化合同,是指当事人一方预先拟定合同条款,另一方只能表示全部同意或者不同意的合同。因此,对于格式合同的非拟定条款的一方当事人而言,要订立格式合同,就必须接受全部合同条件;否则就不订立合同。现实生活中的车票、船票、飞机票、保险单、提单、仓单、出版合同等都是格式合同。

对于仓储周转量极大、每单位仓储量较小,也就是次数多、批量少的公共仓储,如车站仓储等,保管人可以采用格式合同。格式合同是由一方事先拟定,并在工商管理部门备案的单方确定合同。在订立合同时,由保管人填写仓储物、存期、费用等变动事项后直接签发并让存货人签认,不进行条款协商。

第二步:理解仓储合同的特征

引导问题2

仓储合同管理

了解仓储合同的格式要求后,张智强还需要进一步明确仓储合同的具体特征是什么。

仓储合同具有如下法律特征。

1.仓储合同是诺成合同

仓储合同属于诺成合同,其成立仅需要双方当事人的意思表示一致,无须以货物的实际交付为前提。一旦双方就合同条款达成共识,并通过书面形式表达同意,合同即宣告成立。保管人随后根据合同约定,开始履行其仓储和配送的义务。

诺成合同的对称是实践合同。实践合同是指除当事人意思表示一致以外,尚需交付标的物才能成立的合同。在这种合同中,仅有当事人的合意,合同尚不能成立,还必须有一方实际交付标的物的行为或完成其他给付,合同关系才能成立。保管合同是最典型的实践合同。

2.仓储合同要求保管人具备相应资格

仓储合同要求保管人,即提供服务的一方,必须具备合法的仓储和配送业务资质。保管人需要拥有符合标准的仓储设施,以及相应的物流配送网络和设备,确保能够安全、高效地完成货物的存储与配送服务。

3.仓储合同是双务合同、有偿合同

仓储合同是一种典型的双务合同,双方当事人都享有权利并承担义务。存货方有义务按照约定支付相应的仓储和配送费用,而保管人则有义务提供符合约定条件的仓储空间,并安全、准时地完成配送任务。作为有偿合同,保管人所提供的服务是基于存货方支付的费用,体现了权利与义务的对等关系。

4.仓储货物所有权不发生转移

仓储货物的所有权不发生转移,只是货物的占有权暂时转移,而货物的所有权或其他权利仍属于存货人所有。

5.仓储对象是动产

仓储的对象必须是动产,不动产不能作为仓储合同的保管对象。

【育心笃行】双务合同是指双方当事人都享有权利和承担义务的合同,双方的债权债务关系呈对应状态,即每一方当事人既是债权人又是债务人。单务合同也称为单边合同或片面义务契约,是指一方当事人只享有权利而不尽义务,另一方当事人只尽义务而不享有权利的合同(如赠与合同、归还原物的借用合同和无偿保管合同)。

第三步:了解仓储合同的主要条款

引导问题3

仓储合同的主要条款

明确了仓储合同的特征,张智强准备开始拟订合同初稿了,你认为在合同中应该包括哪些条款?

根据我国仓储配送业的实践,仓储合同一般应包括以下条款。

(1)合同当事人的基本信息:仓储合同应明确记录双方当事人的名称或姓名、营业地或住所、联系电话、传真号码、开户银行及账号,以确保合同的正式性和可执行性。

(2)合同编号:为便于管理和追踪,每份仓储合同都应有独一无二的合同编号。

(3)货物的详细信息:合同中需详细列明货物的品名、品种、规格,确保对存储和配送的货物有准确的描述。

(4)货物的数量、质量和包装:明确货物的数量,并规定货物的质量标准和包装要求,以保证货物在存储和运输过程中的完好。

(5)货物验收:规定货物验收的内容、标准、方法和时间,确保货物在入库前满足合同要求。

(6)保管条件和要求:详细说明货物的保管条件和保管要求,包括但不限于温湿度控制、安全防护等。

(7)入库和出库手续:规定货物入库和出库的手续、时间和运输方式,确保流程的顺畅和高效。

(8)损耗标准和处理:设定货物在存储和配送过程中的损耗标准及相应的处理方法。

(9)计费和结算:明确计费项目、标准和结算方式及时间,确保费用的透明和及时结算。

(10)双方权利和义务:详细规定存货方和保管方的权利与义务,保障合同的公平执行。

(11)合同担保:如有必要,合同中应包含担保条款,以降低违约风险。

(12)违约责任:明确违约责任,规定违约方需承担的法律责任和经济赔偿。

(13)合同有效期限:规定合同的有效期限,包括合同的起始和终止日期。

(14)合同变更和解除:规定合同变更和解除的条件和程序,确保合同的灵活性和严肃性。

(15)争议解决方式:约定合同争议的解决方式,包括协商、调解、仲裁或诉讼等。

(16)合同签订信息:记录合同签订的地点和时间,作为合同生效的重要参考。

(17)其他服务项目:如有其他服务项目,应在合同中明确约定服务内容、标准和费用。

(18)涉外合同特殊条款:对于涉外仓储合同,还需包括合同当事人的国籍、合同文本采用的文字及效力、费用结算的货币等。

(19)不可抗力条款:规定不可抗力事件的处理方式,以及双方在不可抗力发生时的权利和义务。

(20)其他约定事项:双方可以约定其他与合同执行相关的事项,如特殊要求、保密协议等。

(21)签字盖章:合同最后应有双方当事人或授权代表的签字和盖章,以表示合同的正式生效。

第四步:理解仓储合同当事人的权利和义务

引导问题 4

签订了仓储合同之后,保管人和存货人分别具有哪些权利?又应该履行哪些义务呢?

仓储合同以当事人的权利和义务为内容,一方的义务即为另一方的权利,只有义务人履行义务,权利人才能实现权利。

一、保管人的主要义务

根据《中华人民共和国民法典》的规定,仓储合同保管人应承担以下义务。

1. 给付仓单义务

存货人向保管人交付仓储物的,保管人应当给付仓单。保管人应当在仓单上签字或盖章。仓单就是仓储合同存在的证明,也是仓储合同的组成部分。

2. 接受和验收存货人的货物入库的义务

保管人应当按照约定对入库仓储物进行验收。保管人验收时发现入库仓储物与约定不符合的,应当及时通知存货人。仓储物验收时保管人未提出异议的,视为存货人交付的仓储物符合合同约定的条件。保管人验收后,发生仓储物的品种、数量、质量不符合约定的,保管人应当承担赔偿责任。

3. 危险通知义务

在遇到以下情况时,保管人有义务通知存货人。

(1)货物发生变化。例如,发现仓储物出现异状,发生数量减少或价值减少。

(2)货物临近失效期。对于外包装或货物标记上标明或者合同中申明了有效期的货物,保管人应当向存货人提前通知失效期。一般应在仓储物临近失效期 60 天前通知存货人。

(3)第三人对仓储物主张权利起诉或扣押时,保管人应立即通知存货人或仓单持有人。如果因为情况紧急,保管人来不及通知存货人,应当先采取必要的措施保护仓储物的安全,事后仍有义务将该情况及时通知存货人或仓单持有人。

4. 对仓储物实行储存、保管及配送义务

储存是指保管人在接收仓储物后,要为仓储物提供一定的空间予以存放;保管是指保管人须提供一定的安全防范措施,以防止仓储物的毁损、灭失。配送是指根据合同要求,负责将仓储物安全、准时地送至指定地点。

5. 返还仓储物的义务

合同期限届满或因其他事由合同终止时,保管人应将仓储物返还给存货人或存货人指定的第三人,不得无故扣押仓储物。

6. 容忍义务

保管人根据存货人或仓单持有人的要求,应当同意其检查仓储物或者提取样品。所谓检查仓储物,实际上就是仓储物的检点。存货人或仓单持有人可以进行何种程度的检查,应根据仓库的状况及习惯决定。存货人或仓单持有人请求提取样品时,保管人可以请求其交付证明书或请求相当的担保。

7. 配送过程中的货物管理

保管人在配送过程中应确保货物的品种、数量、质量与合同约定相符,对配送过程中发生的货物损坏或短缺承担责任。

8. 配送通知义务

保管人在配送前应向存货人提供配送计划并告知预计到达时间,在配送完成后及时通知存货人确认收货。

二、委托人的主要义务

根据《中华人民共和国民法典》的规定,仓储合同存货人应承担以下义务。

1. 交付仓储物的义务

存货人应按照仓储合同约定的品名、数量、时间将货物交付给保管人,并在验收期间向保管人提供验收资料。如果存货人没有按时将仓储物交付给保管人,仍然应当支付合同中约定的仓储费;如果存货人未向保管人提供验收资料,或提供的资料不全或不及时,所造成的验收差错由存货人负责。

2. 说明义务

储存易燃、易爆、有毒、有腐蚀性、有放射性等危险物品或者易变质物品的,存货人应向保管人说明仓储物的性质和预防危险、腐烂的方法,并提供有关保管、运输等技术资料,还应采取相应的防范措施。存货人违反此项义务时,保管人有权拒收该货物;保管人因接收该货物并为避免货物发生损失而支出的费用,存货人应当承担;保管人因接收该货物而造成损害的,存货人应承担损害赔偿责任。

3. 支付仓储费和其他费用的义务

仓储费是保管人保管仓储物而应取得的报酬,存货人应按约定的数额、支付方式、支付时间和支付地点等向保管人支付。其他费用是指保管人因保管货物而支出的必要费用,主要包括运费、修缮费、转仓费、保险费等。保管人在请求存货人支付上述费用时,应出示有关清单和登记簿。

4. 按合同约定的期限提取仓储物的义务

储存期限届满,存货人或者仓单持有人应当凭仓单提取仓储物。存货人或者仓单持有人逾期提取的,应当加收仓储费;提前提取的,不减收仓储费。储存期限届满,存货人或者仓单持有人不提取仓储物的,保管人可以催告其在合理期限内提取,逾期不提取的,保管人可以提存仓储物。

5. 包装义务

存货人交付保管的货物的包装,应符合有关标准或合同约定的标准。如果包装不符合标准,保管人代为整修改装的,存货人应提供必要的包装材料,并支付包装费用。

6. 配送指示和信息提供义务

存货人应向保管人提供清晰、准确的配送指示和相关信息,包括但不限于配送时间、地点、收货人信息及特殊要求,以确保配送的顺利进行。

7. 配合保管人配送的义务

存货人应积极配合保管人完成配送任务,包括提供必要的协助和信息支持,确保配送过程符合合同约定。

8.配送风险的告知义务

存货人应向保管人告知货物在配送过程中可能面临的风险,并提供必要的风险防范措施。

9.配送后的确认义务

存货人应在配送完成后及时确认收货情况,并向保管人提供配送成功的确认或反馈配送过程中的问题。

第五步:了解仓储合同的变更及解除

引导问题5

假如现在遇到一些主客观情况需要变更或解除仓储合同,请问应该怎么做呢?

一、仓储合同的变更

任何一种合同的签订,都是严肃的法律行为。合同依法成立后,任何一方不得擅自变更,仓储合同也不例外。但是,仓储经营是一种十分复杂的商业行为,仓储业务的开展会随着主客观情况的变化而变化,许多时候会使仓储合同的部分履行成为不必要或不可能,这就需要对仓储合同的内容进行修改、补充,以减少不必要的利益损失。

1.仓储合同变更程序

仓储合同的变更,其实是合同双方当事人协商一致的过程,因此,一般的变更程序类似于合同的订立程序,即先由一方发出要约,提出变更之请求,另一方做出承诺,双方意思表示一致,变更成立。但是,需要注意的是,受要约的一方必须在规定的期限内答复,如在期限内未做答复,合同也发生变更。

2.仓储合同变更的法律效力

仓储合同变更后,被变更的内容即失去效力,存货人与保管人应按变更后的合同来履行义务。合同的变更对于已按原合同所做的履行无溯及力,效力只及于未履行的部分。任何一方当事人不得因仓储合同的变更而要求另一方返还已做出的履行。仓储合同变更后,因变更而造成对方损失的,责任方应承担赔偿责任。

3.仓储合同变更的注意事项

(1)变更需要双方协商解决,如果一方拒绝,则不能单方面变更合同。

(2)合同变更后按变更后的合同履行,对变更前已履行的部分没有追溯力。

(3)因为不完全履行发生的利益损害,可以作为请求赔偿的原因,或者变更合同的条件。

二、仓储合同的解除

仓储合同的解除是指仓储合同订立后,在合同尚未履行或者尚未全部履行时,一方当事人提前终止合同,从而使原合同设定的双方当事人的权利义务归于消灭。

1.仓储合同解除的方式

(1)存货人与保管人协议解除合同。

协议解除合同和协议订立合同一样,是双方意见一致的结果,具有法律效力。解除合同协议可以在合同生效之后、履行完毕之前由双方协商达成;也可以在订立合同时订立解除合同的条款,当约定的解除合同的条件出现时,一方通知另一方解除合同。

（2）仓储合同依法律的规定而解除。

《中华人民共和国民法典》规定，有下列情形之一的，当事人可以解除合同：①因不可抗力致使不能实现合同目的的；②在履行期限届满前，当事人一方明确表示或者以自己的行为表明不履行主要债务；③当事人一方迟延履行主要债务，经催告后在合理期限内仍未履行；④当事人一方迟延履行债务或者有其他违约行为致使不能实现合同目的的；⑤法律规定的其他情形。

2. 仓储合同解除的程序

仓储合同中享有解除权的一方当事人在主张解除合同时，必须以通知的形式告知对方当事人。只要解除权人将解除合同的意思表示通知对方当事人，就可以发生仓储合同即时解除的效果，无须对方当事人答复，更无须其同意，对方有异议的，可以请求法院或者仲裁机构确认解除合同的效力，即确认行使解除权的当事人是否享有合同解除权。

3. 仓储合同解除的法律后果

仓储合同解除后，存货人和保管人的权利义务关系终止，尚未履行的合同条款，终止履行。合同解除并不影响合同中清算条款的效力，双方当事人仍需要按照清算条款的约定承担责任和赔偿损失。需要承担违约责任的一方，仍要依据合同约定承担采取补救措施和赔偿损失的责任，如违约的存货人仍需要对仓库空置给予补偿，造成合同解除的保管人要承担运输费、转仓费、仓储费差额等损失费用。

第六步：全面分析仓储合同的违约责任和免责事由

引导问题 6

甲乙双方于 2017 年 4 月 20 日签订了仓储租赁合同，甲方将自己的仓库租给乙方使用，租赁期限为 3 年，租金 40 万元，从 2017 年 5 月 10 日至 2020 年 5 月 9 日，如一方违约，须向另一方支付违约金 10 万元并赔偿损失，乙方向甲方支付定金 2 万元。乙方租赁期间，经营效益很好，平均每月有 1 万元利润。甲方于 2018 年 3 月 1 日突然提出：将原租赁给乙方的仓库收回。3 月 5 日，乙方与甲方协商不成，甲方于 2018 年 3 月 10 日强行将仓库收回，乙方遂向法院起诉。乙方此时应提出什么索赔要求？

一、仓储合同违约行为的表现形式

1. 拒绝履行

拒绝履行是指仓储合同中的一方当事人无法律或约定根据而不履行义务的行为。仓储合同的不履行表现形式不限于明示，单方毁约、没有履行义务的行为、将应当交付的仓储物作其他处置等，均可以推断为不履行义务的表现。如在储存期限届满时，保管人履行了储存与保管义务后，存货人不支付仓储配送费；保管人在约定的期限内不返还仓储物或将仓储物挪作他用等。如果仓储合同的义务人拒绝履行义务，权利人有权解除合同；给权利人造成损失的，权利人有权请求义务人赔偿其损失。

2. 履行不能

仓储合同的履行不能是指应履行义务的一方当事人无力按合同约定的内容履行义务。履行不能可能是由于客观原因不能履行，如因仓储物毁损、灭失而不能履行；也可能是由于主观过错而不能履行，如保管人将仓储物返还给存货人。履行不能的情况自仓储合同成立时就已经存在的，为原始不能；如果是在合同关系成立以后才发生的，则为嗣后不能，如仓储物于交付前灭失。如果仓储物只灭失部分,则为部分不能;如果全部灭失,则为全部不能。由于自己的原因而不能履行义务的,为事实上的不能;由于法律上的原因而不能履行义务的,为法律上的不能。

不同种类的仓储合同履行不能,其后果亦不相同。但总的来说,除自始的客观不能及原始的法律不能外,其他各项履行不能,都将产生以下法律后果:①权利人可以请求赔偿损失。由保管人的违约导致履行不能,存货人可以要求解除合同,追究保管人的违约责任。如果是因存货人违约导致履行不能,保管人可追究其违约责任。(2)属一时履行不能的,权利人可请求赔偿损失、解除合同、追究义务人的违约责任;可以继续履行的,则可要求继续履行并追究其迟延责任。

3. 履行迟延

因可归责于义务人的原因,未在履行期内履行义务的行为,为履行迟延。在仓储合同中,保管人未在合同规定的期限内返还仓储物,存货人未按时将货物入库,未在约定的期限内支付仓储费用等行为均属于履行迟延。履行迟延具有以下特征:①义务人未在履行期限内履行义务;②义务人有履行能力,如果义务人无履行能力,则属于履行不能;③其行为具有违法性。义务人履行迟延,经催告后在合同期限内仍未履行的,权利人可以解除合同,请求义务人支付违约金和赔偿损失。

4. 履行不适当

履行不适当,即未按法律规定、合同约定的要求履行的行为。在仓储合同中,在货物入库、验收、保管、包装、出库等任何一个环节未按法律规定或合同的约定去履行,即属于履行不适当。由于履行不适当不属于真正的履行,因此作为仓储合同权利主体的一方当事人,可以请求补正,要求义务人承担违约责任,支付违约金并赔偿损失,此外,还可以根据实际情况要求解除合同。

二、仓储合同的违约责任及其承担方式

仓储合同的违约责任是指仓储合同的当事人在存在违约行为时应该依照法律或者双方的约定而必须承担的民事责任。通过法定的和合同约定的违约责任的承担,增加违约成本,弥补被违约方的损失,减少违约的发生,有利于市场秩序的稳定。违约责任往往以弥补对方的损失为原则,违约方需对对方的损失,包括直接造成的损失和合理预见的利益损失给予弥补。违约责任的承担方式有支付违约金、损害赔偿、定金处罚、继续履行、采取补救措施等。

1. 支付违约金

违约金是指一方违约时应当向另一方支付的一定数量的货币。从性质上而言,违约金是"损失赔偿额的预定",具有赔偿性,同时是对违约行为的惩罚,具有惩罚性。在仓储合同中,赔偿性违约金是指存货人与保管人对违反仓储合同可能造成的损失而做出的预定的赔偿金额。当一方当事人违约给对方当事人造成某种程度的损失,而且这种损失超过违约金的数额时,违约的一方当事人应当依照法律规定实行赔偿,以补足违约金不足部分。惩罚性违约金是指仓储合同的一方当事人违约后,不论其是否给对方造成经济损失,都必须支付的违约金。

违约金分为法定违约金和约定违约金两种。法定违约金是指法律或法规有明确规定的违约金。根据法律、法规对违约金的比例是否有明确规定,法定违约金又可分为两种。一是固定比率的违约金,即有关法规具体规定了违约金的交付比率;一是浮动比率的违约金,即有关法律只规定了违约金上下浮动界限的百分比,具体比例由当事人在此范围内约定。对于仓储合同,我国法律只规定了固定比率的违约金,而没有规定浮动比率的违约金。约定违约金是指仓储合同当事人在签订合同时协商确定的违约金。约定违约金是仓储合同当事人的自主意思表示,没

有比例幅度,完全由存货人与保管人协商确定。但是,当事人约定违约金既不能过高,也不能过低,过高会加重违约方的经济负担,过低又起不到其应有的督促当事人履行合同的作用。

法定违约金与约定违约金发生冲突时,应当优先适用约定违约金,但在充分尊重约定的前提下,依诚实信用及公平原则,国家对约定违约金进行适度干预也是有必要的。

2. 损害赔偿

损害赔偿是指在合同的一方当事人不履行合同义务或履行合同义务不符合约定的情形下,违约方履行义务或者采取其他补救措施后,对方还有其他损失时,违约方承担赔偿损失的责任。作为违反合同承担责任的形式之一,损害赔偿最显著的特征即补偿性。在合同约定有违约金的情况下,损害赔偿金是用来补偿违约金的不足部分,如果违约金已能补偿经济损失,就不再支付赔偿金。但是如果合同没有约定违约金,只要造成了损失,就应向对方支付赔偿金。由此可见,损害赔偿金是对受害方实际损失的补偿,是以弥补损失为原则的。

受害方的实际损失包括直接经济损失和间接经济损失。直接经济损失又称实际损失,是指仓储合同一方当事人的违约行为所直接造成的对方财物的减少。如仓储合同中仓储物本身灭失或毁损,为处理损害后果的检验费、清理费、保管费、劳务费或采取其他措施防止损害事态继续扩大的直接费用支出等。

间接经济损失是指仓储合同一方当事人的违约行为而使对方失去实际上可以获得的利益,包括利润的损失(主要是指被损害的财产可以带来的利润)、利息的损失、自然孳息的损失等。

尽管违约方承担的是完全赔偿责任,但是损害赔偿也不能超过违反合同一方当事人于订立合同时预见到或者应当预见到的因违反合同可能造成的损失。因此,在确定损害赔偿责任时,应注意避免损害赔偿的扩大。在违约行为发生时,受害一方当事人有及时采取防止损失扩大的义务,没有及时采取措施致使损失扩大的,无权就扩大的部分要求赔偿。

3. 定金处罚

定金是《中华人民共和国民法典》规定的一种担保方式。在订立合同时,当事人可以约定采用定金来担保合同的履行。在履约前,由一方向另一方先行支付定金,合同履行完毕以后,退还定金或者抵做价款。当合同未履行时,支付定金一方违约的,定金不退还;收取定金一方违约的,双倍退还定金。

定金不得超过合同总金额的20%。如果超过了20%,超过的部分无效,不能起到定金担保的作用,只能作为预付款,但20%以内的部分还是有效的。若合同同时约定了定金和违约金,当事人只能选择其中一种履行。

4. 继续履行

继续履行是指一方当事人在不履行合同时,对方有权要求违约方按照合同规定的标的履行义务,或者向法院请求强制违约方按照合同规定的标的履行义务,而不得以支付违约金和赔偿金的方式代替履行。

通常来说,继续履行有下列构成要件:①仓储合同的一方当事人有违约行为;②非违约一方的仓储合同当事人要求继续履行;③继续履行不违背合同本身的性质和法律;④违约方能够继续履行。在仓储合同中,是否要求违约方继续履行是非违约方的一项权利,非违约方可以要求违约方支付违约金、赔偿金,也可以要求继续履行。

5. 采取补救措施

所谓补救措施,是指在违约方给对方造成损失后,为了防止损失的进一步扩大,由违约方依照法律规定承担的违约责任形式,如仓储物的更换、补足数量等。从广义而言,各种违反合同的责任承担方式,如损害赔偿、违约金、继续履行等,都是违反合同的补救措施,它们都可使一方当事人的合同利益在遭受损失的情况下得到有效的补偿与恢复。而这里所说的采取补救措施是从狭义上而言的,是上述补救措施之外的其他措施。在仓储合同中,这种补救措施表现为当事人可以选择偿付额外支出的保管费、保养费、运杂费等方式,一般不采取实物赔偿方式。

▐▐▶ 小知识 ▐

仓储合同中违约金、实际损失和定金并存的违约责任

(1)定金与违约金的适用关系。由于我国的定金在性质上属违约定金,具有预付违约金的性质,因此它与违约金在目的、性质、功能等方面相同,两者是不可并罚的。《中华人民共和国民法典》第五百八十八条规定,当事人既约定违约金,又约定定金的,对方可以选择适用违约金或者定金条款。

(2)违约金与赔偿损失的适用关系。一般来说,合同中约定的违约金应视为对赔偿损失金额的预先确定,因而违约金与约定赔偿损失是不可以并存的。原则上可以说违约金的运用并不以实际损失发生为前提,不管是否发生了损失,当事人都应支付违约金。《中华人民共和国民法典》第五百八十五条规定:约定的违约金低于造成的损失的,人民法院或者仲裁机构可以根据当事人的请求予以增加;约定的违约金过分高于造成的损失的,人民法院或者仲裁机构可以根据当事人的请求予以适当减少。

(3)定金与赔偿损失的适用关系。定金具有非补偿性的特点,其适用不以实际损失的发生为前提,因而是独立于赔偿损失责任的。但也不能认为它与赔偿损失毫无关系,定金与赔偿损失的联系表现在定金责任与赔偿损失责任的并用不能超过全部交易额的总值。

三、仓储合同违约责任的免除

免除民事责任又称免责,是指不履行合同或法律规定的义务,致使他人财产受到损害时,由于有不可归责于违约方的事由,法律规定违约方可以不承担民事责任的情况。仓储合同订立后,如果客观上发生了某些阻碍当事人履行仓储合同义务的事由,且这些事由符合法律规定的条件,则违约方的违约责任就可以依法免除。

1. 不可抗力

不可抗力是指当事人不能预见、不能避免并且不能克服的客观情况。它包括自然灾害和某些社会现象,前者如火山爆发、地震、台风、冰雹和洪水侵袭等,后者如战争、罢工等。因不可抗力造成仓储合同不能履行或不能完全履行,违约方不承担民事责任。

合同签订后出现不可抗力有几种不同的法律后果:当出现不可抗力以后,再要求义务人继续履行义务已无任何可能性时,可以全部免除当事人的履行义务;不可抗力的出现只对合同的部分履行带来影响,在此情况下只能免除不能履行部分的责任;如果不可抗力的出现只是对合同的履行暂时产生影响,等不可抗力消失后,当事人应继续履行合同。

【育心笃行】在仓储合同中,双方应恪守诚信,违约方需承担法律责任,如赔偿损失等,以维护合同的严肃性。同时,考虑不可抗力等免责情形,确保合同执行中的公平正义。诚信履行合同是社会和谐与法治建设的基石,违约应受到法律制裁,而免责则体现了法律的公正与人文关怀。

不可抗力的免责是有条件的,在不可抗力发生以后,作为义务方必须要采取以下积极的措

施才可以免除其违约责任：

①发生不可抗力事件后，应当积极采取有效措施，尽最大努力避免和减少损失，如果当事人有能力避免损失的加剧，但未采取有效措施致使损失扩大，扩大的损失不属于不可抗力造成的损失。

②发生不可抗力事件后，应当及时向对方通报不能履行或延期履行合同的理由。及时通报的目的是使对方当事人根据合同不能履行的具体情况，采取适当措施，尽量避免或减少由此而造成的损失。如果遭受不可抗力的一方没有及时通报，由此而加重了对方的损失，则加重部分不在免责之列。

③发生不可抗力事件后，应当取得有关证明。遭遇不可抗力的当事人要取得有关机构的书面材料，证明不可抗力发生以及影响当事人履行合同的情况，这样如果日后发生纠纷，也可以做到有据可查。

2. 仓储配送物自然特性

根据有关规定，因仓储物本身的自然性质或合理损耗造成货物损失的，保管人不承担赔偿责任。如我国发展改革委发布的《粮油仓储备管理办法》中规定原粮的自然损耗按以下定额处置：储存半年以内的，不超过 0.1%；储存半年以上一年以内的，不超过 0.15%；储存一年以上的，不超过 0.2%。在此范围内的损耗属于合理损耗，保管人对此不承担任何责任。

3. 存货人的过失

由于存货人的原因造成仓储物的损害，如包装不符合约定、未提供准确的验收资料、隐瞒和夹带、给予错误指示和说明等，保管人不承担赔偿责任。

4. 合同约定的免责

基于当事人的利益，双方在合同中约定免责事项，对免责事项造成的损失，不承担互相赔偿责任。如约定货物入库时不验收重量，则保管人不承担重量短少的赔偿责任；约定不检验货物质量的，保管人不承担非作业不当的货物变质损坏责任。

 **任务检测**

一、不定项选择题

1. 仓储合同违约责任的免除包括（   ）。

A. 不可抗力   B. 仓储配送物自然特性

C. 存货人的过失   D. 合同约定的免责

2. 仓储合同的主要特征是（   ）。

A. 双务合同   B. 单务合同   C. 有偿合同   D. 诺成合同

3. 仓储保管人的主要义务有（   ）。

A. 危险通知   B. 储存和保管   C. 容忍义务   D. 说明义务

4. 关于仓储合同的变更说法，正确的是（   ）。

A. 变更需要双方协商解决，如果一方拒绝，则不能单方面变更合同

B. 合同变更后按变更后的合同履行，对变更前已履行的部分有追溯力

C. 因为不完全履行发生的利益损害，可以作为请求赔偿的原因，或者变更合同的条件

D. 仓储合同变更后，被变更的内容即失去效力

二、学以致用

某贸易发展有限公司从外地采购了一批真皮皮鞋，因为库房存货空间紧张，该贸易公司联

系了某储运有限公司,就此批皮鞋的储存订立了一份仓储合同。合同约定:储运公司为贸易公司保管真皮皮鞋一批,时间为 6 个月,保管费为 2 万元。合同订立后,储运公司为了履行该合同开始积极准备仓库,进行了腾空和清理打扫工作,并专门为储存真皮皮鞋采取了一些必要的措施。但是,贸易公司考虑到运费的问题,接受了另一家较储运公司更近的公司的要约,订立了另一份仓储合同。而后,贸易公司向储运公司发来紧急电报,声称由于皮鞋供货商违约,原定储存的皮鞋无法采购入库,因此不再需要储运公司提供仓库保管货物。贸易公司认为没有将货物入库,二者之间的仓储合同没有成立、生效。纠纷由此而生,储运公司将贸易公司告上了法庭。

本案争议的焦点在于,仓储合同何时成立、何时生效,即何时对双方当事人产生了合同约束力。

根据《中华人民共和国民法典》规定,仓储合同自成立时生效。贸易公司与储运公司就仓储事宜的主要条款达成了一致,合同即宣告成立,合同的成立对双方当事人产生了法律约束力,双方当事人应该按照合同的约定履行义务。

(资料来源:https://www.66law.cn/topic2010/cchtdxgalfx/67421.shtml)

思考与讨论:(1)在这个案例中,你认为贸易公司和储运公司分别享有什么权利?又应该承担哪些义务?(2)在这个案例中,谁应该承担由此造成的损失?

 **任务评价**

仓储合同管理任务评价表

班级:		姓名:		学号:	
评价项目	评价标准			分值	得分
任务准备 (15%)	考勤情况(无迟到、早退、旷课等现象)			5	
	能积极参与小组任务,做好学习准备			5	
	能正确理解任务指令,并接受任务要求			5	
任务过程 (70%)	能全面把握仓储合同的条款			10	
	能准确理解仓储合同的特征			10	
	能系统了解仓储合同的格式			10	
	能科学认识仓储合同的变更与解除			10	
	能全面分析仓储合同的违约责任			10	
	能准确分享课程思政内容			20	
职业素养 (15%)	态度端正,认真主动,能与小组成员合作			10	
	关注任务完成情况			5	
合计				100	
综合评价	自评(20%)	小组互评(30%)	教师评价(50%)		综合得分

• 国际认可思政小故事:从国家认同到国际认可的探索之旅

国际认可思政小故事

项目九　智慧仓配运营绩效

任务一　智慧仓配运营成本分析

 **情景导入**

广东惠达物流有限公司是一家区域性的物流服务企业,提供仓储和配送服务。公司近期面临成本上升的压力,特别是仓储和配送环节的成本。具体数据如下。

仓储成本构成:租金占比 20%,人工成本占比 40%,设备折旧占比 15%,日常维护占比 10%,其他占比 15%。配送成本构成:运输工具成本占比 35%,人工成本占比 30%,燃油和路桥费占比 20%,其他占比 15%。仓配总成本比去年同期上升了 18%。

任务目标

知识目标:

1.了解仓配成本核算的意义;

2.掌握仓配成本核算方法。

技能目标:

1.能辨析仓配成本的构成内容;

2.能表述仓配成本核算的一般程序;

3.能初步计算企业的仓配成本,能对仓配成本进行日常控制。

素质目标:

1.树立正确的成本意识和节约资源、保护环境的责任意识,助力促进企业可持续发展;

2.培养诚信守法的职业操守,确保成本核算的真实性、合法性。

任务分工

智慧仓配运营成本分析任务分配表

班级		授课老师	
小组名称		组长	
	姓名	学号	分工
组员			

任务实施

第一步：了解仓配成本的含义与特点

引导问题 1

什么是仓配成本？仓配成本的特点是什么？

一、仓配成本的含义

仓配成本是指企业在仓配运营活动中所消耗的物化劳动和活劳动的货币表现。狭义的仓配成本仅指完成货物储存、配送业务而发生的费用，广义的仓配成本还包括库存管理和配送管理的成本。

二、仓配成本的特点

1. 重要性

一般情况下，企业的仓储成本及与仓储相关的库存成本占到企业物流总成本的三分之一左右，其占比仅次于运输成本。2023 年，我国社会物流总费用为 18.2 万亿元，同比增长 2.3%，社会物流总费用与 GDP 的比率为 14.4%。其中，运输费用 9.8 万亿元，保管费用 6.1 万亿元，分别占社会物流总费用的 53.8% 和 33.5%。这一数据反映了仓配运营管理在物流链中的关键作用，仓配运营的管理效率和效果直接影响到物流总费用的高低，进而影响到物流行业的整体运行成本和效率。

2. 复杂性

从构成上看，仓配成本不仅包括企业为仓配运营活动支付的显性成本费用，还包括无法在现行财务会计账簿中反映的隐性成本费用。从资金使用用途上看，仓配成本包括流动资产的占用资金，也包括设备设施购置的固定资产投资。

3. 效益背反性

物流业务是综合性的一体化服务，仓配成本与其他成本之间存在着效益背反性。比如，要缩短客户的等待时间，就必须提高仓配运营中心的密度，增加配送的频率，但这样会增加仓储成本和运输成本。要降低仓储成本，降低仓储密度是一个办法，但是这又会导致运输成本的增加。所以，仓配成本的管理就是寻找一个合适的平衡点，取得成本与效率之间的平衡，或是成本与服务质量之间的平衡。

【育心笃行】"成本控制并不意味着减少成本，它意味着你可以把有限的资源转化成最大的利益。"这句话形象地说明了成本控制的真正意义，即通过优化资源配置和提高效率，实现成本的合理化和效益的最大化。

第二步：理解仓配成本的构成

引导问题 2

具体来看，仓配成本是由哪些项目构成的呢？

确定仓配成本核算
项目的构成

一、购置仓储设备的成本

1. 自有仓库使用成本

自有仓库是指由企业自行建造或购置的仓库，属于企业的固定资产。仓储设备与存货不同,使用寿命都在 1 年以上,单位价值也较高,其价值损耗分为有形损耗和无形损耗。自有仓库的价值和使用价值伴随着生产经营逐渐被消耗,以折旧的名义转移到成本中,因此自有仓库使用成本的本质就是仓储设备的折旧额。影响仓储设备折旧的因素包括计提折旧的基数、净残值和使用年限,折旧的计算方法有直线法和加速法。

2. 租赁仓库使用成本

租赁仓库就是企业作为承租人与仓库的出租人签订租赁协议,支付租金获得仓储设备的使用权。在这种情况下,出租人通常只提供存储货品服务,很少或不提供其他物流服务,仓储作业活动由承租人自行组织。仓库租金通常是按照使用的天数和占用的面积来计收,仓储设备的租金按照使用天数或完成的业务量计算。租赁协议一旦签订,不论是否使用仓库和设备,都需要按期支付租金。一般情况下,租赁合同期限较长(如 5 年),租金不会因为存储空间未充分利用而减少,与库存水平无关,不属于库存持有成本。租赁仓库使用成本的本质就是为所租赁的设施设备支付的租金。

3. 公共仓库使用成本

公共仓库也被称为"第三方仓库",企业利用公共仓库可以减少投资风险,节省资金投入,缓解存储压力。从承租人与出租人的关系来看,二者不仅仅是简单的租赁关系,还可以是合作伙伴关系。与租赁仓库相比,公共仓库除了可以提供仓储设备外,还可以提供多样化的物流服务;租金的计收也具有灵活性,合同多为短期,企业可根据市场和库存数量变化及时调整合同。公共仓库的使用成本就是一定时期内支付给公共仓库的费用,由存储费、搬运费、服务费和附加成本组成,这些费用具有不同特征且费率通常不同。

二、实施仓储作业的成本

1. 出入库作业成本

出入库作业成本是指企业根据出入库清单或客户订单,对出入库物品进行登记,制作相应的单据,并进行部门间的信息录入、传递等发生的费用。

2. 验货作业成本

验货作业成本是指企业根据出入库清单或者客户订单,对出入库的物品从数量、种类、规格及质量方面进行核对与检验所发生的费用。

3. 养护作业成本

养护作业成本是指企业为保证物品的完好,减少物品的损耗,对仓库的物品进行日常养护而发生的相关费用。

4. 盘点作业成本

盘点作业成本是指企业定期或不定期盘点时所发生的各项支出。盘点作业的目的是确保账实相符,查找经营管理漏洞,加速物品周转。

5. 备货作业成本

备货作业成本是指企业在接受订货指令、发出货票的同时,备货员按照发货清单,在仓库内寻找、提取所需物品的作业而发生的费用。

6. 分拣费用

分拣费用主要包括分拣机械设备的折旧费用、修理费用、燃料消耗等费用,以及从事分拣工作的作业人员和有关人员的工资、奖金等人工费用。

7. 场所管理作业成本

场所管理作业成本是指企业对货架与货位等进行管理维护所发生的费用,无论是固定型管理还是自由型管理,都必然耗费一定的支出。

三、配送的成本

1. 配送运输费用

配送运输费用主要包括车辆费用和营运间接费用。其中,车辆费用是指从事配送运输生产而发生的各项费用,具体包括驾驶员及助手等的工资及福利费、燃料费、轮胎费、修理费、折旧费、养路费、车船使用税等项目。营运间接费用是指营运过程中发生的不能直接计入各成本计算对象的站、队经费,包括站、队人员的工资及福利费、办公费、水电费、折旧费等内容。

2. 配装费用

配装费用主要包括配装材料费用(如木材、纸、自然纤维、合成纤维、塑料等不同配装材料的费用)、配装机械费用、配装技术费用(如缓冲配装技术、防震配装技术、防潮配装技术、防锈配装技术等)、配装辅助费用(如包装标记、标志的印刷及拴挂物费用等)、配装人工费用等。

3. 配送加工费用

配送加工费用主要包括配送加工材料费用、配送加工设备费用、配送加工劳务费用、配送加工其他费用(如电力、燃料、油料等费用)。

四、仓配管理成本

1. 库存持有成本

库存持有成本是指为了保持库存而发生的成本,主要包括与库存水平有关的资金成本、税金、保险、库存风险成本和仓储空间成本 5 项。

2. 订货成本或生产准备成本

订货成本或生产准备成本是指企业向外部供应商发出采购订单的成本或企业内部为了生产产品而进行准备的成本。

注意,订货成本和库存持有成本随着订货次数或订货规模的变化而呈现反向变化关系。初期,随着订货批量的增加,订货成本的下降比库存持有成本的增加要快,即订货成本的边际节约额比库存持有成本的边际增加额要多,使得总成本下降。接着,随着订货批量增加到某个临界值,订货成本的边际节约额与库存持有成本的边际增加额相等,这时总成本达到最小(即帕累托最优)。其后,随着订货批量的不断增加,订货成本的边际节约额将小于库存持有成本的边际增加额,使得总成本上升。

3. 缺货成本

缺货成本是指因为库存供应中断而产生的各种损失,包括原材料供应中断造成的停工损失,产成品或商品库存缺货造成的延迟发货损失、丧失销售机会损失和企业信誉损失。

4. 在途库存持有成本

在途库存持有成本是指货物在运送的过程中,作为库存所产生的成本。如果企业以目的地交货价格销售商品,就意味着企业负责将商品送达客户,因此,只有当客户收到商品时,商品的所有权才发生转移。从财务角度来看,商品仍然是销售方的库存。

5. 配送送达服务费用及其他

配送送达服务费用主要包括信息费用、销售客服人员劳务费用、办公费用、突发事件处理费用等。由于多数企业无法准确区分和计算配送送达服务的费用,这部分费用一般计入信息流通费中,因而计算配送成本时可以不单独计算此项。

第三步:确定核算范围和对象

引导问题3　　　　　　　　　　　　　　　　　　　仓配成本核算项目的步骤

部门经理给了张智强一张图(见图9-1),这张图展示了仓配成本核算的一般流程,请问你是如何理解该流程中每个环节的呢?

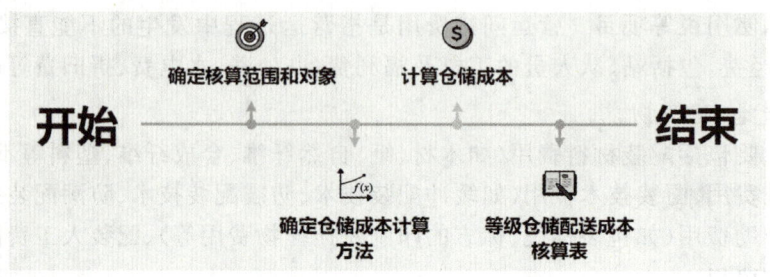

图9-1　仓配成本核算的一般流程

一、确定仓配成本的核算范围

仓配成本核算范围的确定,一般要搞清楚如下三个问题。

1.计算范围如何确定的问题

在仓配运营的过程中涉及不同对象,如不同的产品、不同的配送对象,涉及单位多,牵涉面广,很容易遗漏其中某个部分。应明确计算范围,增项、漏项对仓配成本核算的影响非常大。

2.核算对象如何确定的问题

在储存、运输、装卸、配货、送货等过程中,选择不同的活动进行计算,所计算出来的成本差异巨大。例如,只计算储存和运输费用,不计算其他费用,与计算储存、运输、装卸、配货、送货等全部费用相比,二者的核算结果相差很大。

3.费用种类如何选择的问题

企业向外部支付的储存费、运输费、装卸费等费用一般都很容易列入成本核算中,但企业内部发生的相关费用,如与仓配运营活动相关的人工费、物流设施建设费、运送费、折旧费、维修费、电费等是否列入成本核算中,以及按多大比例列入,这些都是需要考虑的问题。

总之,企业仓配成本的大小取决于上述三个因素的共同作用。确定不同的前提条件,会得出截然不同的结果。在具体实践中,企业应根据各自不同的情况和管理需要来决定企业仓配成本的核算范围,明确统计口径,避免重复计算或漏算。

二、确定仓配成本核算项目

由于原始数据主要来自财务部门提供的数据,因此,仓配成本核算首先要按成本费用的支付形态确定各成本核算项目。其中,对外支付的保管费可以直接作为仓储物流成本统计,而企业内发生的仓配运营费用是与其他部门发生的费用混合在一起的,需要将仓配成本从中剥离出来。

仓配成本可以分为以下部分。

1. 材料费

材料费是指在仓配运营过程中基于物料消耗而发生的费用,主要包括包装材料、工具、配件、燃料与动力等的消耗费用。可以根据材料的出入库记录,将此期间与仓配运营有关的消耗量计算出来,再分别乘以单价,便可得出材料费。

2. 人工费

人工费是指从事仓储作业和配送业务的员工与其他有关人员的工资、奖金、福利费用等员工薪酬。人工费可以从仓储人员的工资、奖金、补贴等报酬的实际支付金额得到,由企业统一负担部分则按照人数分配后得到的金额进行计算。

3. 维护费

维护费指土地、建筑物、机械设备、车辆和搬运工具等固定资产的使用、运转和维修保养等所产生的费用,具体包括维修保养费、折旧费、税金、保险费等。维护费应根据本期实际发生额计算,对于经过多个期间统一支付的费用(如租赁费、保险费等),可按期间分摊计入本期相应的费用中。

4. 一般经费

一般经费指除了人工费和维护费之外的其他与仓配运营业务相关的费用,如仓配运营业务人员的办公费、差旅费、会议费、通信费、快递费、事故处理费及其他杂费等。

5. 特别经费

特别经费是指采用不同于财务会计的计算方法所计算出来的物流费用,包括按实际使用年限计算的折旧费和企业内部利息等。折旧可以根据设施设备的折旧年限、折旧率来计算;利息可以根据仓配运营相关资产的贷款利率计算。

6. 对外委托费

对外委托费指企业向外部物流机构所支付的费用。在仓储方面包括对外支付的保管费用,在配送方面包括对外支付的包装费、运费、保管费、装卸搬运费、手续费等业务费用。在计算时,可根据本期的实际发生额进行计算,全额计入仓储成本。

总而言之,仓配成本核算对象的确定要以因果关系为依据,找到仓配成本的承担者,从而对仓配成本进行正确的归集与分配。简而言之,仓配成本核算对象的确定就是找到仓配成本的具体耗费者。假如仓配成本仅涉及单一的仓储业务,就将所发生的所有仓配成本直接归属于该项业务;如果仓配成本涉及多项业务,则应根据因果关系按一定的分配比例分配给不同的仓配运营业务。

第四步:掌握核算仓配成本的方法

引导问题 4

了解了仓配成本核算的流程,张智强应该用什么方法来核算仓配成本呢?

核算仓配成本时,要注意核算的口径和范围,按照核算对象和核算项目搜集数据,做好归集与分配。其中,归集是指将仓配成本按支付形态从财务核算项目中抽取出来,进行归并。对于直接仓储费用,如直接人工费、材料费等,可直接计入仓配成本;对于间接费用,则按照一定的分配标准,核算出应计入本期仓配成本的费用。当存在多个仓配成本核算对象时,需要在明确分摊对象的基础上,再按一定的分配标准对它们共同耗用的费用进行分配。注意,选择的分配标准必须反映仓配运营活动与成本费用之间的因果关系。

一、仓储成本核算

如前所述,仓储成本由仓储设备的成本与实施仓储作业的成本两部分构成,那么,我们可以分别核算出这两个构成部分的金额,相加后即得到仓储成本。

1.核算购置仓储设备的成本

自有仓库使用成本为折旧费,租赁仓库使用成本和公共仓库使用成本均为租金。租金属于对外支付的费用,数据易于获取,企业直接将其计入成本即可。折旧费是指对仓储活动过程中所使用的各种物流设施设备按规定方法提取的折旧费。计提折旧的方法主要包括直线法、工作量法、双倍余额递减法和年数总和法。其中,直线法最为常用,使用该方法计算的折旧额,每一期的金额都是相等的。工作量法是以物流设施设备完成的业务量为依据计算折旧的方法,其金额大小与业务量成正比。双倍余额递减法和年数总和法都属于加速折旧法,加速折旧法的特点是在固定资产使用初期计提折旧较多,而在后期计提折旧逐渐减少。

(1)直线法。

$$年折旧额=(固定资产原值-预计净残值)/预计使用年限$$
$$月折旧额=年折旧额/12$$

(2)工作量法。

$$单位工作量折旧额=固定资产原值\times(1-预计净残值率)/预计总工作量$$
$$月折旧额=单位工作量折旧额\times该固定资产当月的实际工作量$$

(3)双倍余额递减法。

$$年折旧率=2/预计的折旧年限\times100\%$$
$$月折旧率=年折旧率/12$$
$$月折旧额=固定资产账面净值\times月折旧率$$

(4)年数总和法。

$$年折旧率=尚可使用年数/预计使用年限的年数总和\times100\%$$
$$月折旧率=年折旧率/12$$
$$月折旧额=(固定资产原价-预计净残值)\times月折旧率$$

▎▎▶ 小知识 ▎

《中华人民共和国企业所得税法》和《中华人民共和国企业所得税法实施条例》规定了固定资产计算折旧的最低年限,例如,房屋与建筑物为 20 年;与生产经营活动有关的器具、工具、家具等为 5 年;飞机、火车、轮船以外的运输工具为 4 年;电子设备为 3 年。此外,还规定有两种情况的固定资产可以采取缩短折旧年限或者加速折旧的方法计算折旧。采取缩短折旧年限方法的,最低折旧年限不得低于规定折旧年限的 60%;采取加速折旧方法的,可以采取双倍余额递减法或者年数总和法。这两种情况是:其一,由于技术进步,产品更新换代较快的固定资产;其二,常年处于强震动、高腐蚀状态的固定资产。

2.核算实施仓储作业的成本

虽然仓储作业的形式有所区别,作用也完全不同,但实质上都是操作人员利用人工或机械手段消耗材料、物料的过程。因此,仓储作业成本基本上都是由人工费、材料费和其他费用构成的。人工费就是从事仓储作业的人员工资、奖金及福利费,材料费就是作业过程消耗的机物料、燃料等的费用,其他费用就是指与作业相关的机械使用费、水电费等支出。

核算仓储作业成本可以借助财务账簿资料,也可以通过生产统计资料来获得数据。材料费要根据材料出入库记录中各种材料的领用数量乘以单价后的数额计入仓储成本。人工费根据工资和福利费分配表中有关仓储作业人员的部分计入仓储成本。水、电、气等费用,可以从安装在仓库设施上的用量记录装置获得相关数据,也可以按其他比例推算,如仓库建筑设施的比例、仓库工作人员的比例等。对外支付的有关作业费用应全额计入仓储作业成本。若涉及作业管理费用,则应当采用一定比例进行分配计算。

二、配送成本核算

如前所述,配送成本计算方法不同,计算的结果会有差异。一般来说,基于配送环节来计算的配送成本准确性较高。

1. 配送运输费用的核算

配送运输费用的核算是指将配送车辆在配送过程中所发生的费用,按照规定的成本计算对象和成本项目计入配送运输成本。具体核算方法如下。

(1)工资及职工福利费。根据"工资分配汇总表"和"职工福利费计算表"中各车型分配的金额计入成本。

(2)燃料。根据不同车型(如小型货车、中型货车、大型货车等)耗用的燃料费用计入成本;配送车辆在本企业以外的油库加油,其领发数量不作为企业购入和发出处理的,应在发生时按照配送车辆领用数量和金额计入成本。

(3)轮胎。轮胎外胎采用一次性摊销法的,根据不同车型领用轮胎的金额计入成本;采用按行驶胎公里提取法的,根据不同车型应负担的摊提额计入成本。发生轮胎翻新费时,根据付款凭证直接计入各车型成本或通过待摊费用分期摊销。内胎、垫带根据不同车型领用金额计入成本。

(4)修理费。辅助生产部门对配送车辆进行保养和修理的费用。

(5)折旧费。根据固定资产折旧计算方法,按照车辆种类提取的折旧金额计入各分类成本。

(6)养路费及运输管理费。配送车辆应缴纳的养路费和运输管理费,应在月终计算成本时编制相关账表,并据此计入配送成本。

(7)车船使用税、行车事故损失和其他费用。如果是通过银行转账、应付票据、现金支付的,根据付款凭证等直接计入有关车辆的成本。

(8)营运间接费用。将不能直接计入成本的间接费用,采用摊配的方式计入有关配送车辆成本。

2. 分拣费用的核算

配送环节分拣费用的核算是指将分拣过程中所发生的费用,按照规定的成本计算对象和成本项目计入分拣费用。具体核算方法如下。

(1)工资及职工福利费。根据相关人员的工资情况分配的金额计入分拣成本。

(2)修理费。辅助生产部门对分拣机械进行保养和修理的费用。

(3)折旧费。根据"固定资产折旧计算表"中按分拣机械提取的折旧金额计入成本。

(4)其他费用。根据低值易耗品发出凭证中分拣成本领用的金额计入成本。

(5)分拣间接费用。根据"配送管理费用分配表"计入分拣成本。

3.配装成本的核算

配装成本的核算是指将配装过程中所发生的费用,按照规定的成本计算对象和成本项目计入配装成本。具体核算方法如下。

(1)工资及福利费。根据相关人员的工资情况分配的金额计入配装成本。

(2)材料费用。根据材料发出凭证或领料单等原始凭证中配装成本耗用的金额计入成本。

(3)辅助材料费用。根据材料发出凭证或领料单等原始凭证中的对应金额计入成本。

(4)其他费用。根据材料发出凭证、低值易耗品发出凭证中配装成本领用的金额计入成本。

(5)配装间接费用。根据"间接费用分配表"计入配装成本。

小练习

某配送中心5号库房共1000 m³,有1名主管、4名仓管员和2名司机,服务2个客户:A客户占用600 m³,B客户占用400 m³。该库房2024年6月产生成本如下:主管工资8200元,仓管员平均工资5200元,司机平均工资7300元;每平方米租金30元;设备折旧与维护成本10元;共配送51次,平均每次配送成本1100元,平均每次配装成本60元;分拣2100箱,平均每箱分拣成本5元;其他费用平均每平方米5元。请分别计算2024年6月A客户和B客户的仓配运营成本。

第五步:控制仓配成本

引导问题5

根据情景导入中广东惠达物流有限公司的数据,分析其仓储和配送成本上升的主要原因是什么。

一、仓配成本控制的原则

在日常仓配成本控制工作中应当遵循策略性、产业性、经济性、全局性和持续性原则。

1.策略性原则

降低仓配成本必须讲究策略。所谓策略性,就是指控制仓配成本时要考虑多方面的利益,处理好各方面的关系,不能片面地一味压低成本。需要从服务质量与服务成本、供应商与客户、短期目标与长期战略、国家社会与个人等多个层面通盘考虑。

2.产业性原则

产业性原则要求仓配成本控制要结合企业的行业特点和产业背景。不同行业对仓配运营的依赖程度不同,仓配运营费用也有较大差别。企业需要根据自身的实际情况确定可行的控制目标。

3.经济性原则

仓配成本控制本身也有耗费,存在着投入和产出难以平衡的问题。经济性原则强调仓配成本控制要考虑成本效益问题,企业需要采取最经济的方法来控制和降低成本,切不可为了降低仓配成本而导致其他成本上升,导致全局收益受损。

4.全局性原则

仓配运营涉及多环节、多因素,要控制好仓配成本必须从全局出发。既要对配送运输成本、储存保管成本、分拣成本和流通加工成本进行单项控制,更要追求仓配成本的整体降低。

5.持续性原则

仓配成本的控制和降低要满足一定的客户服务水平,与企业发展和经营战略相一致。尤其是配送环节,配送是最接近客户的物流活动,控制和降低仓配成本不能降低客户服务水平,更不能牺牲客户利益。此外,还需要注意降低成本是没有止境的,也不可能一步到位。无论是企业的管理层还是一线员工,都应该清醒地认识到,降低仓配成本是一个系统工程,需要以持之以恒的精神不断推进。

二、仓配成本控制的常用方法

1.仓储成本控制的常用方法

(1)选择合适的仓储类型。

自有仓库、租赁仓库和公共仓库的仓储成本差异巨大,企业必须考虑货物周转总量,仓储需求的稳定性、市场密度和业务的灵活性等因素,选择合适的仓储类型。以周转量为例,货物周转量越高,使用自有仓库就越经济。相反,如果企业的货物周转量不大,且仓储需求不稳定,就应当避免建造自有仓库。

(2)选择合适的仓储作业模式。

仓储作业模式不仅关系着仓储业务的完成效率和质量,也影响着企业的仓储成本。特别是在不同吞吐量下,采用不同的作业模式会带来不同的仓储成本。其中,自有仓库业务属于内部成本,隐蔽性较强,控制难度大;租赁仓库和公共仓库的成本均需要企业对外支付,外部成本更容易核算;也可以根据需要,制定合适的混合仓储策略。

(3)加强仓储作业的标准化、最优化和额定化管理。

加强仓储作业的标准化、最优化和额定化管理,能显著提升物流效率和准确性,降低运营成本,并通过精细化资源配置减少浪费。这一管理策略通过制定明确的操作流程和作业标准,运用先进的信息系统和自动化技术,确保了作业的高效率和低错误率。标准化、最优化和额定化管理还有助于提高员工的专业技能和参与度,更好地提升服务质量,增强市场竞争力,实现可持续发展。

2.配送成本控制的常用方法

(1)优化配送作业流程。

配送作业流程由多个环节组成,每个环节都会发生各种支出。在市场专业化分工越来越细的背景下,可以对配送的某些环节进行优化,实行外包或精简,或与其他物流企业合作。

(2)提高配送作业效率。

配送作业效率的高低不但直接影响配送质量,而且会对配送成本产生重大的影响。企业需要加强配送作业的计划性,与客户共同探讨各种物品的需求规律,掌握不同物品的配送节奏,有计划有组织地安排配送。此外,还需要合理规划和优化配送路线,根据不同客户群的特点和要求,选择不同的路线设计方法,最终达到节省时间、运距和降低配送运输成本的目的。在配送服务质量保持不变的情况下,尽可能采用最短路径法、节约里程法等科学方法优化配送路线。

3.通用方法

(1)协调好与仓配运营业务有关的其他物流活动。

仓配运营是物流的基础环节,与装卸搬运等业务有着一定的联系。要降低仓配成本,除了考虑仓配运营作业外,对与之有关的业务活动也要统筹考虑。

（2）广泛应用现代物流信息技术。

通过自动化设备与信息系统，如无人仓库、自动分拣系统，加快订单处理速度，缩短货物交付周期，提升整体物流效率。通过智能监控和管理，减少物流过程中的延误和损失，提高配送效率和准确性。利用大数据分析、云计算等技术，对市场需求进行精准预测，优化库存结构，降低存储成本，提高库存周转率。

任务检测

一、单选题

1. 仓配成本在企业的物流总成本中通常占据的比例是（　　）。

A. 1/5 左右　　　　　B. 1/2 左右　　　　　C. 1/3 左右　　　　　D. 2/3 左右

2. 在仓储成本中，属于对外支付费用的部分主要包括（　　）

A. 自有仓库的折旧费　　　　　　　B. 租赁仓库的租金

C. 仓储作业的养护成本　　　　　　D. 库存持有的资金成本

3. 以下不属于仓配成本控制的常用方法的是（　　）。

A. 加强仓储作业的标准化、最优化和额定化管理

B. 广泛应用现代物流信息技术

C. 优化配送作业流程

D. 降低客户服务水平

二、多选题

1. 仓配成本的含义与特点是（　　）。

A. 仓配成本是企业在仓配运营活动中所消耗的物化劳动和活劳动的货币表现

B. 仓配成本的重要性体现在其对企业总成本控制的显著影响

C. 仓配成本的管理需要找到成本与效率之间、成本与服务质量之间的平衡点

D. 仓配成本不具有复杂性和效益背反性

2. 为了有效控制仓配成本，企业可以采取的方法有（　　）。

A. 选择合适的仓储类型，如自有仓库、租赁仓库或公共仓库

B. 忽视仓储成本，只需关注配送成本

C. 优化配送作业流程，实行外包或精简环节

D. 提高配送作业效率，合理规划配送路线

3. 仓储成本控制的常用方法包括（　　）。

A. 选择合适的仓储类型　　　　　　B. 优化配送作业流程

C. 提高配送作业效率　　　　　　　D. 选择合适的仓储作业模式

三、判断题

1. 仓配成本的管理目标是减少成本，而不是通过优化资源配置和提高效率实现成本合理化和效益最大化。（　　）

2. 仓储作业成本主要由人工费、材料费和其他费用构成，其中人工费包括仓储作业人员的工资、奖金及福利费。（　　）

五、学以致用

每天 9 时，江苏省徐州市沛县香樟园菜鸟站点负责人李峰从菜鸟沛县县级共配中心拉来快

件、入库、发短信、上架。短信刚发没一会儿,村民李香香就骑着电动车过来取走了快递,她说:"一个网点就能取到多家快递公司的快件,真是太方便了。"

作为连接农产品出村进城、消费品下乡进村的重要纽带,农村末端快递站点面临着站点综合成本高、网点盈利难等问题,在一定程度上影响了"快递进村"服务的质量。菜鸟率先探索建设共配项目,多家快递公司末端网点实现一体运营,共同配送。据测算,菜鸟共配项目可帮助县域共配快递企业降低综合运营成本 30%至 50%。

菜鸟数智供应链不仅率先推出物流云平台,还通过"智能供应链大脑"帮助商家打通库存、实时可视,提供精准决策参考,让商品距离消费者更近、配送更加集约。

除数智供应链服务外,菜鸟驿站"实体站点+软件系统+硬件设备+服务人员"的创新模式也获肯定,实现快递最后 100 米多元化集约配送,大幅提升快递包裹的收投效率。

针对农村物流进村难、成本高等痛点,菜鸟联手通达快递建设以县域为中心的共配中心和覆盖县、乡、村的三级快递共配网络,率先实现分拨、运输、配送、信息系统、服务标准"五统一",加速城乡双向流通。菜鸟乡村还与淘宝直播创新"村播",让网红主播和快递员一起帮助贫困县等地的农产品走出大山,"电商+物流"的新业态让快递从"送包裹"走向"产包裹"。

(资料来源:https://jtyst.shanxi.gov.cn/spb/jtzxspb/qgywspb1/202403/t20240312_9518386.shtml)

思考与讨论:(1)在这个案例中,仓配成本控制的关键点有哪些?(2)关于农产品仓配管理的成本控制,你认为有哪些特点?

 **任务评价**

智慧仓配运营成本分析任务评价表

班级:		姓名:		学号:	
评价项目	评价标准			分值	得分
任务准备 (15%)	考勤情况(无迟到、早退、旷课等现象)			5	
	能积极参与小组任务,做好学习准备			5	
	能正确理解任务指令,并接受任务要求			5	
任务过程 (70%)	能全面把握仓配成本的构成			10	
	能准确理解仓配成本的核算方法			10	
	能系统了解仓配成本的含义与特点			10	
	能科学认识仓配成本的核算范围和对象			10	
	能分析如向控制仓配成本			10	
	能准确分享课程思政内容			20	
职业素养 (15%)	态度端正,认真主动,能与小组成员合作			10	
	关注任务完成情况			5	
合计				100	
综合评价	自评(20%)	小组互评(30%)	教师评价(50%)		综合得分

任务二　智慧仓配运营绩效评价

情景导入

　　广东惠达物流有限公司 2023 年仓配运营数据如表 9-1 所示。2022 年 12 月 31 日，广东惠达物流有限公司的库存量是 50 千吨，2023 年工作日按 300 天计算。请问：如何计算 2023 年广东惠达物流有限公司的货物吞吐量、货物周转天数和周转次数、全员劳动生产率、上架及时率、收货及时率？

表 9-1　广东惠达物流有限公司 2023 年仓配运营数据

月份	1	2	3	4	5	6	7	8	9	10	11	12	合计
入库/千吨	120	125	130	128	125	135	123	120	130	127	135	130	1528
出库/千吨	118	126	125	130	122	130	125	122	126	130	128	132	1514
平均用工人数/人	20	21	20	19	21	22	20	18	19	21	20	20	241
验收笔数	180	188	185	190	195	200	195	185	180	190	185	190	2263
收货笔数	182	190	188	192	197	205	195	187	181	190	188	191	2286

任务目标

知识目标：

1. 熟悉仓配运营绩效主要评价指标的计算方法；

2. 知晓仓配运营绩效分析常用的方法。

技能目标：

1. 会计算仓配运营绩效主要指标；

2. 会分析和评价仓配运营绩效。

素质目标：

1. 深刻理解仓配运营绩效指标的重要性，树立正确的绩效意识，认识到高效、节约的重要意义；

2. 培养诚信、公正的职业操守，确保绩效数据的真实性和评价的客观性。

智慧仓配运营绩效评价任务分配表

班级		授课老师	
小组名称		组长	

续表

组员	姓名	学号	分工

 **任务实施**

第一步:认识绩效评价

引导问题1

在情景导入中,广东惠达物流有限公司为什么要进行绩效评价? 绩效评价有什么作用?

一、绩效评价的内涵

绩效是指组织或个人为了达到某种目标而采取的各种行为的结果。绩效评价是指组织依照预先确定的标准和一定的评价程序,运用科学的评价方法,按照评价的内容和标准对评价对象的工作能力、工作业绩进行定期和不定期的考核和评价。绩效评价是企业管理的重要一环,一般每月评价一次,既评价个人,也评价单位。

二、绩效评价的目的

提供晋升、降职、调职和离职的依据:绩效评价结果可以为员工的晋升、降职、调职和离职提供客观的依据,确保人力资源的合理配置和优化。

反馈员工的绩效表现:通过绩效评价,组织可以对员工的绩效进行反馈,帮助员工了解自己的工作表现,明确改进方向。

评估员工和团队的贡献:绩效评价能够评估员工和团队对组织的贡献,包括工作效率、工作质量等方面。

决定薪酬和激励:绩效评价结果可以作为决定员工薪酬、奖金和其他奖励的依据,激励员工提高工作表现。

优化人力资源规划:绩效评价结果可以为招聘选择、工作分配、培训和员工职业生涯规划提供信息,帮助企业优化人力资源规划。

改善公司整体运营管理:通过绩效评价,可以发现公司运营中的问题,及时调整策略,改善公司整体运营管理。

制订员工培训计划:绩效评价可以帮助企业识别员工的培训和发展需求,制订有针对性的培训计划,提高员工的能力和绩效。

实现公司和员工的共赢:绩效评价建立在"共赢"的基础上,既能帮助企业实现目标,又能促进员工的个人发展和提升。

设定目标和激励机制:通过绩效评价,企业可以设定合理的目标和指标,建立激励机制,激发员工的积极性和创造力。

三、仓配运营绩效评价的作用

首先,企业可以把仓配运营绩效评价与自身发展战略相结合,将企业战略转化为具体的目标和评价指标,使企业决策者能够综合、全面了解企业的现状和未来,为企业的经营决策指明方向。

其次,仓配运营绩效评价有利于促进企业激励和约束机制的建立,不仅能够帮助企业做出精准的仓配运营管理决策,提升综合竞争力,而且有利于仓配资源的合理利用。

再次,通过仓配运营绩效评价体系,企业经营者可以从众多的指标中找出能够影响企业仓配运营管理短期效益和长期发展能力的关键因素,为企业仓配运营管理短期目标和长期目标的平衡提供指导依据。

最后,仓配运营绩效评价指标体系中的每一项指标都反映某部分工作或全部工作的一个侧面,通过对指标的分析,能发现仓配运营中存在的问题,从而为计划的制订、修改,以及仓配运营环节的控制提供依据。

第二步:了解仓配运营绩效评价指标体系

引导问题 2

仓配运营绩效评价指标体系是什么? 每个指标如何计算?

一个仓配运营期结束,需要通过相应的指标对其绩效进行考核、评估。这些指标通过定量的方式反映仓配运营的各个方面,帮助管理团队全面、客观地了解运营状况,识别问题,并制定改进策略。

仓配运营绩效评价指标体系是用于评估仓库和配送中心运营效率和效果的一套指标。这些指标通常涵盖多个方面,一般包括反映仓配运营数量的指标、反映仓配运营效率的指标、反映仓配运营质量的指标、反映仓配运营物化劳动占用的指标、反映仓配运营劳动消耗的指标和反映仓配运营管理水平的指标。

【育心笃行】绩效管理在不同朝代的称谓不同,如"考绩""考课""考核""考成"等,主要是对现任官吏的表现和政绩以有效的方式进行考核,然后评级,并据此进行奖惩。据《尚书》记载,在先秦时代,尧、舜、禹就使用了考绩制度,用以奖勤罚懒、扬善惩恶、进贤退拙。

一、反映仓配运营数量的指标

1. 吞吐量

智慧仓配绩效评价指标(上)

吞吐量也叫周转量,即一定时期内入库和出库的物品总量,通常以"吨"为单位。吞吐量是衡量仓库生产规模及其在物流业中所起作用的主要数量指标,也是进行仓库设计的主要依据。

计算公式为:

吞吐量＝一定时期内入库总量＋同期出库总量＋同期直拨量

直拨量是指企业从港口、车站或生产企业进货,不经入库直接拨给用户的物品数量。

2. 库存量

库存量通常指一定时期内的平均库存量。该指标反映仓库平均库存水平和库容利用状况,其计量单位一般为"吨"。

计算公式为:

月平均库存量＝(月初库存量＋月末库存量)/2

$$年平均库存量＝全年各月平均库存量之和/12$$

月初库存量等于上月末库存量,月末库存量等于月初库存量加上本月入库量减去本月出库量。

3. 库存物品周转率

库存物品周转率是反映仓储工作效率的重要指标。在物品的总需求量一定的情况下,降低仓库的物品储备量,物品周转速度就加快。但是,一味地减少库存,就有可能影响到物品的供应。因此,仓库应在保证供应需求的前提下,尽量地降低库存量,从而加快物品的周转速度,提高仓储效率。

物品周转率可以用物品周转次数和物品周转天数两个指标来反映,计算公式分别为:

$$物品周转次数＝\frac{全年物品平均库存量}{物品周转天数}$$

$$物品周转次数＝\frac{全年物品消耗总量}{全年物品平均库存量}$$

或

$$物品周转次数＝\frac{全年工作天数}{物品周转天数}$$

其中,全年物品消耗总量是指年度仓库实际发出物品的总量;全年物品平均库存量为每月月初物品库存量的平均数。物品周转次数越多越好,周转天数越少越好。

4. 平均收发货时间

平均收发货时间是指仓库收发每笔物品(即每张出入货单据上的物品)平均所用的时间,收发货时间总和一般按天计算。它既能反映仓配服务质量,也能反映仓库的劳动效率。

计算公式为:

$$平均收发货时间＝\frac{一定时期内收发货时间总和}{同期收发货总笔数}$$

收发货时间的一般界定标准为:收货时间指自单证和物品到齐后开始计算,至验收完毕后入库单送交会计入账为止的累计小时数;发货时间自仓库接到发货单(调拨单)开始,经备货、包装、填单等,到办完出库手续为止。

二、反映仓配运营效率的指标

1. 收货及时率

收货及时率表明仓库按照规定的时限及时验收物品的情况。

计算公式为:

$$收货及时率＝\frac{一定时期内及时验收笔数}{同期收货总笔数}×100\%$$

2. 上架及时率

上架及时率表明仓库按照规定的时限及时对物品进行上架储存的情况。

计算公式为:

$$上架及时率＝\frac{一定时期内上架及时件数}{同期上架总件数}×100\%$$

3. 发货及时率

发货及时率表明仓库按照规定的时限及时完成发货的情况。

计算公式为：

$$发货及时率=\frac{一定时期内发货及时笔数}{同期发货总笔数}\times100\%$$

4. 退货入库及时率

退货入库及时率表明仓库按照规定的时限及时完成退货入库的情况。

计算公式为：

$$退货入库及时率=\frac{一定时期内退货入库及时笔数}{同期退货入库总笔数}\times100\%$$

5. 全员劳动生产率

全员劳动生产率即一定时期内，仓库全体员工平均每人完成的出入库商品的数量。

计算公式为：

$$全员劳动生产率=\frac{一定时期内物品吞吐量}{同期平均员工人数}$$

三、反映仓配运营质量的指标

1. 收发货正确率

收发货正确率是以收发货正确的累计单数占收发货累计总单数的比率来计算的，它反映了收发货作业的准确度。

计算公式为：

$$收发货正确率=\left(1-\frac{一定时期内收发货差错累计单数}{同期收发货累计总单数}\right)\times100\%$$

或

$$收发货正确率=\left(1-\frac{一定时期内收发货差错累计件数（重量）}{同期收发货累计总件数（重量）}\right)\times100\%$$

收发货正确率是仓配运营的重要质量指标，通常情况下，收发货正确率应保持在99.5%以上；而对于一些单位价值高的货物或具有特别意义的货物，客户会要求仓库的收发货正确率达100%。

2. 业务赔偿费率

业务赔偿费率是以仓库在一定时期内发生的业务赔罚款占同期仓储业务总收入的百分比来计算的，此项指标反映仓库履行仓储合同的质量。

计算公式为：

$$业务赔偿费率=\frac{一定时期内业务赔罚款总额}{同期仓储业务总收入}\times100\%$$

业务赔罚款是指在入库、保管、出库阶段，管理不严、措施不当造成仓储物损坏或丢失所支付的赔款和罚款，以及为收发货差错等所支付的罚款，意外灾害造成的损失不计；仓储业务总收入指仓储部门在入库、储存、出库阶段提供服务所收取的费用之和。

3. 保管损耗率

保管损耗率是在仓库保管期中的物品损耗总量或总额与账面库存总量或总额的比率，也可以按每一笔物品来计算,即某物品自然减量的数量占原来入库的数量的比率。物品保管损耗或损失,是指因保管不善而造成的商品霉变、残损、变质、丢失、超定额损耗等所导致的损失。物品损耗总额是按直接受损物品的数量和物品受损程度计算的,包括修补损失物品所支付的费用。仓库中因存货人的原因长期积压超过保管期限的物品或合理范围内的损耗,所造成的损失不应计算在物品损耗总量中。

计算公式为:

$$物品损耗率 = \frac{一定时期内物品损耗额}{同期物品保管总额} \times 100\%$$

或

$$物品损耗率 = \frac{一定时期内物品损耗量}{同期物品保管总量} \times 100\%$$

4. 货物完好率

货物完好率是指在一定时期内,仓库从收货开始到将货物交付给客户的整个过程中完好无损货物的总量与同期平均库存量的比率。

计算公式为:

$$货物完好率 = \left(1 - \frac{一定时期内缺损变质货物总量}{同期平均库存量}\right) \times 100\%$$

5. 库存准确率

库存准确率是指在进行库存盘点时,仓库保管账面上的物品储存数量与库存实有数量的相互符合程度。一般在对库存物品进行盘点时,要求逐笔与保管账面数字相核对。

计算公式为:

$$库存准确率 = \left(1 - \frac{一定时期盘盈单数 + 盘亏单数}{同期库存盘点总单数}\right) \times 100\%$$

或

$$库存准确率 = \left(1 - \frac{一定时期内盘盈件数 + 盘亏件数}{同期库存盘点总件数}\right) \times 100\%$$

这两种算法结果有一定差异。如果一单货物件数较大,按单算相符率就高,按件算相符率就低,所以按件算较真实。

6. 设备完好率

设备完好率是指在一定时期内,仓库设备处于完好状态,并能随时投入使用的台数与仓库所拥有的设备台数的比率。它反映了仓库设备所处的状态。

计算公式为:

$$设备完好率 = \frac{一定时期内完好设备台数}{同期设备总台数} \times 100\%$$

完好设备台数是指设备处于良好状态的累计台数,不包括正在修理或待修理设备的台数。

四、反映仓配运营物化劳动占用的指标

1. 单位面积储存量

单位面积储存量反映了仓库的平面利用效率。它一方面与仓库规划有关,另一方面与物品的储位规划和堆放方式有关。

智慧仓配绩效
评价指标(下)

计算公式为：

$$单位面积储存量 = \frac{一定时期内日平均储存量}{同期仓库或货场使用面积}$$

2. 仓库面积利用率

计算公式：

$$仓库面积利用率 = \frac{库房、货棚、货场占地面积之和}{仓库总占地面积} \times 100\%$$

3. 仓容利用率

计算公式：

$$仓容利用率 = \frac{一定时期内平均库存量}{最大库容量} \times 100\%$$

库容量是指仓库能容纳物品的数量，是仓库内除去必要的通道和间隙后所能堆放物品的最大数量。

4. 仓库空间利用率

仓库空间利用率是在一定时点上，存货占用的空间与可利用的存货空间的比率，实际上反映了仓库的立体空间的利用效率。

计算公式为：

$$仓库空间利用率 = \frac{一定时期内存货占用的空间}{同期可利用的存货空间} \times 100\%$$

仓库空间利用率是仓储管理重要的绩效指标，其可以反映仓库空间的利用是否合理。仓库空间利用率越高，说明实际用于储存物品的仓库面积越小，空间利用率越好，表明仓储成本越低。

5. 设备利用率

设备利用率是在一定时期内，设备实际使用台时数与制度台时数的比率，表明仓储设备的利用和节约的程度。

计算公式为：

$$设备利用率 = \frac{一定时期内设备实际使用台时数}{同期设备制度台时数} \times 100\%$$

或

$$设备利用率 = \frac{一定时期内设备作业总台时数}{同期设备应作业总台时数} \times 100\%$$

五、反映仓配运营劳动消耗的指标

1. 库用物资消耗指标

仓配运营库用物资消耗指标是指库用材料（如润滑油、防锈油等）、燃料（如汽油、柴油等）、动力（如水、电等）的消耗定额。

2. 发运天数

仓配发运的形式主要有整车、整箱和零担发运。

整车（箱）平均发运天数的计算公式为：

$$整车（箱）平均发运天数=\frac{整车（箱）发运天数之和}{发运车总数}$$

零担平均发运天数的计算公式为：

$$零担平均发运天数=\frac{各批零担发运天数之和}{零担发运总批数}$$

3. 作业量系数

作业量系数反映仓库实际发生作业与任务之间的关系，计算公式为：

$$作业量系数=\frac{一定时期内装卸作业总量}{同期进出库货物数量}$$

作业量系数越接近1，表明仓库装卸作业组织合理性越高。

4. 单位进出库成本和单位仓储成本

单位进出库成本的计算公式为：

$$单位进出库成本=\frac{进出库总费用}{进出库货物数量}$$

单位仓储成本的计算公式为：

$$单位仓储成本=\frac{年仓储总费用}{各月平均库存量之和}$$

六、反映仓配运营管理水平的指标

1. 订单准确率

计算公式：

$$订单准确率=1-\left(\frac{一定时期内差错次数}{同期客户委托订单总数}\right)\times100\%$$

2. 客户投诉率

计算公式：

$$客户投诉率=\frac{一定时期内客户投诉次数}{同期客户业务委托次数}\times100\%$$

3. 准时交货率

计算公式：

$$准时交货率=\frac{一定时期内准时交货次数}{同期客户业务委托次数}\times100\%$$

4. 缺货率

缺货率反映仓库保证供应、满足客户需求的程度，其计算公式为：

$$缺货率=\frac{一定时期内缺货次数}{同期用户要求次数}\times100\%$$

通过对该指标的考核、评价，可以衡量仓库的库存分析能力和及时组织补货的能力。

第三步：理解仓配运营绩效指标评价的方法

引导问题3

仓配运营绩效指标评价方法有对比分析法、因素分析法、平衡分析法、因果分析法，这些方法分别有哪些特点？具体应该如何操作呢？

要全面、准确地认识仓配运营的现状,把握其发展的趋势,必须对各个绩效指标进行系统而周密的分析、评价,以便发现问题,并透过现象,认识内在的规律,采取相应的措施,使仓配运营管理水平得到提高,从而提高企业的经济效益。

一、对比分析法

对比分析法是将两个或两个以上有内在联系的、可比的指标进行对比分析,从而认识仓储企业的现状。对比分析法是绩效考核指标分析法中使用最普遍、最简单和最有效的方法。

对比分析法包括计划完成情况的对比分析、纵向动态对比分析、横向类比分析、结构对比分析等。

二、因素分析法

因素分析法是用来分析影响指标变化的各个因素以及它们对各个指标的影响程度的方法。因素分析法的基本做法是,在分析某一因素变动对总指标变动的影响时,假定影响指标变化的诸因素中只有这一个因素在变动,而其余因素都是同度量因素(即固定因素),然后逐个替代某一项因素单独变化,从而得到每项因素对该指标的影响程度。

三、平衡分析法

平衡分析法是利用各项具有平衡关系的经济指标之间的依存情况来测定各项指标对经济指标变动的影响程度的一种分析方法。

四、因果分析法

因果分析法也叫石川图或鱼刺图(见图9-2),每根鱼刺代表一个可能的差错原因,一张鱼刺图可以反映企业或仓储部门质量管理中的所有问题。

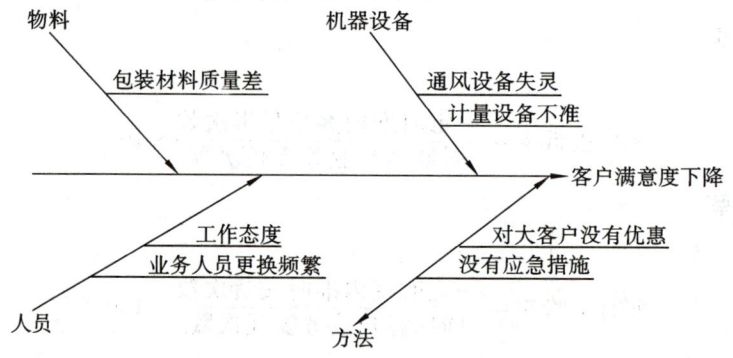

图9-2　客户满意度因果分析

一、单选题

1. 物品出入库量是指一定时期物品吞吐量与同期物品(　　)之差。

A. 周转量 　　　　B. 库存量 　　　　C. 直拨量 　　　　D. 消耗量

2. 一般来说,物品消耗总量就是同期仓库实际发出物品的总量(出库量)。因此,物品平均日消耗量等于一定时期内仓库(　　)除于同期工作日数。

A.入库量　　　　　B.出库量　　　　　C.直拨量　　　　　D.吞吐量

3.仓配运营绩效评价指标中,用于衡量仓库设备利用情况的指标是(　　)。

A.库存物品周转率　　B.仓库面积利用率　C.设备完好率　　　D.收货及时率

二、多选题

1.下列各项指标,属于反映仓配运营质量指标的是(　　)。

A.全员劳动生产率　　B.收发货正确率　　C.业务赔偿费率　　D.物品周转率

2.以下属于仓配运营绩效指标评价方法的有(　　)。

A.对比分析法　　　　B.比较分析法　　　C.平衡分析法　　　D.因果分析法

3.以下用于衡量仓配运营绩效的指标是(　　)。

A.单位进出库成本　　　　　　　　B.库存物品周转率

C.发货及时率　　　　　　　　　　D.货物完好率

三、判断题

1.仓配运营绩效评价中,对比分析法包括计划完成情况的对比分析、纵向动态对比分析、横向类比分析和结构对比分析等多种方式。(　　)

2.在反映仓配运营数量的指标中,吞吐量也叫周转量、出入库量。(　　)

四、学以致用

1.某工厂原材料库房 2023 年 5 月 31 日库存货物为 375 吨,2023 年 6 月有关数据如下:入库 720 吨,出库 690 吨,供应商直接送料至车间 90 吨,错收 4 吨,错发 16 吨,丢失 2 吨,盘盈 3.6 吨,盘亏 4 吨,变质 3 吨,损坏 2 吨。

计算:该库房 2023 年 6 月的吞吐量、平均库存量、收发货正确率、货物完好率和库存准确率。

2.莱西物流有限公司占地总面积为 38271 m²,库房、货棚、货场占地面积为 24596 m²,有员工 52 人,2019 年总共完成了 841 万吨的进出库业务(其中入库量为 422 万吨,出库量为 419 万吨),业务总收入 506 万元,收发货总笔数 1104 笔(收 412 笔,发 692 笔),其中及时验收 399 笔,收发货差错累计有 8 笔,赔偿客户 4.35 万元,货物损耗率平均为 1%,储存货物总笔数 432 笔,账实相符笔数 424 笔,准时交货 1089 笔,客户投诉 12 笔,全年燃料、动力、库用材料等消耗为 53 万元,进出库总费用为 135 万元,仓储总成本为 306 万元,每笔业务验收时间平均为 0.5 天,年发运整车数 658 车,零担车数为 349 车,整车发运平均 0.8 天,零担发运平均 0.67 天,装卸搬运作业总量为 839 万吨,设备作业总台时数为 34215 台时,设备应作业总台时数为 35632 台时,工作时间一年 300 天,每天 3 班制,每班 8 小时,最大库存量 60 万吨,月库存量如表 9-2 所示。

思考与讨论:请对该公司 2019 年的仓配运营绩效进行评价分析。

表 9-2　莱西物流有限公司 2019 年月库存量一览表　　　　　　　　　　单位:万吨

月份	月初库存量	月末库存量	月平均库存量
1	28	34	31
2	34	18	26
3	18	40	29
4	40	74	57

续表

月份	月初库存量	月末库存量	月平均库存量
5	74	36	55
6	36	26	31
7	26	58	42
8	58	46	52
9	46	62	54
10	62	58	60
11	58	42	50
12	42	28	35
月平均库存量合计/年平均库存量	522/43.5		

 任务评价

智慧仓配运营绩效评价任务评价表

班级：　　　　　　　　姓名：　　　　　　　　学号：

评价项目	评价标准	分值	得分
任务准备 （20%）	考勤情况（无迟到、早退、旷课等现象）	5	
	能积极参与小组任务，做好学习准备	5	
	能正确理解任务指令，并接受任务要求	10	
任务过程 （60%）	能准确把握仓配运营绩效评价指标体系	20	
	能准确理解仓配运营绩效评价的作用	10	
	能全面对比分析仓配运营绩效评价指标	10	
	会计算企业常用的仓配运营绩效评价指标	20	
	能准确分享课程思政内容	10	
职业素养 （20%）	态度端正，认真主动，能与小组成员合作	10	
	关注任务完成情况	10	
合计		100	
综合评价	自评（20%）　　小组互评（30%）　　教师评价（50%）　　综合得分		

• 技术运用思政小故事：供应链上的"尖兵班"

技术运用思政小故事

参 考 文 献

[1] 颜汉军.仓储与配送实务[M].上海:上海交通大学出版社,2017.
[2] 马笑,刘昌祺,刘康.智能物流配送中心:设计、装备、案例[M].北京:化学工业出版社,2021.
[3] 叶伟媛.仓储与配送管理[M].2版.大连:东北财经大学出版社,2021.
[4] 覃波,黄成菊.智慧仓配运营[M].北京:机械工业出版社,2024.
[5] 潘昭文,汤宇曦,黄常勇.配送作业管理实务[M].上海:上海交通大学出版社,2017.
[6] 沈文天.配送作业管理[M].3版.北京:高等教育出版社,2018.
[7] 王瑜.仓储与配送管理项目式教程[M].北京:北京大学出版社,2012.
[8] 祝井亮,靖麦玲.配送管理项目化教程[M].沈阳:东北大学出版社,2015.
[9] 马俊生,王晓阔.配送管理[M].2版.北京:机械工业出版社,2019.
[10] 刘联辉.配送实务[M].2版.北京:中国财富出版社,2009.
[11] 郑丽.配送作业与管理[M].北京:中国传媒大学出版社,2011.
[12] 王晓阔,陈杰.配送管理实务[M].北京:人民交通出版社,2015.
[13] 杨爱明,李述容.配送管理实务[M].2版.大连:大连理工大学出版社,2014.
[14] 郭妍,杨高英,李墨溪.智慧仓配运营管理[M].北京:化学工业出版社,2023.
[15] 李如姣.智慧仓配运营[M].北京:化学工业出版社,2024.
[16] 李永生,刘卫华.仓储与配送管理[M].4版.北京:机械工业出版社,2022.
[17] 党争奇.智能仓储管理实战手册[M].北京:化学工业出版社,2020.
[18] 朱伟生,王存勤.物流成本管理[M].6版.北京:机械工业出版社,2024.
[19] 舒文,向成庆.物流仓储与配送管理[M].成都:西南交通大学出版社,2013.
[20] 薛威.仓储作业管理[M].3版.北京:高等教育出版社,2018.
[21] 姚娟娟.《智慧仓配运营》新型活页式教材开发路径研究[J].中国物流与采购,2024(19):111-112.
[22] 南京钢铁股份有限公司.基于用户个性化需求的智慧仓配一体化管理[J].冶金管理,2021(12):35-41.